사회복지행정론

사회복지행정론

김안나 · 노미향 · 최승아

KNOWLEDGE COMMUNITY 공동체

머리말

최근 들어 사회복지행정은 다양한 사회, 경제 및 정치적 요인들에 의해 점점 더 중요해지고 있으며, 이러한 환경의 변화에 따라 사회복지행정에도 많은 변화가 관찰되고 있다. 현대사회의 복잡성과 다양성으로 인해 여러 가지 사회문제와 어려움을 겪는 집단이 증가하면서 사회적 차별 해소, 빈곤 완화, 교육, 건강권 보장 등 다양한 사회적 목표를 달성하기 위한 필수적인 도구로서 사회복지행정이 인식되고 있다. 또한 정보와 기술의 급속한 발전으로 인해 사회복지서비스의 제공이 더욱 효율적이고 개인화된 형태로 이루어지게 되면서 사회복지행정에도 큰 변화를 가져왔고, 사회복지서비스 제공 주체가 다양화됨에 따라 기관 간의 협력, 집합적 임팩트(collective impact)가 강조되면서 사회문제 해결이라는 공동의 목표를 달성하기 위해 전략을 세우고 실행하는 과정에서 사회복지행정의 역할이 더욱 중요해졌다. 한편, 사회복지서비스의 효과적인 제공과 품질 향상을 위한 평가 지표의 개발, 데이터 수집 및 분석, 품질 개선 전략의 구현 등 다양한 방법을 활용함에 있어서도 사회복지행정이 중요한 역할을 하고 있다.

이처럼 사회복지행정의 필요성이 더욱 부각되고 있는 현 시점에서 사회복지행정에 대한 최신 정보와 실용적인 지식을 제공하고, 폭넓고 체계적인 이해를 돕기 위해 교재를 집필하게 된 것을 기쁘게 생각한다. 본 교재에서는 사회복지행정에서 다루는 다양한 기초개념과 이론, 모델 및 기법, 정책 등과 관련된 내용을 핵심적으로 정리하고자 하였다. 특히 사회복지학과 학생들뿐만 아니라 실천현장의 전문가, 사회복지사 국가시험을 준비하는 수험생들이 사회복지행정에 대한 필수적인 내용을 체계적으로 학습할 수 있도록 기술하고자 노력하였다.

본 교재는 총 13장으로 구성되어 있으며, 사회복지행정에 대한 개념과 역사, 사회복지서비스 전달체계와 조직이론, 조직구조의 유형, 조직문화 등의 기본적인 이론적 개념과 특성을 포함하여 사회복지 현장에서 실무에 활용할 수 있는 부분으로서 기획과 의사결정, 리더십, 인적자원관리, 재정관리, 정보관리, 마케팅과 홍보, 프로그램 설계와 평가 등에 대한 내용도 다루고 있다.

본 저서가 학교와 사회복지기관, 연구기관 등 다양한 분야에서 유용한 자료로 활용되기를 바라며, 사회복지행정 및 정책과 서비스에 대한 이해를 통해 보다 효율적이고 실효성 있는 사회복지 시스템을 구축하는 데 도움이 되기를 희망한다. 본 저서는 2023년도 대구가톨릭대학교 교내연구비 지원에 의한 것이다.

끝으로 본 저서의 중요성을 이해하고 출판을 지원해 주신 도서출판 공동체 가족 여러분들께 깊은 감사를 드리며 본 저서가 미래 사회복지사들의 좋은 지침서가 되기를 기대해 본다.

2023년 9월

물별(河陽)에서 저자 일동

차 례

CONTENTS

차 례

01 CHAPTER

사회복지행정의 개념과 특성

1. 사회복지행정의 개념과 필요성
2. 사회복지행정의 특성
3. 사회복지행정의 가치와 기능

01
CHAPTER

사회복지행정의 개념과 특성

사회복지조직은 사회복지정책의 실천적 수행을 위해 필수적인 구조로 사회복지행정을 통해 공식적이고 체계적으로 운영되고 있다. 즉, 사회복지가 그 대상자에게 효과적으로 전달되고 작용하기 위해서는 사회복지조직이 필요하고, 사회복지조직이 사회복지서비스를 효율적으로 전달할 수 있기 위해서는 조직을 제대로 관리, 운영할 수 있어야 한다. 따라서 사회복지조직을 운영하고 관리하는 모든 인사, 재무, 기획, 사무 등을 총칭한 것을 사회복지행정이라고 볼 수 있다. 따라서 사회복지행정은 미시적으로는 사회복지조직 관리자의 과업활동에서부터 거시적으로는 사회복지조직의 총체적 활동을 의미한다.

이 장에서는 사회복지행정의 개념과 특성을 살펴보고, 사회복지행정이 갖는 가치에 대해 살펴보고자 한다.

1. 사회복지행정의 개념과 필요성

1) 사회복지행정의 개념

사회복지와 행정의 합성어로서의 사회복지행정은 사회복지정책을 사회복지실천으로 이어주는 가교 역할을 하는 것이다. 즉, 인적 · 물적 · 사회적 자원을 동원하여 사회복지 프로그램을 개발 및 실행하며, 사회복지조직의 전 활동과정을 관리, 평가하고 분석하는 일을 의미한다.

사회복지행정의 개념에 대해서는 학자마다 다양하게 정의하고 있는데 크게 협의의 사회복지행정과 광의의 사회복지행정으로 구분된다.

협의의 사회복지행정은 사회사업행정(social work administration) 또는 사회복지시설기관행정(social agency administration)이라고도 불리는데, 이는 곧 사회복지행정을 하나의 사회복지실천 방법으로 보는 것이다. 사회복지실천은 개별사회사업, 집단사회사업, 지역사회 조직사업과 같은 3대 방법으로 발전되어 왔다. 이러한 방법은 그 대상에 따라 구분되는데, 개별사회사업은 개인과 가족에 대하여, 집단사회사업은 집단 속의 개인을 대상으로, 지역사회 조직사업은 지역사회를 대상으로 변화를 모색하는 실천방법이다. 사회복지행정은 사회복지조직(시설, 기관)에서 사회복지서비스를 계획하고 시행해 나가는 과정을 통하여 변화를 이루어 가는 활동이라는 의미에서 사회사업실천의 한 방법이라 간주하는 것이다. 다시 말하면 사회복지행정은 사회복지조직의 운영 및 기능을 촉진시킴으로써 사회복지조직의 활동에 변화를 가져오고, 간접적으로는 클라이언트 체계인 가족, 개인, 집단 및 지역사회에 변화를 초래하기 때문에 사회사업의 한 개입방법으로 볼 수 있는 것이다(최성재 · 남기민, 2020).

광의의 사회복지행정은 사회복지조직의 전반적인 활동을 의미하는데, 사회복지조직의 관리에 있어서 사회복지가 좀 더 원활하게 시행되도록 사회과학적 지식을 좀 더 많이 활용하고 있는 개념이라 할 수 있다. 즉, 사회복지조직 구성원들이 목표달성을 위한 모든 활동과 국가의 사회복지정책을 사회복지서비스로 구체화하는 과정에서 필요한 사회복지 분야의 총체적인 활동이며, 이를 보다 효율적으로 관리하기 위해 사회과학적인 조직관리 기법 등 사회과학적 지식을 활용하는 모든 활동을 포함하는 개념으로 볼 수 있다.

이처럼 사회복지행정의 개념은 사회복지실천, 사회복지정책과 밀접하게 상호작용하는 관계에 있으며, 협의의 개념과 광의의 개념 모두를 포괄하는 개념으로서 사회복지행정이란 사회복지정책을 구체적인 서비스로 전환하고, 전환된 서비스를 제공하는 과정에서 요구되는 행정적 · 전문적인 모든 체계적인 활동을 포함하는 총체적 활동이라고 정의할 수 있다(한국복지행정학회, 2014).

이러한 개념에 의해서 행정의 영역은 어느 정도 구분이 될 수 있지만, 현실적으로는 정책, 행정, 실천 등의 영역이 뚜렷하게 분리되어 있는 것은 아니며, 김영종(2010)은 사회복지행정의 영역을 【그림 1-1】과 같이 설명한다. 국가, 지역사회, 실천현장의 차원과 공공 및 민간 부문에서 모두 정책과 실천의 연결고리로서 행정이 적용될 수 있으며, 기획은 정책과 겹치는 영역을 보이고, 실천에 가까울수록 슈퍼비전과 사례관리 영역이 중첩되는 부분들이 나타날 수 있다고 하였다.

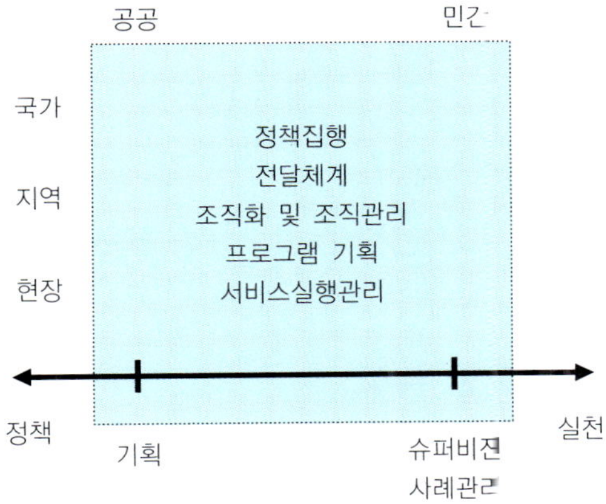

【그림 1-1】 사회복지행정의 영역

출처 : 김영종(2010), p. 181.

이와 같이 사회복지행정을 포괄적이고 확대된 범주로 볼 때, 현재 사회복지행정이 모든 제반 영역들에서 총체적으로 다루어지는 것은 아니지만, 사회복지행정의 정체성을 확립하고 발전방향을 논의하기 의해서는 이러한 포괄적인 개념에 대한 이해가 필요하다(김영종, 2010).

2) 사회복지행정의 필요성

사회복지서비스는 사회복지조직에 의해 제공되므로, 사회복지조직이 어떻게 효율적으로 운영되느냐에 따라 서비스의 질이 결정될 수 있다. 조직활동의 기획, 실행, 평가, 피드백 등의 일련의 체계가 효과적으로 이루어질 때 서비스의 질도 향상될 수 있다는 점에서 사회복지조직에 있어서 사회복지행정은 반드시 필요하다고 볼 수 있다.

사회복지행정은 조직의 책임성을 향상시키고, 시행착오를 줄여줌으로써 조직 운영의 효과성을 높일 수 있기 때문에 효과적인 서비스 제공을 위해 사회복지행정이 중요하다는 인식이 보편화되고 있다. 더욱이 사회복지조직이 다양화, 집단화되어 감에 따라 사회복지행정의 기능이 더욱 중요시되고 있으며, 다양해지고 복잡해지는 서비스 욕구에 대응하기 위해서는 사회복지조직에서 행정의 기능은 더욱 강조될 수밖에 없다.

2. 사회복지행정의 특성

1) 사회복지행정의 고유한 특성

사회복지행정이 일반행정과 다른 점은 인간을 서비스 대상으로 하는 휴먼서비스에서 출발한다는 점이다. 따라서 휴먼서비스를 실천하는 사회복지행정에 있어서 인간의 고유한 가치와 특성을 이해하는 것이 무엇보다 중요하며, 속성이 사람마다 달라 획일적인 서비스가 아닌 개별화된 서비스를 제공해야 하므로 클라이언트 및 지역사회의 욕구에 민감하게 반응해야 한다. 이러한 과정에서 사회복지행정은 사회복지사의 전문적인 업무수행능력에 크게 의존하게 된다.

보다 구체적인 사회복지행정의 특성을 살펴보면 다음과 같이 정리해 볼 수 있다(생각의 마을, 2022).

첫째, 사회복지행정은 인본주의를 지향하므로, 가치중립적이지 않고 가치지향적이다. 또한 사회복지조직은 대부분 외부의 인적 · 물적 자원을 동원하게 되므로 사회적 책임성에 대한 요구를 받는다. 즉, 사회적으로 정당성을 인정

받는 기술을 활용하여 책임성을 확보해야 한다.

둘째, 사회복지행정은 목표를 수치화하거나 계량화하기 어려운 경우가 많다. 또한 정책방향과 다양한 이해관계자의 목표를 수용하는 과정에서 목표가 모호하거나 불확실하여 합의 도출이 어려운 경우도 많다.

셋째, 사회복지행정은 다양하고 복잡한 속성을 가진 인간을 대상으로 하고 있고 서비스를 제공하는 전문가의 재량에 의존하기 때문에 기술이 명료하지 못하고 불확실하다.

넷째, 서비스 전달과정 측면에서 전문가와 클라이언트의 상호작용에 따라 조직의 목표달성이 좌우되므로 사회복지행정에 있어서 전문가와 클라이언트의 원활한 상호작용이 강조된다.

다섯째, 사회복지행정은 인간의 심리·정서적 변화를 측정해야 하지만, 이를 명확하게 측정할 수 있는 척도를 찾기 어렵고 성과측정이 용이하지 않다. 따라서 사회복지조직의 효과성을 측정할 척도가 부족하며, 이에 대한 개발이 필요하다.

2) 사회복지행정과 일반행정의 비교

사회복지행정은 일반행정과 비교할 때 공통적인 부분도 있지만, 휴먼서비스를 다루고 있다는 특수성으로 인해 일반행정과는 구별되는 차이점이 존재한다. 사회복지조직의 효과적인 운영을 위해서는 일반행정과 사회복지행정의 공통점과 차이점을 잘 이해해야 할 필요가 있다.

사회복지행정과 일반행정의 공통점과 차이점은 다음과 같다(생각의 마을, 2022; 최성재·남기민, 2020).

(1) 공통점

① 문제의 확인, 계획의 개발 및 수행, 효과성 평가 등의 문제해결 과정이다.

② 상호 관련된 부분들이 모여서 이루어진 체계이다.

③ 대안을 선택함에 있어 가치판단이 작용한다.

④ 조력과정을 공통적으로 요구한다.

⑤ 인적 · 물적 자원을 동원하고 조직화하는 기능을 가진다.

⑥ 공의(public will)를 실현시키는 것과 관련되어 있다.

⑦ 조직부서 간 업무의 조정이 요구되고 직무평가가 이루어진다.

⑧ 관리자에 의해 수행되는 기획 및 의사결정과 평가과정을 거친다.

(2) 차이점

① 사회복지조직이 만드는 서비스는 클라이언트의 욕구를 반영한다.

② 사회복지조직에서는 모든 구성원이 행정과 관리과정에 참여하여 조직의 목표를 달성한다.

③ 사회복지행정은 일반행정보다 지역사회의 변화에 관한 심도 있는 지식과 관리기술이 요구되며 지역사회와 밀접한 관련이 있다.

④ 사회복지행정에서는 클라이언트와 사회복지사의 관계 및 사회복지사의 업무수행능력과 자질이 효과성, 효율성에 영향을 미친다.

⑤ 사회복지조직의 크기, 범위, 구조 및 프로그램 형태는 광범위하고 다양하므로 사회복지행정 역시 다양한 형태로 이루어질 수 있다.

⑥ 사회복지행정은 자원활용에 있어 다양한 분야에서 자원을 선택할 필요가 있다.

3. 사회복지행정의 가치와 기능

1) 사회복지행정의 가치

사회복지행정의 가치란 사회복지행정이 지향하는 이념과 정신이라고 할 수 있는데, 가치에 따라 목표와 실천방향, 평가가 이루어지기 때문에 중요한 기준이 된다. 사회복지행정에서 중요시되는 핵심적인 가치는 다음과 같다(박미정 · 박정령, 2022; 생각의 마을, 2022).

(1) 효과성

효과성은 목표의 달성 정도를 의미하는 것으로, 사회복지조직에서 클라이언트에게 제공된 서비스나 프로그램이 문제와 욕구 허결에 적절했는지 평가하는 기준이 될 수 있다. 사회복지조직의 목표를 명확하게 설정함으로써 효과성을 평가할 수 있으므로 목표설정을 구체적이고 명확하게 하는 것이 중요하다.

(2) 효율성

효율성은 최소의 자원을 투입하여 최대의 효과를 추구하는 것에 대한 문제로, 최소한의 인적 · 물적 자원과 시간을 투입하여 최대한의 서비스를 제공할 수 있도록 하는 가치이다. 사회복지조직에 있어서 한정된 자원으로 최대한의 서비스와 만족을 제공하기 위해서 효율성은 반드시 고려해야 할 중요한 부분이다.

(3) 공평성

공평성은 동일한 욕구를 가진 대상자에게는 동일한 혜택을 제공해야 한다는 의미를 가진다. 서비스를 제공함에 있어서 일관성이 있도록 공평성을 유지하는 것은 매우 중요하다. 공평성에 있어서 수평적 공평성과 수직적 공평성을 구분할 필요가 있다(생각의 마을, 2022).

수평적 공평성은 동일한 것을 동일하게 취급하는 것(equal treatment for equals)으로서 모든 인간이 존엄과 인격 면에서 동등하므로 동일하게 취급되어야 한다고 주장하는 경우이다. 예를 들면, 국민 모두가 한 표씩 투표하거나 만 7세 미만의 아동에게 아동수당을 지급하는 경우 등이다.

수직적 공평성은 상이한 사람들을 서로 다르게 취급하는 것(unequal treatment

for unequals)으로 인간으로서는 동일하지만 경제적 능력, 신체적 특징 등 다른 측면에서 차이가 있는 경우 다르게 취급되어야 한다고 주장하는 경우이다. 예를 들면, 의료급여, 장애인 편의시설 확충 등이 있다.

(4) 접근성

접근성은 클라이언트가 사회복지서비스를 쉽게 이용할 수 있는 정도를 말하며, 접근용이성을 의미한다. 접근성은 사회복지조직의 효과성 및 효율성과 밀접하게 관련되어 있으며, 사회복지행정에 있어서 클라이언트의 서비스에 대한 접근성을 높이기 위해서 기관의 지리적 위치, 교통수단, 서비스의 비용, 서비스에 대한 홍보 등을 고려하여야 한다. 즉, 정보의 부족이나 지리적 장애, 심리적 장애, 자원의 부족 등으로 인한 서비스 전달의 장애 요인들을 가능한 한 제거하는 것이 필요하다. 또한 인터넷의 발달과 보급이 보편화됨에 따라 지리적인 접근성뿐만 아니라 온라인상의 접근성을 향상시키는 방안 또한 함께 고려해야 할 중요한 부분이다.

(5) 책임성

책임성은 사회복지행정이 조직의 목적달성을 위해 얼마나 충실하게 임하였는지, 집행과정에서 법을 준수하였는지에 관한 것으로서 합목적성, 합법성과 관련된 가치이다. 사회복지조직은 효과적, 효율적이고, 투명하고 민주적인 운영을 통해 책임성을 이행해야 하는 압력이 증가하고 있으므로 책임성은 사회복지행정에 있어서 고려해야 하는 중요한 가치이다.

2) 보편주의와 선별주의 관점

보편주의는 사회구성원 모두에게 서비스나 재정지원 등 복지혜택을 제공해야 한다는 관점이다. 이는 제도적 복지의 개념이며, 서비스 이용 자격과 조건에 상관없이 누구에게나 서비스를 제공하므로 공평성과 접근성의 가치를 반영한다. 하지만 모든 국민에게 사회복지 급여나 서비스를 제공하기 위해서는 막대한 비용문제가 발생하기 때문에 한정된 자원을 꼭 필요한 사람에게만 제한하여 배분해야 한다는 선별주의적 관점과 대비된다.

선별주의는 사회복지 급여나 서비스의 제공에 있어서 대상자의 자격과 조건을 엄격하게 제한함으로써 최소한의 자원으로 최대한의 효과를 가져오는 효율성의 가치를 반영하는 잔여적 복지의 개념이다. 하지만 대상자에게 사회적 낙인을 부여할 수 있다(생각의 마을, 2022).

보편주의와 선별주의 모두 장단점이 존재하지만, 어떤 관점으로 정책을 설계하느냐에 따라 그 비용과 방법 등이 달라지므로 정책이 추구하는 목적에 어떤 관점이 적합한 것인지 판단하여 장점을 극대화하고 단점을 최소화할 수 있는 정책을 설계하여야 할 것이다.

〈표 1-1〉 보편주의와 선별주의 비교

구 분	보편주의	선별주의
전 제	국가 책임 확대	국가 책임 최소화
복지형태	제도적 복지	잔여적 복지
기본가치	공평성, 접근성, 집합주의	효율성, 개인주의, 예외주의
대 상	생애주기별 욕구를 지닌 모든 국민	자격조건에 부합하는 자
장 점	사회적 효과성이 높음 운영효율성이 높음	목표효율성, 비용효과성이 높음 소득재분배 효과가 큼
단 점	목표효율성, 비용효과성이 낮음 소득재분배 효과가 낮음	운영효율성이 낮음 낙인효과
주요 제도	무상교육, 사회보험, 사회수당 등	공공부조, 장애인연금, 저소득아동 무상급식 등

출처 : 생각의 마을(2022), 양승일(2013)을 참고하여 재구성.

3) 사회복지행정의 기능

사회복지행정은 조직을 통해 실행되는데, 일반행정과 같이 기획(Planning), 조직화(Organizing), 인사(Staffing), 지시(Directing), 조정(Coordinating), 보고(Reporting),

예산(Budgeting), 평가(Evaluating)의 과정을 따르게 되며, POSDCoRBE로 표현되어 행정가가 수행해야 하는 8가지 행정기능을 의미한다(최성재 · 남기민, 2020; Ehlers et al., 1976).

(1) 기획(Planning)

기획은 조직의 목적과 목표를 달성하기 위해 수행해야 하는 과업과 그 방법을 결정하는 과정이다. 사회복지조직은 환경의 변화에 따라 과업을 기획해야 하며, 적합한 방법과 기술을 결정할 수 있는 사회복지행정가의 역할이 중요하다.

(2) 조직화(Organizing)

조직화는 공식구조 확립을 통해 업무를 규정하고 조정하는 기능을 의미하는데, 조직의 목표를 보다 효과적이고 능률적으로 달성하기 위해 환경변화에 부응하여 조직구조를 설정함으로써 구성원의 역할과 책임을 분명하게 할당할 수 있다.

(3) 인사(Staffing)

인사는 직원의 채용과 해고, 훈련 · 교육, 호의적인 업무조건의 유지가 포함된다. 민간 사회복지조직의 경우 이사회가, 공공 사회복지조직의 경우 입법기관 또는 중앙 및 지방 정부당국이 기관장을 선발하고 채용한다. 기관장은 관리직이나 기타 정규직원에 대한 채용 및 직원훈련과 호의적인 업무조건의 유지에 대한 책임을 진다.

(4) 지시(Directing)

지시는 조직의 관리자 및 지도자가 의사결정을 구체적인 명령이나 지시의 형태로 구체화하는 과정을 의미한다. 사회복지행정가는 합리적 결정을 내리고, 직원들이 목표달성을 할 수 있도록 동기부여하며, 책임 있게 이끌어 가도록 지시할 수 있어야 한다.

(5) 조정(Coordinating)

조정은 조직 내에서 업무와 관련된 다양한 부분들을 상호 관련시키는 중요한 과정으로, 구성원 간, 부서 간에 효과적인 의사소통을 유지함으로써 조정의 기능을 올바르게 수행할 수 있다.

(6) 보고(Reporting)

보고는 조직에서 발생하는 업무에 대해 기록, 조사 · 연구, 감독 등의 과정을 통해 진행상황을 알리는 기능이며, 조직 구성원 이사회, 지역사회, 관련 행정기관, 후원자 등에게 상황을 전달하고 정보를 제공하는 것이다. 보고는 서비스 전달과정에서 모니터링 및 평가에 있어서도 중요한 자료가 되므로 정확하고 객관적인 사실에 대한 보고가 이루어져야 한다.

(7) 재정(Budgeting)

재정은 조직의 운영에 필요한 예산을 편성하고 관리하고 결산하는 모든 과정을 포함하는 기능이다. 중 · 장기적인 재정계획을 수립하고 회계규정에 따라 재정을 투명하게 관리 · 운용할 수 있어야 한다.

(8) 평가(Evaluating)

평가는 조직이 설정한 목표에 대해 어느 정도 달성했는지 전반적인 결과를 사정하는 것을 의미하며, 효과성과 효율성의 지표를 적용하여 조직목표의 성과 여부를 평가하게 된다. 조직 서비스의 욕구 충족 정도를 평가하는 효과성과 가용된 자원 대비 수행된 서비스의 정도를 평가하는 효율성 측정을 통해 사회복지조직은 끊임없이 환경변화에 적응하며 조직으 방향을 설정할 수 있다.

1급 필수 요약

1. 사회복지행정의 개념과 필요성

- **사회복지행정의 개념** : 사회복지정책을 구체적인 서비스로 전환하고 제공하는 과정에서 필요한 행정적이고 전문적인 제반 활동을 포함하는 체계적이고 총체적인 활동
  - 협의의 사회복지행정 : 사회복지행정을 하나의 사회복지실천 방법으로 보는 것
  - 광의의 사회복지행정 : 사회복지정책을 서비스로 구체화하는 과정에서 필요한 사회복지 분야의 총체적인 활동
- **사회복지행정의 필요성** : 조직의 효율적 운영을 통한 서비스 질의 향상과 효과적인 서비스 제공 및 사회적 목표 추구에 기여할 수 있도록 하는 데 필요

2. 사회복지행정의 특성

- **사회복지행정의 고유한 특성** : 인본주의 지향, 사회적 책임성 요구, 목표의 모호성, 기술의 불확실성, 전문가와 클라이언트의 상호작용, 성과측정 척도 부족
- **사회복지행정과 일반행정의 공통점** : 문제해결 과정, 상호관련성 있는 체계, 가치판단 사용, 조력과정 요구, 자원 동원 및 조직화, 공의(public will) 실현, 업무 조정, 직무평가, 기획 및 의사결정과 평가과정
- **사회복지행정과 일반행정의 차이점** : 클라이언트 욕구 반영, 모든 구성원이 행정에 참여, 지역사회 변화와 밀접한 관련성, 클라이언트와의 관계 및 전문성 중요, 다양한 형태의 행정, 다양한 분야의 자원 활용

3. 사회복지행정의 가치와 기능

- **사회복지행정의 가치**
  - 효과성 : 조직의 목표 달성 정도
  - 효율성 : 투입 대비 산출의 비율
  - 공평성 : 동일한 욕구를 가진 대상자에게 동일한 혜택 제공(수평적 공평성/ 수직적 공평성)
  - 접근성 : 클라이언트가 서비스를 쉽게 이용할 수 있는 정도
  - 책임성 : 조직의 목적달성에 대한 합목적성, 합법성과 관련된 가치
- **보편주의와 선별주의 관점**
  - 보편주의 : 제도적 복지, 공평성, 접근성 강조, 국가책임 확대, 비용 문제 발생
    예 아동수당, 사회보험
  - 선별주의 : 잔여적 복지, 효율성, 효과성 강조, 국가책임 최소화, 낙인문제 발생
    예 공공부조, 장애인연금
- **사회복지행정의 기능**
  - POSDCoRBE : 기획(Planning), 조직화(Organizing), 인사(Staffing), 지시(Directing), 조정(Coordinating), 보고(Reporting), 예산(Budgeting), 평가(Evaluating)

CHAPTER 02

사회복지행정의 역사

1. 미국 사회복지행정의 역사
2. 한국 사회복지행정의 역사

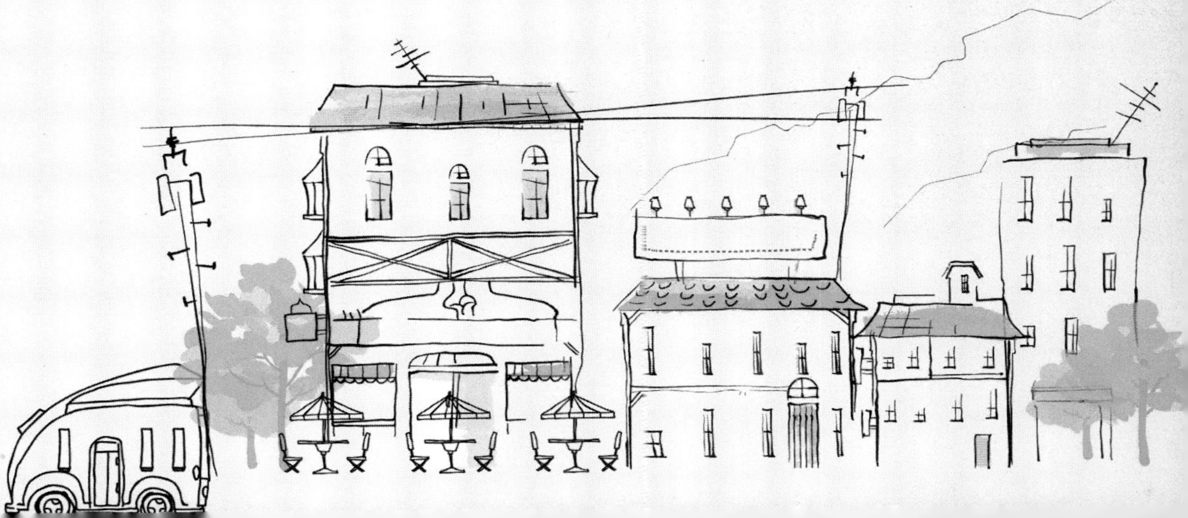

CHAPTER 02 사회복지행정의 역사

사회복지행정이 사회복지학 분야에서 독립된 분야로 가장 먼저 발전하기 시작한 나라는 미국으로 볼 수 있으며, 이러한 미국 사회복지행정의 역사를 살펴보는 것은 한국 사회복지행정의 발전을 이해하는 데 중요한 의미가 있다. 이 장에서는 미국의 사회복지행정이 발전하게 된 배경과 과정을 살펴본 후 한국 사회복지행정의 발전과정을 살펴보기로 한다.

1. 미국 사회복지행정의 역사

미국 사회복지행정의 발달과정은 인식기(19세기 중반~1920년대), 기초 정립기(1930~1950년대), 정체기(1960년대), 발달기(1970~1980년대), 새로운 도전단계(1990년대 이후)로 구분된다.

1) 사회복지행정의 인식기(19세기 중반~1920년대)

산업화와 남북전쟁(1861~1865년)으로 인해 미국 사회는 급격한 환경변화를 겪으면서 빈곤, 실업, 범죄 등의 사회문제가 출현하게 되었고 사회복지의 필요성도 대두되었다. 등장 초반에는 사회문제 해결을 위한 사회복지실천이 주를 이루었으나, 사회복지서비스와 사회복지기관이 증가하게 되면서 점차 전문화된 영역으로서 케이스워크(casework)가 확립되었다. 동시에 증가하는 기관을 어떻게 운영할지에 대한 관심 또한 자연스럽게 생겨나기 시작했다. 이 당시 사회복지는 이론, 지식, 기술과 사회복지교육까지 대부분 개인에 초점을 둔 케이스워크를 중심으로 하는 전문직으로 생각되었다.

이러한 상황에서 몇몇 학자들과 전문직협회 등에서 비판과 반성이 나타나면서 사회복지행정에 대한 인식을 하기 시작하였고, 사회복지기관의 실천과정에서 보다 합리적으로 관리하고 효율성을 높일 수 있는 전문적 방법의 필요성을 주장하게 되었다. 당시 학자들은 사회사업 전문교육이 케이스워크에만 초점을 두고 있음을 비판하면서 케이스워커들도 이후에 사회복지 이사회나 조직의 간부가 될 자격을 갖추어야 하며, 이를 위해서는 직접적 실천에 대한 지식과 경험뿐 아니라 행정과 정책에 대한 지식도 갖추어야 한다는 주장이 나오게 되었다. 또한 사회사업대학의 교과과정 속에 행정에 관한 내용을 필수적으로 포함시켜야 한다는 인식이 생기면서 이후의 교과과정에 많은 영향을 미치게 되었다.

이후 1929년 밀포드(Milford) 회의에서는 사회복지대학에서 전문 사회사업가의 양성을 위해 개별사회사업, 집단사회사업, 지역사회조직, 사회사업조사와 함께 사회복지행정을 교과과정으로 제안하였고, 사회복지조직에 필요한 조직구조와 기준, 효과적인 서비스 전달체계 등을 언급하여 사회복지행정의 필요성을 강조하였다는 점에서 의미를 가진다(박미정 · 박정령, 2022; 황성철 외, 2021).

이 시기에는 이처럼 사회복지행정에 대한 인식이 이루어지기 시작하였지만 사실상 사회복지행정의 실천지식과 기술이 체계적으로 발전하지는 못했고, 행정 영역을 지도할 전문적 규범과 가치, 원리도 정립되지는 못한 상태였다.

2) 사회복지행정의 기초 정립기(1930~1950년대)

1929년 세계 대공황으로 인해 발생한 대량 실업과 빈곤은 중산층에 치명적인 위기를 가져왔고, 미국 사회복지의 대전환을 가져오는 계기가 되었다. 빈곤의 원인을 개인의 결함에서 찾던 기존의 사상이 흔들리기 시작하면서 빈곤의 원인을 사회구조적 원인에서 찾기 시작하였다(남기민, 2009; 박미정 · 박정령, 2022). 이러한 상황에서 루즈벨트 대통령이 '뉴딜(New Deal) 정책'을 펼치기 시작하면서 민간부문에 의존하던 관점에서 벗어나 연방정부가 관여하여 공공복지에 투자해야 한다는 인식이 생기게 되었다.

1935년 사회보장법(Social Security Act)을 제정하면서 연방과 주의 공공부조제도를 실시하게 되었는데, 사회보장법 제정을 통해 사회보험, 공공부조, 공공보건 및 복지서비스를 제공하고, 각 주와 지방정부에 공공구제기관들이 설립되어 조직이 확장되면서 많은 관리자들이 필요하게 되었다. 또한 서비스의 계획과 관리 및 감독을 위한 훈련된 직원들이 필요하게 되면서 사회복지행정의 영역이 확대되고 발전되기 시작하였다. 대학들도 사회사업 전공을 개설하여 사회복지행정가를 양성하기 위한 교과과정을 제공하였고, 이를 이수한 학생들이 연방긴급구호청을 비롯한 공공기관과 민간기관의 효율적 운영에 참여하면서 사회복지행정의 실천영역이 더욱 확고해졌다.

1940년 제2차 세계대전의 발발로 인해 공공부문에 대한 사회복지 수요가 증가하게 되었고, 대학들은 개별사회사업 중심의 직접적 실천가 양성에서 공공복지 부문의 행정가 양성으로 교과과정의 방향을 전환하면서 공공복지의 행정과 슈퍼비전에 적용되는 방법을 교육내용에 포함시키고, 사회정책 또는 복지정책이라는 교과목도 개설하며 부분적으로 가르치게 되었다. 그리고 당시 Follett, Gullick, Urwick, White 등 대표적인 학자들의 이론탐구에도 눈을 돌려 민간사회복지기관 운영에 있어서 분업, 통솔의 범위, 조정, 인사관리 등 행정개념을 적용시키기 시작했다(황성철 외, 2021).

1950년대에는 공동모금이 전국 단위로 확대되면서 미국 사회복지공동모금협의회로 발전했고, 1952년에는 사회복지교육협의회(CSWE : Council on Social Work Education)가 설립되어 대학원 교과과정에 사회복지조직과 행정을 포함시키면서 사회복지행정의 학문적 기초가 정립되기 시작했다. 이 시기는 공공복지정책이 확대되면서 사회사업가들의 행정지식에 대한 관심과 노력이 시작되었고, 이로 인해 사회복지행정 영역에 대한 개념과 이론의 기초가 성립되는 시기라고 볼 수 있다. 하지만 빈곤을 비롯한 다양한 사회문제들이 다시 발생하게 되면서 공공프로그램에 대한 비판이 나오게 되었다(박미정 · 박정령, 2022; 생각의 마을, 2022).

3) 사회복지행정의 정체기(1960년대)

1960년대에는 연방정부의 공공부조 프로그램 개혁조치와 지역사회 중심의 다양한 사회복지기관이 출현하게 되었다. 1962년부터 공공부조사업인 AFDC(Aid to Families with Dependent Children)의 수혜자 범위를 확대하고 사회사업가의 상담에도 비용을 지불하게 되어 공공복지행정가와 사회사업가의 인력수요 및 활동이 촉진되었다(황성철 외, 2021). 또한 미국 전역에서 흑인인권운동, 반전운동, 복지권운동 등 각종 민주화 운동의 결과로 사회행동기관(social action agencies)들이 생기고, 지역사회정신건강센터(community mental health centers)들이 확충되면서 이러한 기관들을 관리하고 운영하는 사회복지행정가의 필요성이 증대되었다.

이러한 과정 속에서 1961년에는 사회복지교육협의회(CSWE)에서 대학의 사회복지 교과과정에 사회복지행정을 포함시킴으로써 사회복지행정의 중요성이 더욱 인식되기 시작하였다(최성재 · 남기민, 2020).

하지만 1963년 존슨 대통령이 '빈곤과의 전쟁'을 선포하며 빈곤뿐 아니라 여러 사회문제들도 해결할 수 있다는 신념으로 많은 재원과 노력을 투자하였음에도 불구하고 빈곤 및 사회문제를 해결하는 데 실패하면서 국민들은 사회복지기관에 대해 비판과 불신을 나타내게 되었다(생각의 마을, 2022). 이는 사회복지행정가에 대한 불신으로 이어지면서 공공사회복지기관보다 지역사회운동기관의 영향력이 증대되어 지역사회조직사업이 활발해진 반면, 사회복지행정은 정체기를 맞이하게 되었다. 그러나 이러한 정체 시기에도 지역사회조직사업의 발달로 인해 많은 사회복지기관과 프로그램이 개발됨으로써 사회복지행정이 발달할 수 있는 여건이 마련되었다.

1960년 미국사회복지사협회(National Association on Social Workers)는 사회복지

행정과 지역사회조직을 연구하는 한 연구소를 후원하여 학자와 실무행정가들이 사회복지행정과 조직에 관한 연구를 수행하게 하여 보고서를 출판하였고, 1963년에는 협회 내에 사회복지행정위원회(Council on Social Work Administration)를 설립하는 등 사회복지행정의 발전을 위한 발판을 마련하는 노력은 계속되었다(황성철 외, 2021).

4) 사회복지행정의 발달기(1970~1980년대)

1960년대 케네디와 존슨 대통령 시절 비약적으로 확대된 정부의 사회복지 프로그램들은 1970년대에 와서 관련 법률의 개정을 통해 더욱 복잡하게 세분화되면서 지속적으로 확대되었다. 그러나 1970년대 사회복지행정은 베트남 전쟁의 영향으로 경제 악화, 인플레이션, 사회복지비 증가 등 심각한 도전에 직면하게 되었다. 사회복지에 대한 정부책임 증가에 따른 비용이 증가하면서 재정상의 문제와 함께 세분화, 다양화되는 사회복지 프로그램에 대해 서비스 파편화에 따른 조정의 문제가 심각하게 대두되면서 통합적이고 효율적인 서비스에 대한 요구가 생기기 시작했다. 그 결과 효과적이고 효율적인 사회복지 서비스를 계획하고 유지, 관리 및 평가하기 위한 관리기법이 도입되기 시작하였고, 서비스의 분절화와 파편화를 해결하기 위해 사례관리(case management)가 등장하게 되었다. 또한 사회복지 프로그램의 팽창과 다양화는 사회복지 프로그램의 책임성과 효과성에 대한 관심을 증대시키는 계기가 되었다(최성재 · 남기민, 2020; 황성철 외, 2021).

이러한 과정에서 비용 대비 효과성이 좋은 사회복지 프로그램을 선택하기 위해 사회복지행정가의 역할이 중요해지게 되었다. 사회복지행정가의 관심과 역할은 프로그램의 유지 및 확장, 프로그램의 해석, 선택, 통제 및 평가로 변화하게 되면서 보다 효율적인 서비스를 계획하고 유지하고 관리하고 평가할 수 있는 전문 영역으로서의 중요성이 강조되었다.

이렇게 사회복지행정가의 수요가 증가하면서 사회복지행정을 전공교과과정으로 운영하는 대학도 증가하기 시작했다. 1975년 전체 84개 사회복지대학 중 19개가 사회복지행정을 교과과정으로 운영하였는데, 1977년에는 35개 대학으로 증가하였다. 그리고 이 시기에 사회복지행정에 관한 전문학술도서가 대량으로 출간됨으로써 사회복지행정이 학문적으로 독특한 정체성이 확립되었다고 할 수 있다. 1970년 CSWE(Council on Social Work Education)는 사회복지행정에 관한 기존의 이론을 체계화한 『Social Work Administration : A Resource Book』을 출간하였고, 1976년에는 최초 전문학술지인 「Administration in Social Work」가 출간되어 사회복지행정 관련 다양한 지식과 전문적 의견교환을 가능하게 하였다(최성재 · 남기민, 2020; 황성철 외, 2021).

1980년대에 들어서면서 레이건 정부는 '작은 정부'를 표방하며 사회복지 분야에서 연방정부의 역할을 축소시키며 예산을 크게 삭감하고, 점차 공공서비스를 민영화하기 시작했다. 세금으로 운영하기보다는 프로그램 보조나 서비스 구매와 같은 방식을 통해 민간 부문을 활용하게 되면서 민간 사회복지기관이 증가하였다. 이는 사회복지 프로그램의 확대에 대한 회의론이 득세한 분위기 속에서 나타나게 된 현상이며, 사회복지조직의 확대는 효율성과 효과성을 더욱 강조하게 되었고, 효율적인 운영이 가능한 사회복지행정 인력이 더욱 중요하게 자리잡게 되었다(생각의 마을, 2022; 최성재 · 남기민, 2020).

5) 사회복지행정의 새로운 도전단계(1990년대 이후)

1990년대 이후 클린턴 대통령이 집권하면서 과거의 잔여적 보수주의 행정으로부터 탈피하여 제도적인 개혁을 추진하였다. 개인책임과 근로기회조정법(PRWORA : Personal Responsibility and Work Opportunity Reconciliation Act)이나 빈곤가족 일시부조(TANF : Temporary Assistance to Needy Families) 등을 그 예로 들 수 있다. 이러한 변화의 배경에는 정부의 부담을 줄이기 위해 공공복지서비스를 민영화, 지방화, 시장화, 영리화하려는 신자유주의적 기조가 있었고, 사회복지서비스의 공급주체가 지방정부, 민간 비영리조직, 영리조직 등으로 다양해짐으로써 사회복지 전달체계가 더욱 다원화되는 추세였다(박미정 · 박정령, 2022; 생각의 마을, 2022).

공공조직의 퇴조와 사회복지서비스 공급주체의 다원화는 민간의 역할과 책임성을 증대시켰고, 공공기관과 민간기관의 특성을 갖춘 복합적인 복지조직도 출현하게 되었다. 사회복지서비스의 민영화와 상업화가 진행될수록 재정관리와 마케팅이 강조되었으며, 사회복지조직의 환경변화는 기존 조직구조의 변화와 리더십에도 변화를 가져왔다. 기존에는 내부지향적이고 성과에 의한 보상을 중요시하는 거래적 리더십을 중요시했다면 점차 외부지향적이며 새로운 아이디어와 도전을 중요시하는 변혁적 리더십이 더욱 강조되는 경향을 보인다. 또한 사회복지조직들은 기존의 수직적 조직구조를 수평적 구조로 변화시키고, 여러 형태의 팀(teams)제와 태스크포스(task force) 집단을 형성하여 하부조직들이 유기적인 네트워크를 구성하며 작동하도록 하였다(최성재 · 남기민, 2020).

이 시기에 사회복지조직의 합병과 연합도 눈에 띄는 변화이다. 민영화가 진행되어 서비스 구매와 계약을 통해 민간조직으로 그 기능을 이양하는 상황 속에서 영세 민간사회복지조직들은 위기감을 느끼게 되면서 대규모 조직으로 합병과 협력을 함으로써 새로운 형태의 사회복지조직이 출현하기도 하며 경쟁력을 확보하고자 하였다(황성철 외, 2021; Kettner, 1980).

컴퓨터의 발달로 인해 정보시스템이 대폭 강화되었고, 정보화를 통해 기관간 연계와 네트워킹이 더욱 활발하게 되었다. 이와 함께 2000년대 이후 국가행정 정보화에 따른 복지행정정보시스템(Social Welfare Administration Information System)이 개발되면서 행정정보체계에 대한 관심이 높아지기 시작했다(생각의 마을, 2022; 홍봉수 외, 2022).

〈표 2-1〉 미국 사회복지행정의 역사

구 분	시 기	주요 내용
인식기	19세기 중반~ 1920년대	• 케이스워크 위주의 사회복지에서 사회복지행정에 대해 최초 관심 • 사회복지행정을 실천의 보조적 방법으로 인식 • 1929년 밀포드 회의 : 사회복지행정을 교과과정으로 포함할 것을 제안
기초 정립기	1930~ 1950년대	• 1935년 사회보장법 제정으로 공공부조제도 창설, 사회복지행정 영역의 확대 • 대학들의 사회복지행정 교과과정 개설 시작 • 1952년 사회복지교육협의회(CSWE) : 대학원 교과과정에 사회복지조직과 행정 포함 • 사회복지행정에 대한 개념과 이론의 기초 성립
정체기	1960년대	• 1961년 사회복지교육협의회(CSWE) : 사회복지행정 포함 • 빈곤 및 사회문제 증가로 공공사회복지기관에 대한 불신 증가 • 지역사회조직사업이 활발한 반면 사회복지행정 발달의 정체 • 1963년 미국사회복지사협회(NASW) 내 사회복지행정위원회 설립
발달기	1970~ 1980년대	• 확대된 사회복지에 대한 정부책임 증가로 재정상의 문제 발생 • 서비스 분절화와 파편화를 해결하기 위해 사례관리 등장 • 사회복지 프로그램의 팽창과 다양화로 책임성과 효과성 강조 • 효율적인 서비스를 계획·유지·관리·평가하는 전문영역으로서의 사회복지행정의 중요성 강조 • 1975년 전체 84개 사회복지대학 중 사회복지행정을 교과과정으로 운영하는 학교는 19개 → 1977년 35개로 증가 • 1976년 최초 전문학술지인 「Administration in Social Work」 출간 • 사회복지행정 관련 전문학술도서가 대량으로 출간됨으로써 학문적 정체성 확립 • 1980년대 공공서비스의 민영화로 민간사회복지조직 확대 → 효율성과 효과성 강조, 사회복지행정 인력이 더욱 중요시
새로운 도전단계	1990년대 이후	• 신자유주의적 기조 • 공공조직의 퇴조와 사회복지서비스 공급주체의 다원화 → 민간의 역할과 책임성 증대 • 재정관리와 마케팅 강조 • 조직구조 및 리더십의 변화 : 수평적 구조, 외부지향적, 변혁적 리더십 강조 • 사회복지조직의 합병과 연합으로 경쟁력 확보 • 정보시스템 강화, 복지행정정보시스템 개발 및 구축

2. 한국 사회복지행정의 역사

한국의 사회복지행정은 미국과 같은 서구 국가에 비해 그 역사가 짧다. 오래전부터 구제활동을 통한 구빈행정이 있긴 했지만 사회복지행정을 인식하기 시작한 것은 6·25 전쟁 전후로 볼 수 있으며, 한국 사회복지행정은 정치체제의 변동과 법령 제정에 따라 발전이 이루어지는 특징을 가진다.

한국 사회복지행정의 역사를 정치체제나 특정 사건 중심으로 구분하는 학자들도 있지만, 여기서는 사회복지 전문 활동의 태동기(1945년 이전), 외원기관 활동 및 사회복지행정의 기틀 마련기(1946~1970년대), 사회복지행정의 발달기(1980~1990년대), 사회복지행정의 확립기(2000~2010년대), 사회복지행정의 확대기(2020년대 이후)로 구분하여 살펴보고자 한다.

1) 사회복지 전문 활동의 태동기(1945년 이전)

국가의 책임하에 이루어진 구제활동의 역사는 삼국시대까지 거슬러 올라갈 수 있지만, 조선시대까지지도 체계화되지는 못한 형태였으며 구빈행정 중심으로 이루어졌고, 그 후 일제강점기와 미군정시대를 거치며 지속적으로 발전하기 시작하였다.

1921년에 조선총독부 내무국에 사회과를 신설하여 우리나라 사회복지사업을 담당하였는데, 이는 단지 시혜적인 활동에 국한되었다. 이후 1944년 조선구호령이 공포·시행되어 65세 이상의 노약자, 13세 이하의 유아, 임산부, 불구, 폐질, 질병, 상이 및 기타 정신 또는 신체장애로 인하여 노동을 할 수 없는 자가 빈곤으로 생활이 불가능할 때에 구호할 수 있도록 하여 근대적 의미의 공공부조가 시작되었으며, 생활보호법이 제정될 때까지 우리나라 구호행정의 법적 근거가 되었다(박미정·박정령, 2022; 최성재·남기민, 2020).

한국 최초의 민간기관으로는 1906년 미국 감리교 선교단체에서 원산에 반열방이라는 이름으로 설치된 지역사회복지관을 들 수 있다. 그 후 미국 감리교 선교부는 1921년 서울 인사동에 태화여자관(현 태화종합사회복지관)을 설치하여 현대적 의미의 민간사회복지관 활동을 전개하였다. 한편 1930년대 조선총독부에서도 서울의 종로, 왕십리, 마포, 영등포 등에 지역사회복지관을 설치했지만, 이는 공공구제기관의 성격을 가지고 있어 자발적인 민간의 사회복지관으로 보기는 어렵고, 식민지 지배 통치의 일환으로 사회복지사업을 활용한 것으로 볼 수 있다(생각의 마을, 2022; 최성재 · 남기민, 2020).

이 시기는 사회복지 활동 자체가 응급구호적이며 자선이나 시혜적인 성격이 강했으므로, 사회복지시설도 전문 행정가에 의해 운영되었다기보다는 주로 종교적 동기나 봉사정신 차원에서 설립되고 운영되었다. 사회복지행정은 응급구호적인 성격으로 이루어졌지만, 이후 사회복지행정의 이념과 기술의 발달에 초석을 제공했다는 점에서 그 의미를 찾을 수 있다(박미정 · 박정령, 2022).

2) 외원기관 활동 및 사회복지행정의 기틀 마련기(1946~1970년대)

해방 이후 약 3년간 미군정은 군정청과 위생국을 중심으로 긴급구호 차원에서 공공복지를 제공했지만, 이 시기의 복지행정은 일방적 구호 수준에 머물러 있었다.

1950년 6 · 25 전쟁 이후 피난민과 빈민계층이 형성되어 민간 사회복지기관들이 주로 외국 원조기관의 지원을 받아 자선사업과 구호사업을 전개하였는데, 외국민간원조기관협의회(KAVA)[1]를 비롯한 많은 외국 원조기관이 민간 사회복지기관을 설립하고 사회복지행정을 실천하고자 하였다. 하지만 이 당시에도 역시 전문적인 행정과 관리의 방법보다는 희생과 봉사정신을 중요시하였고, 민간 사회복지행정도 체계적으로 시행되지는 못했다. 즉, 사회복지행정에 있어서 체계적인 조직관리와 인사관리보다는 구호물자의 효율적인 배분이

1) 외국민간원조기관협의회(KAVA : Korean Association of Voluntary Agencies)는 외국에 있는 본부의 지원으로 국내에 보건 · 교육사업, 생활보호, 재해구호, 지역사회개발 등의 사회복지사업을 행하는 비영리 사회사업기관으로, 사업자원이 외국에서 마련되고 외국에 의해 운영되는 기관이다. 전쟁 난민 및 고아를 돕기 위한 시설보호사업으로 시작되어 구호물자 배분을 중심으로 사회복지행정 활동을 수행하였다. 주로 수용과 보호에 바탕을 둔 행정관리 기술을 사용하였으며 1970년대 후반부터 철수하거나 철수계획을 세웠다. 우리나라에 사회사업이라는 학문을 도입하도록 자극하였으며, 상호 정보교환으로 원조의 중복을 피하고, 상호 간의 전문지식을 얻을 수 있는 기회를 제공하였다는 점에서 의의가 있다(생각의 마을, 2022).

주요 관심사였다(생각의 마을, 2022).

이 시기에는 사회사업 실천현장이 없었기 때문에 사회복지교육에 대한 필요성이 인식되지 못했지만, 기독교의 이념 수용과정에서 1947년 이화여자대학교에 기독교사회사업학과가 설치되어 전문적인 사회사업교육이 처음으로 시작되었다. 그 후 1953년 현재 강남대학교의 전신인 중앙신학교에 사회사업학과가 설치되었고, 1959년에는 서울대학교에서도 학부과정에 사회사업학과가 설치되었으나 사회복지행정 과목이 교과과정에 포함되었는지 확인되지는 않는다. 하지만 1961년부터 서울대학교에서 3학년 과목으로 사회사업행정을 포함하기 시작했다는 기록을 통해 이때부터 한국에서 사회복지행정이 학문으로서 정체성을 확립하기 시작한 것으로 볼 수 있다. 이후에도 1960년대에 7개 대학이 사회사업학과를 설치하여 총 10개 대학에서 사회사업교육이 이루어졌으며, 대부분 사회복지행정이 교과목으로 채택되어 학문적 중요성이 인식되기 시작하였다(최성재 · 남기민, 2020).

1960년대에는 군사정부가 경제개발정책을 강력히 추진한 시기였고, 민간사회복지기관들은 외원기관의 원조에 의존할 수밖에 없는 상황이었으며, 사회사업의 전문성이 발휘되지 못하고 사회복지행정의 실천에도 한계가 있었다. 그러다 1961년 생활보호법이 제정되어 저소득층 중심의 공공부조를 시행하게 되었다. 당시 주관기관인 보건사회부와 123개의 민간 외원기관들은 저소득층의 생활보호 위주의 정책을 시행하였다.

1970년대에 들어서면서 사회복지사업법이 제정되어 공공 사회복지행정을 통해 민간 사회복지기관에 대한 지원과 지도 · 감독을 할 수 있는 법적 근거가 마련되었다. 그러나 이 시기에는 경제개발정책으로 국민소득과 국가 재정능력이 향상되어 경제적으로 성장함에 따라 외국 원조기관은 철수하거나 지원액을 대폭 삭감하게 되면서 한국 정부의 재정부담이 증가하게 되었다. 당시 한국 사회의 전반적인 정책 방향은 경제성장 위주였기 때문에 사회복지기관에 대한 지원이 부족하였고, 사회복지실천의 장과 전문성이 부족하여 사회복지행정의 발전으로 연결되지는 못하였다(박미정 · 박정령, 2022; 최성재 · 남기민, 2020).

이 시기에는 생활보호법과 사회복지사업법 제정을 통해 공공부조제도 및 사회복지법인제도가 도입됨으로써 사회복지행정의 기초가 마련되었고, 대학교 교과과정으로 사회복지행정이 포함되어 학문적 중요성은 인식되었지만, 여전히 구호활동 및 보호수준을 크게 벗어나지 못하고 효율적이고 합리적인 사회복지행정이 이루어지지는 못한 것으로 볼 수 있다.

3) 사회복지행정의 발달기(1980~1990년대)

1980년대는 급속한 산업화와 도시화로 인해 각종 사회문제가 발생하기 시작하였고, 군사정부가 퇴진하고 민주화가 급속도로 진행되면서 사회 각 계층에서 사회복지욕구 또한 폭발적으로 분출되었다. 이러한 각종 사회문제의 대두와 국민의 복지수요의 팽창으로 정부는 경제와 사회의 균형적인 발전을 기본적인 목표로 삼으며 헌법에서 '국가는 사회보장 · 사회복지의 증진에 노력할 의무를 진다'라고 명시하면서 국가의 책임을 더욱 명백히 하였다(박미정 · 박정령, 2022; 황성철 외, 2021). 이 시기에는 사회보장정책과 사회복지서비스에 대한 중요성을 인식하면서 국가와 지방자치단체의 책임을 강화하였고, 1980년대 후반에는 종합사회복지관을 비롯하여 상담 및 치료전문 사회복지기관과 같은 전문적인 사회복지조직이 급격히 증가하기 시작했다.

이 시기에는 사회복지학과 또는 사회사업학과를 신설한 대학이 30여 개 가까이 증가하였고, 사회복지행정은 거의 모든 대학에서 전공과목으로 가르치고 있었다. 1982년에는 한국사회사업가협회의 사회복지사 윤리강령이 제정되어 사회복지 영역에서 전문가의 책임과 역할에 대한 인식이 확산되었다. 그리고 1980년대 말 국가공무원 임용에서 5급 사회직이 신설되었고, 1987년부터 공공부조업무를 담당하는 사회복지전문요원제도가 시행되어 저소득층 밀집지역 동사무소에 사회복지전문요원을 배치하고 사회복지서비스 업무를 담당하게 하여 공공복지행정의 체계를 마련하였다(생각의 마을, 2022; 황성철 외, 2021). 이렇게 대학의 사회복지에 대한 관심도 증가하고, 사회복지서비스가 확대되면서 사회복지 학계와 현장이 연계되기 시작하였고, 미국과는 달리 오히려 학계가 현장을 주도하는 현상을 보이기도 하였다(김영종, 2010).

또한 사회복지서비스가 시설 위주에서 벗어나 지역사회 보호로 전환되기 시작하였으며, 사회복지서비스 대상도 과거의 요보호 대상자만을 위한 것이 아닌 전 국민을 대상으로 하는 법 제도로 변화시키려는 시도가 있었다. 사회보험이 전 국민에게 적용되고 사회복지서비스가 보편적 서비스를 지향하게 되면서 사회복지행정의 범위도 점차 확장되어 갔다.

이 시기의 복지정책은 국민생활의 불안정과 계층 간의 갈등해소 및 융화에는 크게 기여하지 못했지만, 사회복지서비스 확대에 따라 사회복지행정에 대한 관심이 높아지고 그 범위가 확대되어 그 중요성이 더욱 강조되었다고 할 수 있다(박미정 · 박정령, 2022; 신복기 외, 2021).

1990년대에 들어오면서 신보수주의라는 세계적 흐름의 영향으로 민간부문이 확대되면서 그 역할과 책임이 더욱 강조되기 시작하였다. 정부 지원을 받는 사회복지법인이 종합사회복지관을 중심으로 많은 사회복지기관을 설립하거나 위탁 · 운영하는 등 민간의 사회복지사업 참여가 활성화되었다.

1992년 사회사업법의 개정으로 사회복지전담공무원과 사회복지사무소를 설치할 수 있는 법적 근거와 공공복지행정 인력 제도화의 기초가 마련되었다. 이러한 법적 근거를 토대로 1995년부터 전국 5개 지역에서 보건복지사무소를 시범적으로 운영함으로써 보건과 복지업무를 통합하고자 하였다. 또한 1997년 사회복지사업법 개정으로 사회복지시설 설치가 허가제에서 신고제로 변경됨에 따라 민간 사회복지서비스의 참여기회가 확대되었고, 사회복지시설 평가제도를 도입하여 효율적 운영에 대한 관심이 보다 확대되는 계기가 되었다. 1998년에는 사회복지공동모금회가 설립되어 공동모금회의 재정지원을 받게 되는 사회복지기관은 프로그램 및 재정관리에 보다 많은 노력과 관심을 기울이며, 민간 사회복지조직과 재정의 자율성이 강화되는 방향으로 발전했다. 1999년에는 경제위기의 여파로 실업률과 빈곤율이 상승하자 생활보호법을 폐지하고, 부양의무자 기준을 충족하고 소득인정액이 최저생계비 이하인 국민은 근로능력 여부 · 연령 등에 관계없이 누구나 국가의 지원을 받을 수 있도록 국민기초생활보장법을 제정하게 되었다(박미정 · 박정령, 2022; 생각의 마을, 2022).

이와 같은 상황 속에서 사회복지행정에 대한 관심은 점차 고조되어 사회복지학과를 설치한 대학의 수도 꾸준히 증가하였고, 학문적으로도 사회복지행정의 개념 및 범위에 대한 논의가 활발하게 이루어졌다. 1999년에는 한국사회복지행정학회가 창립되어 사회복지행정 분야에 대한 조사 및 연구가 더욱 활성화되는 학문적 기틀을 마련하였다(최성재 · 남기민, 2020).

4) 사회복지행정의 확립기(2000~2010년대)

2000년대 들어서면서 우리 사회는 새로운 형태의 사회적 위험요소들이 나타나게 되었다. 저출산 · 고령화, 가족 구조와 기능의 변화로 인한 아동, 노인, 장애인의 가족돌봄 문제, 결혼이주여성 및 북한이탈주민의 사회적응문제, 사회의 양극화 문제 등 신사회적 위험에 대처하기 위해 정부는 사회복지정책에 있어서 상당한 변화를 추구하였다.

가장 큰 변화로는 사회복지서비스의 민영화와 지방화를 들 수 있다(황성철 외, 2021). 2007년 사회서비스 바우처 제도의 도입과 2008년 장기요양보험제도의 시행을 통해 본격적인 민영화가 추진되었는데, 정부는 사회서비스 바우처 제도를 통해 노인과 아동 돌봄서비스, 장애인 지원서비스, 지역사회투자사업 등 다양한 프로그램을 개발하여 사회복지기관뿐 아니라 민간 영리기관도 참여를 허용하였다. 이렇게 민간 영리기관의 참여가 확대됨에 따라 사회복지서비스 공급기관 간의 경쟁이 점차 심화되었고, 경쟁에서 살아남기 위해 사회복지조직에서도 민간기업의 경영기법 및 관리방식 도입이 필요하다는 인식이 점차 확산되었다.

또한 지방화의 영향으로 예산의 상당 부분이 지방으로 이양되어 지방정부가 지역 특성에 맞는 사회복지계획을 수립하고 시행하도록 하였고, 2003년 개정된 사회복지사업법에서 지역사회복지협의체 설치를 의무화하여 지역복지가 강조되었다(박미정 · 박정령, 2022; 황성철 외, 2021).

2000년부터 본격적으로 실시된 국민기초생활보장제도로 인해 수급 범위가 확대되면서 신청자의 소득, 재산 등 현황을 정확하게 파악할 필요성이 제기되었고, 민영화와 지방화로 인해 사회복지조직이 증가함에 따라 많은 인력을 필요로 하게 되어 사회복지행정 인력을 대거 확충하였다. 그리고 사회복지사의 전문성 확보를 위해 2003년부터 사회복지사 1급 자격 국가시험을 시행하게 되었다.

2004년에는 공공 사회복지와 민간 사회복지를 결합한 형태인 사회복지사무소를 시범적으로 운영하였고, 2006년부터는 주민생활지원서비스로 전달체계를 개편하였다. 그러나 이러한 개편은 사회복지의 전문성을 제대로 살리지 못하고 사회복지의 범위와 전문적 영역에 혼란을 초래하였다는 평가를 받는다(박미정 · 박정령, 2022; 생각의 마을, 2022). 2007년 사회적기업육성법이 제정되어 사회복지조직의 새로운 형태인 사회적 기업이 출현하였고, 이러한 사회적 기업은 지역의 사회적 목적을 추구하면서 영리활동을 하는 조직으로 급속하게 성장함에 따라 사회복지행정의 영역으로서 확장되고 있다.

2009년에는 사회복지 전달체계 개선책이 제시되면서 주민생활지원국 체계에 상당한 변화가 생겼고, 2010년부터는 사회복지통합관리망(행복e음)이 구축되어 지방자치단체에서 집행하는 120여 개의 복지급여와 서비스 이력을 개인별 · 가구별로 통합 관리하고, 복지급여 부정 및 중복 수급, 서비스 누락을 차단함으로써 수요자 중심의 전달체계를 통한 개선을 시도하였다(생각의 마을, 2022).

2012년에는 시 · 군 · 구 단위에 희망복지지원단이 출범하여 공공사회복지 전달체계 내에 통합사례관리 업무를 수행하게 함으로써 사례관리가 더욱 강화되었다. 2013년에는 사회복지통합관리망은 사회보장정보시스템으로 명칭이 바뀌었고, 이렇게 통합된 정보시스템을 통해 복지사각지대를 해소하고 지역사회복지 역량을 강화하기 위해 2015년 사회보장정보원이 출범하게 되었다.

2016년 이후로 읍 · 면 · 동주민센터의 명칭을 행정복지센터로 변경하고, 지역사회의 복지기능을 강화하기 위해 '복지허브화'[2]를 추진하기 시작하였다. 또한 읍 · 면 · 동 지역사회보장협의체를 설치·운영함으로써 지역복지 활성화의 기틀을 마련하였다. 2016년부터 시작하여 2018년까지 전국의 모든 읍 · 면 · 동에 맞춤형 복지팀을 신설함으로써 국민의 복지 체감도를 높이고 맞춤

2) 사회복지 전달체계를 읍 · 면 · 동주민센터 중심으로 일원화하는 사업으로 인력 및 업무 구조를 개편해 주민센터의 종합 복지기능을 강화하고자 하였다.

형 서비스를 제공할 수 있는 복지허브화를 실시하고 있다. 맞춤형 복지팀 운영을 통해 민간자원 및 조직을 활용하여 맞춤형 통합서비스, 찾아가는 서비스를 활성화하고자 하였다. 이와 함께 2018년 치매 · 독거노인 공공후견제도, 아동수당 지급 등이 실시되었다.

또한 2019년부터 사회서비스 공공성 강화 및 서비스 품질 향상을 위한 사회서비스원 설립 시범사업, 지역자율형통합돌봄 모형을 위한 선도사업이 추진되고 있다. 돌봄과 요양시설을 직접 운영하게 될 사회서비스원은 2019년에 서울 · 대구 · 경기 · 경남 4개 광역시도에 시범적으로 설립되었다.

이렇게 2000년대 중반 이후로 사회복지공급 주체가 다원화, 복잡화되면서 사회복지행정학은 일종의 혼돈을 경험하면서 기존의 단순화된 방식의 행정으로부터 벗어나 사회복지서비스 수행방식의 새로운 패러다임의 변화에 적극 대응해야 하는 과제를 안게 되었다(김영종, 2010).

5) 사회복지행정의 확대기(2020년대 이후)

2020년은 코로나19의 발생과 확산으로 인해 사회 전반에 큰 변화를 가져온 시기이다. 사회 각 분야에서 비대면서비스가 활성화되기 시작하면서 보건의료 및 사회복지 영역에서도 정보통신기술을 이용한 서비스 개발 및 보급이 활발하게 진행되었다. 이에 2021년부터는 보건복지부에서 본격적으로 비대면 돌봄, 지능형 돌봄 기술 등 스마트 의료 · 복지 기술의 개발과 확산을 위한 노력을 기울이고 있다.

IT, ICT 활용과 데이터 및 정보시스템의 중요성이 커지면서 기존의 사회보장정보원은 2020년에 한국사회보장정보원으로 명칭을 변경하여 조직을 개편하였다. 한국사회보장정보원은 「사회보장급여의 이용 · 제공 및 수급권자 발굴에 관한 법률」 제29조에 근거하여 설립되었으며, 사회보장정보시스템의 구축 · 운영 · 지원과 같은 법 또는 그 밖의 다른 법령에 의해 위탁받은 사업을 합리적이고 효율적으로 수행하여 공정하고 효과적인 사회보장을 통해 국민의 삶의 질 향상에 기여함을 목적으로 하고 있다(한국사회보장정보원 홈페이지). 한국사회보장정보원은 보건복지 분야 정보시스템을 통합하여 운영 · 관리하고, 사회 · 보육서비스사업의 통합관리, 보건복지 분야 정보화 지원 및 통계, 정책 연구를 담당하고 있는 디지털 플랫폼 전문기관으로 각종 사회문제를 예방하고 분석할 수 있는 방대한 데이터를 구축하고 활용 및 관리할 수 있는 중추적 기관으로서의 역할을 담당하고 있다.

2020년에는 지역 주도의 보건복지서비스 제공체계의 개편이 필요하다는 문제의식을 토대로 하여 2년간 10개 지방자치단체에서 보건복지전달체계 강화 시범사업이 추진되고 있다.

또한 2019년에 시작된 사회서비스원 시범사업 이후, 2022년 3월에 「사회서비스 지원 및 사회서비스원 설립 · 운영에 관한 법률(사회서비스원법)」이 시행되면서 2022년까지 총 12개 지역에 사회서비스원이 설립되고 중앙 사회서비스원도 개원함으로써 그 기반을 마련하였고, 재가서비스 및 돌봄서비스 등 사회서비스 제공에 있어서 수급자의 욕구를 충족시킴과 동시에 공공성을 제고하고자 하였다.

2020년대 이후의 사회복지행정의 변화에서 주목할 점은 정보통신기술을 활용한 스마트 복지, 맞춤형 보건복지서비스를 지향하고 있다는 것이며, 현 추세로 봤을 때 앞으로는 첨단기술과 정보통신기술을 적절히 활용할 수 있는 사회복지행정 전문가의 역할 또한 점차 중요해질 것으로 예상된다.

이렇게 한국에서 사회복지욕구가 다양해지는 사회적 상황에 직면하면서 사회복지조직과 사회복지서비스 또한 양적으로 증대되고 규모도 확대됨에 따라 사회복지행정도 점차 그 정체성과 위상을 확보하여 왔고, 현재까지도 진행 중이다. 이러한 환경변화 속에서 사회복지조직이 더욱 발전하기 위해서는 사회복지서비스 제공에 있어서의 체계적 관리와 조직의 효율적인 운영에 대한 사회복지행정의 역할이 더욱 중요하게 자리잡을 것이다. 또한 지역사회와 환경에 대한 폐쇄체계적 관점이 아닌 개방체계적 관점의 조직관리 방식을 지향함으로써 외부 환경요소들과의 긴밀한 관계 속에서 적극적으로 대응해야 할 것이다(김영종, 2010). 이와 함께 사회복지조직들이 경쟁력을 확보하고 책임성 요구에 대응할 수 있기 위해서는 사회복지행정의 다양한 이론과 범위, 방법론 등에 대한 활발한 연구가 요구되며, 이와 함께 변화하는 환경에 적절하게 대응할 수 있는 전문적인 사회복지 관리자 양성에 노력을 기울여야 할 것이다.

〈표 2-2〉 한국 사회복지행정의 역사

구 분	시 기	주요 내용
태동기	1945년 이전	• 1906년 반열방 설치 : 미국 감리교 선교단체에서 원산에 설치한 최초의 인보관으로 여성을 위한 계몽사업 시작 • 1921년 태화여자관 설치 : 현대적 의미의 민간사회복지관 활동 전개 • 1921년 조선총독부 내무국에 사회과 신설로 사회복지사업 담당 • 1944년 조선구호령 공포·시행 : 국민의 빈곤, 불구, 질병 등에 대한 생활구호 • 응급구호적이고 자선·시혜적인 사회복지활동
기틀 마련기	1946~1970년대	• 미군정기 구호 중심 활동 • 6·25 전쟁 이후 외원기관의 원조를 통해 민간 사회복지기관이 운영 • 1947년 이화여자대학교에 기독교사회사업학과 설치 : 전문 사회사업 교육 처음 시작 • 이후 1961년부터 서울대학교에서 사회사업행정을 교과과목으로 포함하기 시작 • 1961년 생활보호법 제정 : 저소득층 생활보호 위주의 정책 • 1970년 사회복지사업법 제정 : 사회복지행정을 통해 민간 사회복지기관에 대한 지원, 지도·감독의 법적 근거 마련 • 사회복지행정은 구호물자의 효율적인 배분에 집중
발달기	1980~1990년대	• 급속한 산업화와 도시화로 각종 사회문제 발생, 민주화가 진행되면서 복지욕구 증가 • 종합사회복지관을 비롯한 전문적 사회복지조직이 급격히 증가 • 1982년 한국사회사업가협회의 사회복지사 윤리강령 제정 : 사회복지 전문가의 책임과 역할에 대한 인식 확산 • 1987년 사회복지전문요원제도 시행 : 사회복지전문요원 배치로 공공복지행정체계 마련 • 1990년대 신보수주의 영향으로 민간 역할과 책임 강조, 민간의 사회복지사업 참여 활성화 • 1992년 사회복지사업법 개정 : 사회복지전담공무원, 사회복지사무소 설치의 법적 근거 마련 • 1995년 전국 5개 지역에 보건복지사무소 시범 운영 • 1997년 사회복지시설 설치가 신고제로 변경, 사회복지시설 평가제도 도입 → 민간기관 참여 확대, 기관의 효율적 운영에 대한 관심 확대 • 1998년 사회복지공동모금회 설립 : 프로그램 및 재정관리에 많은 관심, 민간 조직의 자율성 강화 • 1999년 국민기초생활보장법 제정, 한국사회복지행정학회 창립

확립기	2000~ 2010년대	• 신사회 위험요소 등장으로 사회복지정책에 변화 추구 → 민영화와 지방화 • 2000년 국민기초생활보장제도 실시 : 수급자 확대로 사회복지행정 인력 대거 확충 • 사회복지사의 전문성 확보를 위해 2003년 사회복지사 1급 자격 국가시험 시행 • 2004년 사회복지사무소 시범 운영 • 2006년 주민생활지원서비스로 전달체계 개편 • 2007년 사회적기업육성법 제정 : 새로운 형태의 조직인 사회적기업 출현 • 2009년 사회복지 전달체계 개편방안 마련 • 2010년 사회복지통합관리망(행복e음) 구축 • 2012년 희망복지지원단 설치 운영 • 2013년 사회복지통합관리망 → 사회보장정보시스템으로 변경하여 개통 맞춤형 복지전달체계 개편 • 2014년 읍·면·동 복지허브화 시범사업 실시(전국 15개소) • 2015년 사회보장정보원 출범, 읍·면·동 지역사회보장협의체 발족 • 2016년 읍·면·동주민센터를 행정복지센터로 명칭 변경, '읍·면·동 복지허브화' 추진 •2018년 전국 읍·면·동에 맞춤형 복지팀 설치, 치매·독거노인 공공후견제도 시행, 아동수당 지급 실시 • 2019년 사회서비스원 설립 시범사업, 지역자율형통합돌봄 모형을 위한 선도사업 추진, 정보통신기술(ICT) 활용으로 스마트 복지 및 맞춤형 보건복지서비스 제공 시작
확대기	2020년대 이후	• 2020년 코로나19 발생으로 비대면서비스 발달, 사회보장정보원 → 한국사회보장정보원으로 명칭 변경, 보건복지전달체계 강화 시범사업(10개 지방자치단체) • 2021년부터 보건복지부에서 본격적으로 비대면 돌봄, 지능형 돌봄 기술 등 스마트 의료·복지 기술의 개발과 확산 위한 노력 • 2022년 사회서비스원법 시행, 중앙 사회서비스원 개원, 총 12개 지역에 사회서비스원 설립

1급 필수 요약

1. 미국 사회복지행정의 역사

- 인식기(19세기 중반~1920년대)
  - 사회복지행정을 실천의 보조적 방법으로 인식, 밀포드 회의 개최
- 기초정립기(1930~1950년대)
  - 사회보장법 제정으로 공공사회복지행정 영역 확대, 대학의 사회복지행정 교과과정 개설 시작
- 정체기(1960년대)
  - 빈곤 및 사회문제 증가로 지역사회복지 발달, 사회복지행정 발달 정체
- 발달기(1970~1980년대)
  - 사회복지행정 중요성 증대, 사례관리 도입, 학문적 정체성 확립, 민영화, 사회복지행정 인력 중요시
- 새로운 도전단계(1990년대 이후)
  - 신자유주의적 기조, 사회복지서비스 공급주체 다원화, 영리조직의 경영기법 도입, 사회복지조직의 합병과 연합, 정보시스템 강화

2. 한국 사회복지행정의 역사

- 태동기(1945년 이전) : 응급구호적 자선활동
  - 1906년 : 반열방 설치
  - 1921년 : 태화여자관 설립
  - 1944년 : 조선구호령 공포
- 기틀 마련기(1946~1970년대) : 미군정기 구호 중심 활동, 외원기관 원조 통한 민간 사회복지기관 운영, 1961년 생활보호법, 1970년 사회복지사업법 제정을 통해 사회복지행정의 법적 근거 마련
- 발달기(1980~1990년대) : 산업화 및 도시화로 사회문제, 복지욕구 증가, 전문적 사회복지조직의 급격한 확대
  - 1982년 : 사회복지사 윤리강령 제정
  - 1987년 : 사회복지전문요원제도 시행
  - 1992년 : 사회복지사업법 개정
  - 1995년 : 보건복지사무소 시범운영
  - 1997년 : 사회복지시설 신고제 및 평가제도 도입
  - 1998년 : 사회복지공동모금회 설립
  - 1999년 : 국민기초생활보장법 제정, 한국사회복지행정학회 창립
- 확립기(2000~2010년대) : 신사회 위험, 민영화와 지방화
  - 2000년 : 국민기초생활보장제도 실시

- 2003년 : 사회복지사 1급 국가시험 실시
- 2004년 : 사회복지사무소 시범 운영
- 2007년 : 사회적기업육성법 제정
- 2009년 : 사회복지 전달체계 개편방안 마련
- 2010년 : 사회복지통합관리망(행복e음) 구축
- 2012년 : 희망복지지원단 설치 운영
- 2013년 : 사회보장정보시스템 개통
- 2014년 : 읍 · 면 · 동 복지허브화 시범사업 실시
- 2015년 : 사회보장정보원 출범, 읍 · 면 · 동 지역사회보장협의체 발족
- 2018년 : 전국 읍 · 면 · 동에 맞춤형 복지팀 설치, 치매 · 독거노인 공공후견제도 시행, 아동수당제도 도입
- 2019년 : 사회서비스원 설립 시범사업, 지역자율형통합돌봄 모형을 위한 선도사업 추진, 정보통신기술(ICT) 활용으로 스마트 복지 및 맞춤형 보건복지서비스 제공 시작

- **확대기(2020년대 이후)**
  - 2020년 : 코로나19 발생으로 비대면서비스 발달 시작, 한국사회보장정보원 명칭변경, 보건복지전달체계 강화 시범사업
  - 2022년 : 사회서비스원법 시행, 중앙 사회서비스원 거원

CHAPTER 03

사회복지서비스 전달체계

1. 사회복지서비스 전달체계의 개념과 원칙
2. 사회복지서비스 전달체계 개선전략
3. 사회복지서비스 전달체계의 현황과 문제점

03 CHAPTER

사회복지서비스 전달체계

1. 사회복지서비스 전달체계의 개념과 원칙

사회복지행정은 사회복지정책을 구체적인 사회복지서비스로 전환하여 서비스를 필요로 하는 클라이언트 또는 소비자에게 전달하는 과정과 관련된 일련의 활동이라 정의할 때, 사회복지서비스 전달체계는 사회복지행정에서 핵심적인 부분이라 할 수 있다(최성재 · 남기민, 2020). 사회복지서비스의 효과적이고 효율적인 전달을 목적으로 하는 사회복지행정이 원활하게 작동하기 위해서는 서비스 전달체계에 대한 기본적인 이해와 공적 및 사적 차원의 사회복지서비스 전달체계의 현황과 문제점을 살펴보는 것이 중요하다.

1) 사회복지서비스 전달체계의 개념

사회복지서비스 전달체계(delivery system)란 지역사회에서 서비스 공급자 간 또는 서비스 공급자와 소비자 간에 존재하는 조직적 장치(organizational arrangement)를 일컫는다(Gilbert & Terrell, 2021 : 154). 즉, 지역사회 내에 존재하는 사회복지서비스 공급자와 공급자를 연결시키거나 혹은 공급자와 소비자를 연결시키기 위하여 만들어진 조직적 체계라고 할 수 있다. 이러한 사회복지서비스 전달체계는 클라이언트에게 적합한 서비스를 제공하는 것을 목적으로 한다.

사회복지서비스 전달체계는 일반적으로 정부나 공공기관이 직접 관리 · 운영하는 공공(공적) 전달체계와 민간단체나 기관이 직접 관리 · 운영하는 민간(사적) 전달체계로 구분할 수 있다. 공공(공적) 전달체계의 경우 보건복지부, 각 시 ·

군 · 구 등의 복지담당 부처 등이 해당되며, 민간(사적) 전달체계의 경우 사회복지관, 쉼터, 요양시설 등이 해당된다.

2) 사회복지서비스 전달체계 분석차원

사회복지서비스 전달체계는 여러 가지 차원으로 분석할 수 있지만, 운영주체별 분석, 구조 · 기능적 분석이 중요하며, 경우에 따라 서비스별 분석도 가능하다(박미정 · 박정령, 2022; 생각의 마을, 2022; 최성재 · 남기민, 2020).

(1) 운영주체별 분석

사회복지서비스 전달체계를 운영주체 차원에서 구분하면 공공(공적) 전달체계와 민간(사적) 전달체계로 구분할 수 있다. 일반적으로 공공 전달체계는 중앙정부, 지방정부, 공공기관이 직접적으로 관리하고 운영하는 것이다. 공공 전달체계는 사회보험과 공공부조와 같이 지속적이고 안정적인 서비스를 제공하며, 공공재적 성격과 외부효과가 강하고 표준화가 용이한 서비스를 담당한다. 공공 전달체계의 장점은 국민의 세금으로 조달하므로 재정적인 안정성이 있고, 보편적 욕구를 충족시키기에 유리한 점을 들 수 있지만, 외부 환경에 둔감하고 관료적이라는 단점이 있다.

민간 전달체계는 민간기관이나 단체가 직접 대인서비스를 전달하고 민간 전달체계를 관리 · 운영하는 것이다. 민간 부문은 비영리조직과 영리조직으로 구분되는데, 영리조직은 구성원들에게 수익을 배분하는 반면, 비영리조직은 영리를 목적으로 하기보다는 수익을 배분하지 않고 조직의 목적을 위해 수익을 재투자하는 조직이다. 민간 전달체계의 장점으로는 사회변화에 민감하게 반응할 수 있어서 융통적, 창의적인 특성이 있고, 클라이언트의 욕구에 민감하므로 다양한 서비스 제공이 가능하고, 서비스의 선도적 개발 및 보급에 유리하다는 것이다. 하지만 재정적으로는 불안정하고 소규모 조직의 경우 더욱 재정 조달이 어려울 수 있는 단점이 있다.

(2) 구조 · 기능적 분석

사회복지서비스 전달체계는 구조적인 면에서는 행정체계와 집행체계로 구분되고, 기능적인 면에서는 행정기능과 서비스 제공기능으로 구분된다.

먼저 행정체계는 서비스를 기획, 지원, 관리하는 체계이고, 집행체계는 서비스 제공자가 클라이언트와 직접 대면하여 서비스를 전달하는 체계이다. 예를 들어, 보건복지부나 시 · 군 · 구는 서비스를 기획하고 지시, 지원, 관리 및 감독하는 업무를 담당하고 있으므로 행정체계라고 할 수 있으며, 읍 · 면 · 동의 경우 구체적인 서비스를 클라이언트에게 제공하는 업무를 담당하므로 집행체계라고 할 수 있다. 사회복지기관의 경우 관장, 자문위원회, 기획관리부 등은 행정체계이며, 청소년복지부, 노인복지부 등 일선 부서 이하는 집행체계라고 할 수 있다.

기능적으로 행정기능과 서비스 제공기능으로 구분할 경우, 행정기능은 서비스의 전달업무를 원활하게 하기 위한 기능으로 볼 수 있고, 서비스 제공기능은 서비스를 직접 제공하는 기능이다. 일반적으로 집행체계는 서비스 제공기능과 행정기능을 함께 수행하게 되는데, 대표적인 집행체계인 사회복지사의 경우 클라이언트의 상담이나 급여 제공 등 직접적인 서비스 전달과 함께 이를 위한 상담계획의 수립, 슈퍼비전, 회의 참석 등의 행정기능도 함께 수행하게 된다.

(3) 서비스별 분석

서비스 이용자 및 대상자, 욕구에 따라서 서비스의 종류와 성격이 달라지게 되므로 사회복지서비스 전달체계는 각 서비스별로도 분석이 가능하다.

예를 들어, 아동복지서비스 전달체계는 보육시설, 드림스타트, 지역아동센터, 가출청소년일시보호소, 청소년쉼터, 종합사회복지관, 소년원, 그룹홈 등이 될 수 있고, 노인복지서비스 전달체계는 노인주간보호센터, 치매단기보호센터, 요양시설, 노인종합복지관, 경로당 등이 될 수 있다. 또한 정신건강서비스 전달체계는 정신병원, 종합병원, 정신건강복지센터, 사회복귀시설, 낮병원(day hospital), 자살예방센터, 가족치료센터 등이 될 수 있을 것이다.

3) 사회복지서비스 전달체계 구축의 원칙

사회복지서비스 전달체계를 구축하기 위해 고려해야 할 중요한 원칙들은 여러 학자들에 의해 다양하게 제시되고 있지만, 일반적으로 다음과 같은 8가지 원칙이 강조된다(박미정 · 박정령, 2022, 생각의 마을, 2022; 최성재 · 남기민, 2020).

(1) 전문성의 원칙

사회복지서비스에서 핵심적인 업무는 전문가에 의해 이루어져야 한다는 원칙이다. 전문가는 자격시험 등을 통해 자격 요건을 객관적으로 인정받은 사람으로서 자신의 업무에 대해 전문성을 갖고 권위와 자율적 책임성을 지니고 있어야 한다. 사회복지 업무수행 과정에서 핵심 업무는 반드시 사회복지사나 의사, 간호사, 보육교사 등 자격요건이 인정된 전문가가 담당해야 하며, 전문성을 덜 요하는 업무는 준전문가가, 비숙련 업무 및 일반 행정 업무는 비전문가나 자원봉사자가 담당할 수 있다.

(2) 포괄성의 원칙

클라이언트의 욕구는 일반적으로 여러 다른 문제와 연관이 되어 있고 다양하게 나타나는데, 포괄성은 이러한 다양한 욕구해결을 위해 클라이언트가 필요한 서비스를 종합적으로 제공한다는 원칙이다. 클라이언트가 다양한 욕구를 해결하기 위해서는 다각적인 접근이 필요하며, 다양한 서비스 제공을 위해서는 사례관리방법이 좋은 예가 될 수 있다. 또한 다양한 서비스에 대해 계획을 하고 가장 필요한 서비스에 대한 우선순위를 정함으로써 적절한 시기에 제공될 수 있도록 해야 한다.

(3) 통합성의 원칙

클라이언트의 문제나 욕구는 대부분 복합적이고 상호 연관되어 있기 때문에 이러한 문제를 해결하기 위한 서비스들도 서로 연계되어 통합적으로 제공되어야 한다는 원칙이다. 통합성을 갖추기 위해서는 클라이언트에게 여러 서비스들이 누락되지 않고 제공될 수 있어야 하는데, 서비스가 파편적, 분절적인 경우 서비스가 중복되거나 누락될 수 있으므로 전문적인 행정책임자가 필요하고 서비스 조직 간 유기적인 협조체제를 잘 갖추어야 한다. 포괄성은 서비스 이용자 측면에서 다각적인 접근을 강조한다면, 통합성은 서비스 공급자 측면에서 다양한 서비스의 연계를 강조한 것이라 할 수 있다.

(4) 적절성의 원칙

클라이언트의 욕구를 충족시키고 문제를 해결하며 서비스의 목표를 달성하기 위해서 제공되는 서비스의 양과 질, 기간이 적절해야 한다는 원칙이다. 적절성은 공급자보다는 수요자 입장에서 판단하는 것이 중요하며, 적절성을 충족시키기 위해서는 적정 수준의 재정 및 인적자원이 필요하다. 문제 해결에 대한 뚜렷한 의지를 가지고 적절성을 충족시키는 것이 중요하다.

(5) 지속성(연속성)의 원칙

클라이언트의 문제나 욕구는 일회적인 서비스로 모두 해결되기 어려운 경우가 많은데, 지속성(연속성)의 원칙은 클라이언트가 필요로 하는 각종 서비스를 지속적으로 제공해야 한다는 원칙이다. 서비스를 지속적으로 제공함에 있어서 개인에게 질적으로 변화를 가져올 수 있어야 하며, 프로그램 간, 타 조직 간의 상호협력과 유기적인 연계를 통해 지속성을 유지할 수 있다.

(6) 평등성의 원칙

평등성은 모든 국민은 성별, 연령, 소득, 지역, 종교, 지위 등에 상관없이 사회복지서비스를 평등하게 제공받을 수 있다는 것으로, 보편주의에 입각한 원칙이다. 공공부조나 아동수당 등 소득, 연령 등에 따라 이용자격을 제한하는 경우를 제외하고는 모든 사람에게 평등하게 사회복지서비스를 제공해야 한다.

(7) 접근성의 원칙

사회복지서비스를 필요로 하는 사람은 누구나 쉽게 서비스를 받을 수 있어야 하고, 클라이언트가 필요로 하는 서비스에 용이하게 접근할 수 있어야 한다는 원칙이다. 서비스의 접근성을 방해하는 주요 요인으로는 서비스에 대한 정보의 결여, 심리적 장애(자신의 문제 노출에 대한 두려움, 수치감 등), 지리적 장애(원거리 또는 교통의 불편 등), 선정 절차상의 장애(자산조사의 엄격한 적용, 시간이 많이 걸림), 자원 부족(비용이나 상담자의 부족 등) 등이 있다.

(8) 책임성의 원칙

사회복지조직은 국가 및 사회로부터 사회복지서비스를 전달하도록 위임받은 조직이며, 이러한 사회복지조직은 서비스 전달에 있어 책임성을 가지고 서비스를 제공해야 한다는 원칙이다. 책임져야 할 내용은 클라이언트의 욕구에 대한 서비스의 적절성, 전달절차의 적합성, 서비스의 효과성과 효율성이 포함된다. 책임을 져야 할 대상은 클라이언트 및 서비스 공급자, 지역사회 등이 된다.

2. 사회복지서비스 전달체계 개선전략

사회복지서비스 전달체계를 구성하는 조직들은 정부기관과 같은 공공조직과 직접 서비스를 제공하는 민간기관이 혼재되어 있다. 또한 거의 모든 사회복지서비스 또는 사회서비스는 정부기관이 전달체계 상층부에 위치하고, 하층부에는 서비스 대상자에게 직접 서비스를 제공하는 민간기관이 존재하기 때문에 공공 전달체계와 민간 전달체계로 구분하기란 쉽지 않다. 이에 양질의 서비스가 대상자에게 전달되기 위해서는 공공과 민간 조직들을 어떻게 배열하고 어떤 기능과 역할을 수행해야 하는지에 대한 정확한 이해가 필요하다(황성철 외, 2021).

1) 공공과 민간의 역할분담

사회복지서비스 전달체계에 있어서 공공과 민간 간의 명확한 역할분담과 원활한 협력이 무엇보다도 중요하다. 공공기관의 경우, 정부조직들의 역할에 대해서는 각종 법령을 통해 명확하게 분담이 되어 있지만, 공공과 민간의 역할에 대해서는 명확한 규정이 없어서 역할분담이 어려운 측면이 있다. 사회복지서비스에 있어서 공공조직의 자격기준으로 인해 서비스를 받지 못하는 대상자들에게는 민간조직이 서비스를 제공하기도 하고, 시장에 의한 공급의 한계로 민간조직이 제공할 수 없는 서비스는 공공조직이 담당하게 되면서 공공과 민간은 협력관계를 유지하게 된다. 공공과 민간의 역할분담에 대해 다음과 같은 네 가지 협력모형이 있다(이인재 · 변재관, 2010; 황성철 외, 2021).

(1) 병행보완모형

병행보완모형(parallel supplement model)의 경우, 재원조달에 있어서 공공과 민간이 독자적으로 조달하지만 서비스의 대상이 각각 다른 경우이다. 공공급여를 제공할 경우 사각지대에 있는 대상자는 공공이 제공하는 급여를 받을 수 없게 되는데, 민간이 공공과 협력하여 사각지대에 있는 급여 대상자에게 서비스를 제공하는 역할을 수행하게 된다. 이러한 병행보완모형은 사각지대에 있는 대상자에게 민간이 독자적으로 서비스를 제공함으로써 보완해 줄 수 있기 때문에 바람직하지만, 실제로는 독자적으로 재원을 마련하여 일선에서 서비스를 제공할 수 있는 민간조직이 많지 않다는 문제가 있다.

(2) 병행보충모형

병행보충모형(parallel complement model)은 공공과 민간이 각각 독자적으로 재원을 조달하고 급여 및 서비스 대상자는 동일하지만, 급여나 서비스의 내용을 다르게 한다는 점에서 차이를 보인다. 즉, 서비스 대상자가 있을 때, 그 대상자에게 공공은 현금급여를, 민간은 현물이나 다른 서비스를 제공하는 경우가 해당한다. 이 경우 공공과 민간은 급여나 서비스의 내용을 결정하는 과정에서 상호 협력이 이루어진다. 그러나 마찬가지로 민간조직이 독자적으로 재원을 마련할 수 있는지가 중요한 문제가 될 수 있다.

(3) 협동대리모형

협동대리모형(collaborative vender model)은 일방적인 관계하에서 공공은 재원조달의 책임을 맡고, 민간의 역할에 대해 세부적으로 규정하고 평가하며 감독을 시행하는 역할을 하게 된다. 그리고 민간은 정부가 규정하는 범위 내에서 급여나 서비스 전달의 책임을 맡아서 정부의 대리인으로 기능하게 되는 경우이다. 이러한 모형에서는 재원을 배분하는 과정에서 공공과 민간의 협력이 이루어진다.

(4) 협동동반모형

협동동반모형(collaborative partnership model)은 협동대리모형과 같이 공공은 재원조달의 책임을 맡고, 민간은 급여나 서비스를 담당하지만, 공공과 민간이 쌍방적인 관계 하에서 민간이 프로그램 관리 및 정책개발에 있어서 상당한 재량권을 갖고 있다는 점에서는 차이가 있다. 이 모형에서 민간은 독자적인 재량권을 통해 조직을 운영하고 급여 및 서비스 제공을 하게 되면서 공공의 정책결정 과정에도 영향을 미칠 수 있다.

이러한 네 가지 모형은 고정된 모형이 아니라 공공과 민간의 역할관계의 변화에 따라 쉽게 다른 모형으로 변화될 수 있다. 예를 들어, 협동대리모형에 기초한 협력관계에서 민간조직의 역량이 강화되면 협동동반모형으로 전환될 수 있고, 반대로 협동동반모형에서 민간조직이 공공재원의 활용을 위해 조직의 목표를 변화시키게 되면 협동대리모형에 가깝게 변화될 수 있다.

우리나라 사회복지서비스 전달체계를 볼 때, 정부는 공공부조와 사회보험과 같은 기본적인 욕구 충족을 위해서 공공조직을 통해 급여 및 서비스를 제공하고, 민간 사회복지조직에서는 주로 사회복지서비스를 제공하고 있다는 면에서는 병행보충모형에 가깝게 보인다. 하지만 사회복지서비스에 있어서 민간 사회복지조직들이 정부재원에 의존하지 않고 독자적인 재원을 마련하지 못하는 현실과 정부에서 각종 법령과 지침으로 민간기관을 규제하고 평가하면서 관리·감독을 한다는 측면에 있어서는 협동대리모형으로 규정할 수 있을 것이다(황성철 외, 2021).

2) 협력과 네트워크

사회복지서비스 전달체계가 잘 작동하기 위해서는 공공과 민간의 협력과 민간기관 간의 네트워크 체계가 매우 중요하다. 협력(collaboration)이란 조직들 간의 자율성을 유지하면서 공유된 자원을 가지고 어떤 서비스나 프로그램을 제공하기 위해서 함께 결합하는 것을 의미하며, 협력의 종류에는 네트워크, 조합(컨소시엄), 합작회사 등이 있다(황성철 외, 2021; Bailey & Koney, 2000).

오늘날 한정된 외부자원을 가지고 운영해야 하는 사회복지조직들에 있어서 다양한 조직들과의 협력과 네트워크 체계를 유지하는 것은 생존을 위해 필수적인 요소가 되었다. 사회복지조직이 네트워킹을 추구하는 근본적인 다섯 가지 이유는 다음과 같다(황성철 외, 2021).

첫째, 자원에 대한 필요성이다. 조직이 다른 조직들과의 협력이나 네트워크를 구축하는 가장 큰 이유는 자원에 대한 필요성 때문이다. 하나의 조직이 단독으로 획득하기 어려운 고도의 전문화된 자원이나 정치적 과정을 통해 얻을 수밖에 없는 자원을 얻기 위해서는 네트워크 체계를 구축하면 더욱 효율적으로 자원을 획득할 수 있다. 정부의 특별보조금을 획득하기 위해 유사 사업을 하는 기관들이 네트워크를 구성하는 것이 그 예가 될 수 있다.

둘째, 조직영역의 확장 필요성이다. 조직이 새로운 사업을 통해 시장을 확대하고 개척하고자 할 때 조직 간 협력 및 네트워크를 구성하면 개별 조직의 위험을 감소시키면서 새로운 시장에 진입하기가 수월해진다. 예를 들어, 요양서비스 기관이 인근의 노인복지관과의 연계를 통해 요양서비스가 필요한 노인을 확보함으로써 안정적으로 시장에 진입할 수 있다.

셋째, 경쟁력 강화를 위한 필요성이다. 단일조직으로서는 한계가 있는 다른 조직들과의 경쟁에서 조직 간 협력을 통해 경쟁력을 보다 강화할 수 있다. 특히 비교우위를 점하는 특정 조직이 규모나 지위에서 크게 차이가 날 때 약소 조직들이 서로 협력함으로써 경쟁력을 보다 높일 수 있다.

넷째, 변화에 적응하기 위한 필요성이다. 급변하는 환경에 적응할 수 있는 능력을 확보하기 위해서도 협력과 네트워킹이 필요하다. 예를 들어, 새로운 사업을 시작하려고 할 때 여러 조직이 협력을 통해 각 분야 전문가를 고용함으로써 역할분담을 한다면 새로운 환경에 보다 빠르게 적응할 수 있다.

다섯째, 규모의 경제와 비용절감을 위한 필요성이다. 협력과 네트워크 체계의 구축의 가장 큰 이유는 효율성이라고 할 수 있다. 지역사회 내에서 유사한 문제와 서비스 욕구를 가지고 있는 대상자가 있을 경우, 대상자에게 필요한 서비스를 제공하는 각 조직들이 대상자에 대한 접수, 진단, 평가 등을 공유한다면 서비스 제공비용을 절약하거나 감소하는 등 보다 효율적인 방법으로 서비스를 제공할 수 있다.

3) 사회복지서비스 전달체계의 통합

사회복지서비스 전달체계에 있어서 서비스의 분절성(비연속성)과 파편성의 문제는 가장 심각하면서도 해결하기 어려운 문제 중의 하나이다. 이를 해결하기 위해 사용되는 개념이 서비스 통합(integration)이다. 클라이언트의 욕구는 다양하기 때문에 하나의 서비스로는 충족되기 어려운 측면이 있다. 이러한 클라이언트의 복잡한 욕구를 충족시키기 위해서는 종합적인 서비스를 제공하여야 하며, 다양한 서비스 조직들이 통합을 함으로써 다양한 서비스를 효율적으로 전달할 수 있기 때문에 서비스 통합은 매우 중요한 부분이다.

서비스 통합이 적절하게 이루어지지 않는다면, 성공 가능성이 높은 클라이언트를 프로그램의 대상으로 선택하는 크리밍(creaming) 현상이나 서비스가 필요없는 사람이 서비스를 이용하는 서비스 과활용 등의 문제가 발생할 수 있다.

전달체계 내 서비스 조직이나 프로그램을 통합하기 위한 다양한 방법을 생각해 볼 수 있겠지만, 다음과 같은 전략을 통해 보다 효율적인 서비스 통합 방안을 모색해 볼 수 있다(생각의 마을, 2022).

(1) 종합서비스센터

종합사회복지관, 노인종합복지관 등과 같이 하나의 서비스 분야에 대해 지역 내 관련된 모든 서비스를 한 곳에 모아 제공할 수 있도록 하는 것이다.

(2) 인테이크의 단일화

서비스 조직들이 인테이크를 전담하는 창구를 공동으로 개발하여 클라이언트의 다차원적인 욕구를 종합적으로 평가하고, 그에 따른 적절한 서비스 계획을 개발하는 것이다.

(3) 사례관리

클라이언트의 복잡한 욕구와 문제 해결을 위해서 개별적인 조직에 분산되어 있는 서비스를 연계함으로써 사례관리자가 클라이언트의 포괄적인 문제를 관리하고 서비스를 제공하는 것이다.

(4) 트래킹(tracking)

서로 각기 다른 기관과 프로그램에서 다루었던 클라이언트에 대한 정보를 서로 공유함으로써 서비스 기록과 경로를 추적하여 클라이언트의 상황을 파악할 수 있는 시스템이다.

(5) 종합적인 정보와 의뢰(I & R : Information & Referral)

조직의 독립성은 유지하되, 조직들 간에 구조적인 통합은 하지 않은 상태에서 클라이언트의 의뢰나 서비스들 간의 연결만을 목적으로 하는 정보와 의뢰 시스템을 강화하는 것이다.

3. 사회복지서비스 전달체계의 현황과 문제점

1) 공공(공적) 전달체계의 현황

공공 사회복지서비스 전달체계는 운영의 주체가 국가 또는 지방정부가 되어서 사회보험과 공공부조, 일부 사회복지서비스를 대상자에게 전달하는 시스템이다. 현재 우리나라에서 사회보험, 공공부조, 사회복지서비스를 담당하는 핵심적인 공공 전달체계는 보건복지부, 고용노동부, 행정안전부와 지방정부 등이 있다.

보건복지부에서는 대표적으로 국민기초생활보장, 의료보호, 연금보험, 건강보험, 사회복지서비스 등을 담당하고 있으며, 고용노동부는 산재보험, 고용보험 등을 담당하고, 그 외 행정안전부, 법무부, 여성가족부, 교육부, 국방부 등에서도 일부 연금 및 사회복지서비스 업무를 담당하고 있다. 국민연금과 건강보험 등 사회보험의 경우는 중앙정부에서 직접 국민연금관리공단이나 국민건강보험공단 등의 담당기관으로 업무지침이 전달되어 각 지부를 통해 대상자에게 전달되고 있으며, 공공부조의 경우 중앙정부인 보건복지부에서 사업에 대한 계획과 지침이 수립되면 특별시 · 광역시 · 도를 거쳐 시 · 군 · 구와 읍 · 면 · 동으로 업무지침이 전달되어 대상자에게 직접 제공하게 된다.

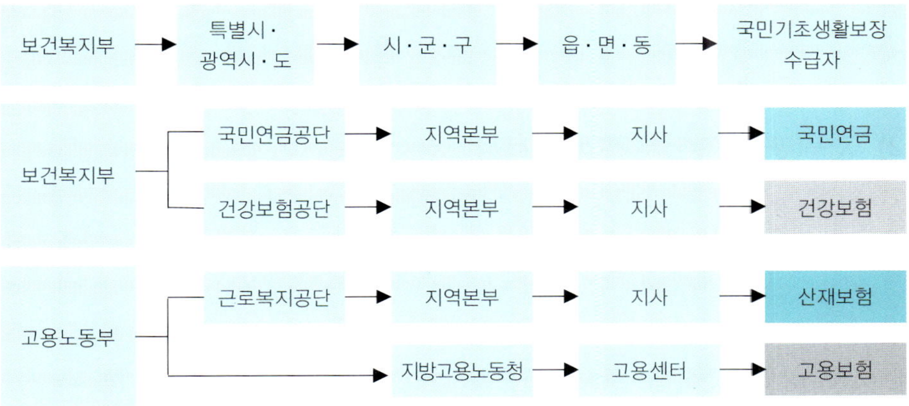

| 그림 3-1 | 공공 사회복지 전달체계 흐름도

공공 전달체계에 있어서 지방정부의 역할도 매우 중요한데, 보건복지부가 지방에 직할 사무소를 가지고 있지 않기 때문에 행정안전부 소속인 특별시 · 광역시 · 도 단위의 사회복지정책과, 저출산고령화과, 가정복지과 등에 의해 사회복지서비스의 전달이 이루어지고 있다. 또한 시 · 군 · 구 단위에서는 사회복지과, 주민생활지원과, 가정복지과 산하의 사회복지계, 가정복지계, 부녀복지계, 청소년복지계 등이 설치되어 있으며, 읍 · 면 · 동 단위의 사회복지계나 소속 사회복지전담공무원을 통해 사회복지서비스가 직접 전달되고 있다.

중앙정부가 주체가 되어 이루어지는 공공 전달체계는 대량 생산된 재화를 제공하기 때문에 규모의 경제를 달성할 수 있고, 사회적 평등을 이룰 수 있으며, 다양한 서비스를 통합하고 조정하여 포괄적인 서비스를 제공할 수 있는 장점이 있다. 그러나 수혜자들의 다양한 욕구를 반영하기가 어렵고, 공급자가 독점적인 경우가 많아서 서비스 질이 낮아질 수 있으며, 접근성에 있어서도 한계가 있다는 단점이 있다.

지방정부 차원에서 제공하는 서비스의 경우는 지역의 특수성을 반영하여 지역사회의 욕구에 신속하고 전문적으로 대응할 수 있고, 지방정부들 간의 경쟁을 통해 서비스의 질을 향상시킬 수 있으며, 중앙정부에 비해 접근성이 좋다는 장점이 있다. 반면 중앙정부와 같은 규모의 경제를 달성하기 어렵고, 지역 간 복지급여의 차이로 인해 불평등이 야기될 수 있으며, 재정의 한계로 인해 서비스의 지속적인 공급이 어려울 수 있는 단점이 있다(박미정 · 박정령, 2022).

2) 공공(공적) 전달체계의 문제점

공공 전달체계는 서비스 공급에 있어서 핵심적인 주체가 되고 있지만, 구조적으로 다음과 같은 몇 가지 문제점을 가지고 있다(박미정 · 박정령, 2022; 최성재 · 남기민, 2020).

첫째, 상의하달식 수직적 전달체계로 인해 중간이나 하부조직에서 대상자의 욕구나 지역의 욕구에 능동적이고 자율적인 대처가 어렵고, 서비스의 적절성과 통합성, 포괄성을 달성하기 어려운 문제가 있다.

둘째, 사회복지행정이 일반 행정체계로 편입됨으로써 사회복지서비스의 특성과 전문성을 살리지 못하는 문제이다. 현재 국민기초생활보장과 의료급여, 사회복지서비스 등의 전달이 행정안전부의 지침을 통해 지방정부의 행정체계에 편입되어 수행되고 있고, 대부분의 사회복지전담공무원이 일반 행정업무를 겸하고 있어 전문성을 발휘할 기회도 없어지게 되었다. 이로 인해 사회복지서비스 전달에 있어서 효과성, 책임성, 업무만족도가 저하되고, 전담공무원의 소진이 증가하여 서비스의 효율성이 저하될 가능성이 높아지게 된다.

셋째, 전문인력에 대한 관리가 미흡한 문제이다. 사회복지전담공무원은 1999년 9월 이전까지 별정직이었으나, 1999년 9월 이후 정규 사회복지직으로 전환됨에 따라 전문화에 대한 기대가 높아졌다. 하지만 다른 직렬에 비해 승진의 기회가 낮아 사기 저하를 불러일으키고 있으며, 일반 공무원이 사회복지직으로 전환되는 경우가 빈번하여 서비스의 질을 저하시키고 효과성 또한 약화시킬 가능성이 높다.

넷째, 전문인력이 부족하다. 1987년 이후 사회복지전담공무원은 꾸준히 증가하고 있지만, 사회복지전담공무원 1인당 취급가구 수가 폭발적으로 증가함으로써 전담공무원의 소진과 과로사 등의 문제가 빈번하게 발생하였다. 이에 사회복지전담공무원을 충원하는 노력을 시도하였으나 여전히 업무량에 비해 전담공무원은 턱없이 부족한 실정이다. 이러한 전문인력의 부족은 서비스의 질과 효과성을 약화시킬 수 있다.

다섯째, 서비스의 통합성이 결여되어 분절적이고 이원화된 전달이 이루어지는 문제이다. 현재 공공 전달체계에서 사회복지행정 업무를 담당하는 부서들은 각각 독립적으로 운영되고 있어 서비스의 통합성이 낮은 수준이며, 부서나 프로그램에 따라 서비스 대상 자격기준도 달라지고 서비스가 분절적으로 전달되어 서비스의 통합성 및 효과성을 저해하고 있다.

여섯째, 각종 위원회의 활동이 부진한 문제이다. 공공 전달체계 내에 주요 사항의 자문에 답하고 심의하기 위한 다양한 위원회를 두고 있으나, 위원회를 활용하는 경우가 드물고 형식적으로 운영되는 경우가 많다. 지역사회 중심으로 사회복지서비스의 효과성과 효율성을 증진시키기 위해서는 지역사회 기반으로 한 위원회의 활동이 보다 활발하게 이루어질 필요가 있다.

3) 민간(사적) 전달체계의 필요성

사회복지서비스의 전달에 있어서 중추적인 역할은 국가가 담당하지만, 역사적으로 볼 때 다양한 형태의 민간 사회복지조직에 의한 활동이 있어 왔고, 그 중요성으로 인해 민간 전달체계는 점차 제도화되고 발전되어 왔다. 민간 사회복지 전달체계는 각종 사회복지시설, 사회복지사협회, 사회복지협의회, 사회복지공동모금회 등의 민간 사회복지조직을 비롯하여 NGO, 기업 및 기업재단, 종교단체, 시민단체 등이 포함된다. 공공 전달체계의 한계를 보완할 수 있고, 급변하는 환경변화에 신속하게 대응할 수 있는 측면에서 민간 사회복지 전달체계는 지속적으로 그 필요성과 역할이 증대될 것이다. 좀 더 구체적으로 그 필요성을 살펴보면 다음과 같다(박미정 · 박정령, 2022; 최성재 · 남기민, 2020).

첫째, 정부가 제공하는 서비스의 비해당자에 대해 민간 사회복지조직이 서비스를 제공할 수 있다. 정부에서 제공하는 서비스 수혜 자격기준은 제한적이기 때문에 서비스를 필요로 하지만 혜택을 받을 수 없는 사람들에 대해서 민간 사회복지활동을 통해 서비스를 제공할 수 있다.

둘째, 정부가 제공할 수 없는 서비스를 민간 사회복지조직을 통해 제공할 수 있다. 정부는 서비스 제공의 일차적인 목표를 기본적이고 보편적인 문제나 욕구충족에 두고 있기 때문에 개인의 복잡하고 다양한 욕구를 모두 충족시킬 수는 없다. 복잡하고 다양한 욕구를 충족시키고 질 높은 서비스를 제공하기 위해서는 민간 사회복지활동이 필요하다.

셋째, 동일한 서비스에 대해 선택의 기회를 제공하기 위해 민간 사회복지활동이 필요하다. 정부에서 제공하는 동일한 종류의 서비스를 민간 전달체계에서 제공하게 되면 클라이언트가 그들의 기호나 지역적, 시간적 여건에 따라 선택을 할 수 있고, 기관 간 경쟁을 유발하여 서비스 질의 향상도 가져올 수 있다.

넷째, 사회복지서비스의 선도적 개발과 보급을 위해서 민간 사회복지활동이 필요하다. 민간조직은 공공조직에 비해 행정적으로 융통성이 있고, 의사결정이 신속하게 이루어질 수 있으며, 환경의 변화에 민감하게 대응할 수 있는 장점이 있으므로 클라이언트의 변화하는 욕구에도 신속하게 반응하여 새로운 프로그램을 개발하고 보급하는 데 유리하다.

다섯째, 민간의 사회복지 참여에의 욕구를 수렴하기 위해 민간 사회복지조직이 필요하다. 많은 사람들이 사회복지 활동에 있어서 자원봉사자나 재정적 후원자 또는 운영자로 참여하고자 하는 욕구를 가지고 있으며, 이러한 욕구를 충족시키기 위해서는 민간 사회복지조직과 활동이 필요하다.

여섯째, 정부의 사회복지활동에 대한 압력단체로서의 역할을 위해 민간 사회복지조직이 필요하다. 민간 사회복지조직은 유사한 서비스를 제공하는 조직들이 연합체나 협의체 등을 조직함으로써 정부에서 제공하는 서비스와 활동에 대해 감시할 수 있고, 정부가 수행해야 할 서비스와 역할, 개선할 부분 등에 대해 압력을 가하고 요청할 수 있다.

일곱째, 민간 사회복지활동으로 인해 국가의 사회복지비용을 절약할 수 있다. 사회복지의 일차적 책임은 국가에 있지만, 모든 국민의 모든 욕구를 국가가 모두 충족시키기에는 재정과 효율성의 측면에서 한계가 있다. 따라서 민간 사회복지조직이 서비스 구매 계약이나 서비스 위탁 등을 통해 국가의 역할을 분담하여 수행하게 됨으로써 국가의 비용을 절약할 수 있으며 동시에 보다 전문적이고 양질의 서비스를 제공할 수 있다.

4) 민간(사적) 전달체계의 현황 및 문제점

민간 사회복지서비스 전달체계 중 대표적인 것으로 사회복지협의체와 사회복지시설을 살펴볼 수 있을 것이다.

먼저 사회복지협의체는 특성에 따라 네 가지 유형으로 구분할 수 있다(박미정 · 박정령, 2022; 최성재 · 남기민, 2020). 첫째는 사회복지기관협의회(councils of social agencies)로, 지역사회 내의 사회복지기관, 사회복지 담당 위원회 및 부서를 가진 다양한 단체들의 협의체의 형태이다. 현재 우리나라에는 존재하지 않는 유형이다.

둘째는 지역사회복지협의회(councils of social welfare)로, 전문적 또는 비전문적 개인과 사회복지기관의 단체회원으로 구성된 협의체이다. 현재 우리나라에서 볼 수 있는 협의체로 한국사회복지협의회(중앙) 및 시 · 도 사회복지협의회가 해당된다. 한국사회복지협의회는 사회복지사업법 제33조에 근거하여 '사회복지에 관한 조사 · 연구와 각종 복지사업을 조성하고, 사회복지사업과 활동을 조직적으로 협의 조정하며 사회복지에 대한 국민의 참여를 촉진함으로써 우리나라의 사회복지 증진과 발전에 기여한다'는 목적으로 설립되었다. 그러나 한국사회복지협의회는 지역사회 및 전국적 사회복지 관련기관 간의 협의 조정의 역할을 제대로 수행하지 못하고 있으며, 보건복지부의 통제를 받고 있어 순수한 민간의 자발적 동기로 결성된 민간조직 협의체로서 보기 어렵다는 점, 협의회 직원들의 전문성이 높지 않아 협의 조정 및 사회복지 전반에 대한 연구개발이 미흡하고, 지방조직과의 유기적 협조가 부족하다는 점, 사회복지계의 이슈나 문제에 대한 정책적 건의 등의 지도력을 행사하지 못하고 있으며, 전반적인 사업의 내용과 활동에 있어서 지역사회의 복지욕구를 충분히 대변하지 못하는 점 등이 그 문제점으로 지적되고 있다(박미정 · 박정령, 2022).

셋째는 민관협의체로서 2003년에 도입된 지역사회복지협의체가 있으며, 이는 지역사회복지기관, 민간사회복지 관련 전문가, 사회복지관련 공무원 등으로 구성된 협의체로 지역사회의 사회복지에 대해 중요한 사항을 심의, 건의하고 서비스의 연계 및 조정하는 기능을 담당하고 있다. 그러나 지역사회복지협의체 역시 대체로 관이 같이 참여하고 관이 협의체 위원장이 되는 경우가 많기 때문에 민간 측의 의견이 반영되지 못할 수도 있다는 문제점을 지니고 있다.

넷째는 직능별 협의체로서 사단법인 한국아동복지시설협회, 한국노인복지시설협회, 한국장애인복지시설협회, 한국정신요양복지시설협회, 한국여성단체협의회 등이 있다.

사회복지시설은 그 종류와 유형이 매우 다양한데, 운영주체별로 구분하였을 때 민간 사회복지 전달체계에 해당하는 민간 사회복지시설은 2021년 기준 총 51,920개소로 나타나고 있다. 그중 개인이 운영하는 시설이 39,362개소로 가장 많은 비중을 차지하고 있으며, 사회복지법인이 6,523개소, 기타 법인이 5,435개소를 운영하고 있었다. 민간 사회복지시설 종류 중 어린이집이 27,809개소로 가장 많았고, 다음으로는 노인 관련 시설이 15,805개소, 아동 관련 시설이 4,475개소, 장애인 관련 시설이 3,129개소 순으로 나타났다(표 3-1 참고).

〈표 3-1〉 운영주체별 사회복지시설 현황

(단위 : 개소, 2021년 기준)

구 분	총 시설수	지방자치단체 설치/ 운영 시설			민간 설치/ 운영 시설				
		소계	직영	위탁	소계	사회복지 법인	기타 법인	단체 (법인 외)	개인
계	60,594	8,674	399	8,275	51,920	6,523	5,435	600	39,362
노인[1]	16,761	956	62	894	15,805	2,343	1,433	109	11,920
아동	5,366	891	97	794	4,475	663	1,146	241	2,425
장애인	3,919	790	15	775	3,129	1,887	800	61	381
정신보건	405	-	-	-	405	174	81	27	123
노숙인	144	40	5	35	104	51	31	3	19
결핵 및 한센	6	1	-	1	5	5	-	-	-
지역자활센터	272	183	10	173	89	26	46	17	-
사회복지관	475	376	28	348	99	89	10	-	-
어린이집	33,246	5,437	182	5,255	27,809	1,285	1,888	142	24,494

주 : 1) 경로당, 노인교실 제외
출처 : 보건복지부 사회서비스자원과(2022). 2022 보건복지통계연보.

이렇게 민간 사회복지시설은 수적으로 점차 증가하고 있지만, 전문가 수의 부족, 서비스 질이 낮다는 점, 서비스 간의 연계 부족으로 인한 통합적인 서비스가 어렵다는 점, 서비스의 중복, 접근성이 떨어진다는 점 등은 지속적으로 해결해야 할 문제점으로 지적되고 있는 부분이다. 이러한 문제를 해결하기 위해서는 사회복지협의체의 기능을 강화하여 서비스의 질적 제고와 서비스 간의 연계 활성화, 통합적인 서비스 제공, 접근성의 향상을 통한 개선의 노력이 필요하다. 또한 전문성의 확보를 위해 지속적인 전문인력 양성을 위한 교육과 훈련 시스템을 강화할 필요가 있다.

5) 한국 사회복지서비스 전달체계의 개편과정 및 발전방향

사회복지 환경이 변화함에 따라 삶의 질을 향상시키려는 고민과 노력의 일환으로 사회복지서비스 전달체계는 지속적으로 변화하고 발전해 왔다. 전달체계의 개편은 다수의 이해관계자와 국가의 제도, 재정, 조직, 문화와 인식의 문제가 결부되어 있기 때문에 복잡하고 어려운 과정을 거칠 수밖에 없으며, 관련 제도와 환경이 계속적으로 변화하는 상황 속에서 전달체계의 해법을 명확히 찾아내는 것은 쉬운 일이 아니다. 그러나 사회복지서비스 전달체계는 지역사회의 주민들의 삶의 질에 상당한 영향을 미칠 수 있기에 전달체계를 개선하기 위한 노력은 매우 중요한 의미가 있으며, 많은 연구와 노력들이 지속적으로 이루어지고 있다(민소영, 2022).

〈표 3-2〉 한국 공공 전달체계 개편의 과정

시 기	개편명	주요 내용
1995년	보건복지사무소 시범사업	보건·복지 연계
2004년	사회복지사무소 시범사업	업무중심을 시군구로 조정, 전문성/ 통합성 강화
2006년	주민생활지원서비스	주민생활서비스 제공
2009년	희망복지 전달체계 개편	희망복지 129 설치
2010년	사회복지통합관리망(행복e음) 구축	사회복지 정보 관리 및 서비스 제공
2012년	희망복지지원단 설치 운영	통합사례관리 사업 실시
2013년	• 맞춤형 복지전달체계 개편 • 동 주민센터 복지기능보강 지침	원스톱 통합서비스 제공
2014년	읍·면·동 복지허브화 시범사업	전국 15개소 실시
2015년	사회보장정보원 출범	보건복지분야 정보시스템 통합 운영 및 관리, 정보화 지원
2016년	• 동주민센터를 행정복지센터로 명칭 변경 • 읍·면·동 복지허브화 추진	1,092개 읍·면·동에서 복지허브화 실시
2017년	찾아가는 보건복지서비스 시행	통합사례관리 강화
2019년	사회서비스원 설립 시범사업	사회서비스 영역의 공공부문 역할 강화
2020년	보건복지전달체계 강화 시범사업	10개 지방자치단체에서 실시
2022년	사회서비스원법 시행	총 12개 지역에 사회서비스원 설립, 중앙사회서비스원 개원

공공 전달체계의 경우 정부 주도의 다양한 시범사업을 통해 전달체계를 개편하려는 노력이 이어지고 있다. 1995년 보건복지사무소 시범사업을 시작으로 2004년 사회복지사무소 시범사업, 2012년 희망복지지원단 설치 운영, 2016년 읍·면·동 복지허브화, 2017년 찾아가는 보건복지서비스 시행, 2019년 사회서비스원 설립 시범사업을 거쳐 최근 2020년에는 보건복지 전달체계 강화 시범사업에 이르기까지 지속적인 전달체계 개편을 통해 보다 효율적이고 효과적인 서비스 제공을 위한 시도를 하고 있다. 또한 사회서비스원의 경우 2022년 3월부터 「사회서비스 지원 및 사회서비스원 설립·운영에 관한 법률(약칭 : 사회서비스원법)」이 시행되면서 2022년까지 총 12개 지역에 사회서비스원이 설립되었고, 중앙 사회서비스원도 출범하여 사회서비스의 공공성·전문성 및 투명성 제고 등 사회서비스를 강화함과 동시에 사회서비스와 사회서비스 관련 일자리의 질을 향상시키고자 하였다(보건복지부 홈페이지, 2023. 8.).

공공 전달체계의 개편의 과정을 살펴보면, 기존 전달체계가 분절적이고 비효율적이고 욕구를 포괄하지 못하는 문제점을 극복하기 위해 그 개편 방향은 통합적 서비스 지향, 지역맞춤형, 수요자 중심, 서비스 전달의 효율성의 측면에 중점을 두고 변화해 가고 있다. 또한 2020년 코로나19 이후 비대면서비스가 중요시되면서 디지털 기술을 활용한 스마트 복지서비스 제공에도 중점을 두고 개편의 노력을 하고 있다.

다수 학자들의 의견에 따르면 향후 사회복지서비스 전달체계의 개편방향은 전문성, 통합성, 접근성, 효율성, 적절성의 측면에서 고려되어야 하고, 인구구조나 재정, 지역 특성에 따른 지역별 맞춤형 사회복지서비스 전달체계가 필요함을 강조하고 있다(기정훈, 2020; 김회성 외, 2020; 민소영, 2022; 이 진, 2011; 하민정, 2022). 공공성을 강화하고 이용자의 권한을 보장하고, 통합적이고 포괄적인 서비스 전달을 위해서는 각 지방정부가 공통적인 전국단위의 복지전달체계 조직을 구축해야 하고, 이들의 명확한 업무 규정과 원활한 연계도 필요함을 강조한다. 그리고 민간 사회복지서비스 전달체계의 활성화를 위해서는 사회복지사업법에 있어서 사회복지사업 주체의 법적인 기능과 역할, 조직 운영 및 관리, 권리, 구제절차 등에 대한 규범이 내실화되어야 하며, 민간 사회복지조직들이 독자적인 자율성을 가지고 사회복지서비스를 제공할 수 있도록 해야 하고, 지역사회를 중심으로 통합적, 다각적인 전략의 접근이 필요하다.

전달체계 개편을 위한 많은 시도에도 불구하고 전달체계의 한계와 문제점은 끊임없이 제기되고 있지만, 이는 사회복지행정 분야와 관련된 학계와 현장이 지속적으로 해결해 가야 할 과제이다. 공공-민간의 협력과 민간 기관 간의 원활한 협력관계가 더욱 중요해지고 있는 이 시점에서 수요자 중심의 맞춤형 스마트 복지의 구현을 위해 현대의 디지털 사회에 걸맞은 새로운 사회복지서비스 전달체계의 구축이 필요할 것이다.

1급 필수 요약

1. 사회복지서비스 전달체계의 개념과 원칙

- 사회복지서비스 전달체계의 개념
  - 지역사회체계 속에서 사회복지서비스의 공급자와 소비자를 연결시키는 조직적 장치
- 전달체계 분석차원
  - 구조 · 기능적 분석 : 행정체계/ 집행체계, 행정기능/ 서비스 제공기능
  - 운영주체별 분석 : 공공(공적) 전달체계/ 민간(사적) 전달체계
  - 서비스별 분석 : 아동복지서비스/ 노인복지서비스/ 정신건강서비스 전달체계 등
- 전달체계 구축의 원칙
  - 전문성, 적절성, 포괄성, 지속성(연속성), 통합성, 평등성, 책임성, 접근성

2. 사회복지서비스 전달체계 개선전략

- 공공과 민간의 역할분담 : 병행보완모형, 병행보충모형, 협동대리모형, 협동동반모형
- 협력과 네트워크
  - 네트워킹의 이유 : 자원확보, 조직영역 확장, 경쟁력 강화, 변화에 적응, 규모의 경제와 비용절감
- 사회복지서비스 전달체계의 통합
  - 보다 효율적인 서비스 통합 방안 : 종합서비스센터, 인테이크의 단일화, 사례관리, 트래킹, 종합적인 정보와 의뢰

3. 사회복지서비스 전달체계의 현황과 문제점

- 공공(공적) 전달체계의 현황
  - 한국의 핵심적 공공 전달체계 : 보건복지부, 고용노동부, 행정안전부, 지방정부 등
- 공공(공적) 전달체계의 문제점
  - 욕구에 대한 신속한 대처 어려움, 전문인력 부족, 서비스의 분절성 및 이원화된 전달 등
- 민간(사적) 전달체계의 필요성
  - 정부가 제공할 수 없는 서비스 제공, 민간의 사회복지 참여 욕구 수렴, 국가의 사회복지비용 절약 등
- 민간(사적) 전달체계의 현황 및 문제점
  - 2021년 기준 민간 사회복지시설은 약 5만 2천 개소임. 전문가 수 부족, 낮은 서비스의 질, 서비스 간 연계 부족, 서비스의 중복, 낮은 접근성 등의 문제
- 한국 사회복지서비스 전달체계의 개편과정 및 발전방향
  - 지역사회 중심의 통합적, 전문적, 효율적인 접근의 개선전략이 필요

CHAPTER 04

사회복지행정의 이론

1. 조직이론과 환경
2. 고전이론
3. 인간관계이론
4. 구조주의이론
5. 체계이론
6. 정치경제이론
7. 상황이론
8. 현대적 조직이론

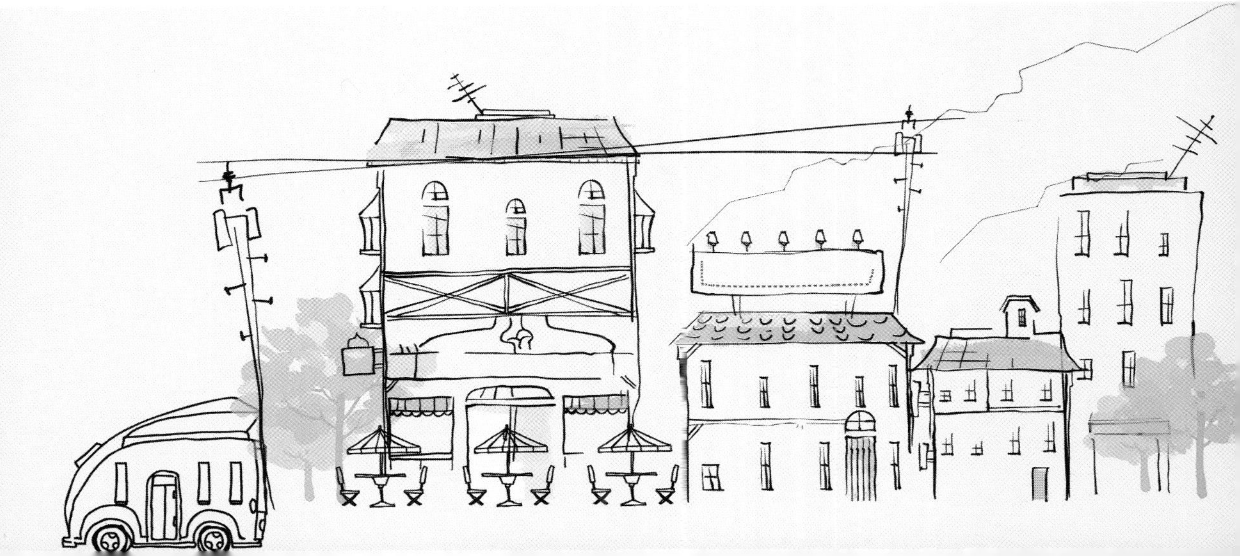

04 CHAPTER

사회복지행정의 이론

사회복지행정에서 조직에 대한 이해는 필수적이다. 행정가가 조직에 대해 어떠한 관점과 이론을 적용하여 운영하느냐에 따라서 조직의 성과가 좌우될 수 있다. 사회복지의 경우 조직이 중심이 되어 행정과정을 통해 서비스가 전달되기 때문에 조직이론과 조직에 대한 이해는 매우 중요하다.

지금까지 경영학, 사회학을 중심으로 여러 학자들에 의해 수많은 조직이론이 제시되어 왔지만, 실제로 복잡다양한 조직의 특성과 활동을 통합적으로 설명하는 데는 어려움이 있어 조직의 이념과 특성에 따라 선별하여 적용되고 있다. 사회복지조직 역시 조직들 사이에서 경쟁력을 확보하고 서비스 제공에 있어서 효과적, 효율적인 성과를 가져오기 위해서는 적절한 조직이론에 따라 효율적인 경영을 해야 할 필요가 있다. 따라서 이 장에서는 사회복지조직의 체계적 이해를 위해 먼저 사회과학 분야에서 제시된 다양한 조직이론들과 최근 새롭게 부각되는 현대적 조직이론들을 간략히 살펴보고자 한다.

1. 조직이론과 환경

구체적인 조직이론을 살펴보기에 앞서 폐쇄체계(closed system)와 개방체계(open system)에 대한 이해가 필요하다. 폐쇄체계이론은 환경을 고려하지 않고 조직 내부에 관심을 두는 이론이고, 개방체계이론은 조직과 환경의 상호작용을 중시하는 이론이다. 폐쇄체계이론에는 과학적 관리론, 관료제 이론, 인간관계이론이 해당되고, 개방체계이론에는 구조주의이론, 체계이론, 정치경제이론, 상황이론이 해당된다. 이후 조직과 환경의 보다 복잡한 관계와 다원적인 목표를 중시하는 현대적 조직이론으로 목표관리론, 총체적 품질관리론, SWOT 이론, 학습조직이론, 임파워먼트 이론 등이 포함된다.

〈표 4-1〉 조직이론 분류 예시

구분	폐쇄체계이론	개방체계이론	현대적 조직이론
특징	환경을 고려하지 않고 조직 내부에 관심	조직과 환경의 상호작용 중시	조직과 환경의 관계와 다원적 목표 중시
종류	• 과학적 관리론 • 관료제 이론 • 인간관계이론	• 구조주의이론 • 체계이론 • 정치경제이론 • 상황이론	• 목표관리론 • 총체적 품질관리론 • SWOT 이론 • 학습조직이론 • 임파워먼트 이론

2. 고전이론

고전이론에는 과학적 관리론과 관료제 이론이 있으며, 이 두 이론은 모두 폐쇄체계이론에 속한다. 고전이론은 기본적으로 경제적 보상을 중요시하며 조직구성원들은 주로 경제적 유인이 있을 때 조직의 목표를 위해 노력한다는 가정하에 개인의 목표와 조직의 목표가 일치할 수 있다고 본다. 그리고 조직은 합리적 체계이며 기계와 같이 설계될 수 있다고 보는 시각이다.

1) 과학적 관리론

과학적 관리론은 Taylor(1911)가 이론적 토대를 마련한 것으로 조직구성원의 업무를 과학적으로 분석함으로써 생산성을 극대화시키고 조직의 능률을 향상시키기 위한 관리방법으로, 표준화된 업무절차에 따른 생산성과 효율성을 강조하는 이론이다.

Taylor는 철강회사에서 근무하던 엔지니어로서 공장에서 일하는 과정에서 직원들의 업무를 과학적으로 분석함으로써 업무를 보다 효율적으로 수행하고 조직의 능률성은 극대화될 수 있다고 보고, 과학적 관리원칙을 적용하였다. 이를 위해 Talyor는 업무를 작은 수의 단위로 세분화시키고 업무의 형태에 따라 소요시간을 표준화하여 적정 일일작업량을 산출하였다. 이렇게 작업자의 역할과 책임을 수량적으로 할당하는 표준화된 작업매뉴얼을 따르게 하여 개인별 성과를 임금과 연계시키면서 조직의 생산성을 향상시키고자 하였다. 이처럼 과학적 관리론은 조직의 효율성과 생산성 향상을 위해 시간과 동작을 과학적으로 분석하고, 물리적 작업환경 조건의 개선과 효율적인 직무배치에 중점을 두고 있다(박미정 · 박정령, 2022; 황성철 외, 2021).

과학적 관리론에서는 목표설정, 직무의 과학적 븐석, 관리원칙 수립, 경제적 보상의 4단계를 통해 조직의 효율성과 생산성을 향상시킬 수 있다고 보았다(황성철 외, 2021).

첫 번째는 목표설정을 하는 단계이다. 조직은 산출물을 극대화하는 방향으로 목표를 설정하고, 관리자는 목표달성에 대한 권한과 책임이 있다.

두 번째는 직무의 과학적 분석 단계이다. 직원의 업무를 시간과 동작에 따라 세분화하여 개개인이 특정 업무 수행에 걸리는 시간을 체계적으로 분석한다. 여기서 최고 업무생산량을 달성한 직원을 모델로 전체 조직의 평균 생산량을 상향조정하여 기준을 설정하고, 이에 따라 직무성과를 평가하게 된다.

세 번째는 관리원칙을 수립하는 단계이다. 모든 직무는 분업의 원칙에 따라 과학적 직무분석을 기초로 엄격한 기획과 통제가 이루어진다. 직원의 선발과 배치도 과학적으로 이루어진다.

네 번째는 경제적 보상의 단계이다. 표준화된 작업매뉴얼에 따라 직무를 성실히 수행한 사람과 그렇지 못한 사람을 구별하여 임금과 경제적 인센티브 등 보상을 달리함으로써 조직의 생산량을 극대화한다.

과학적 관리론은 20세기 초 산업사회에서 많은 조직들의 생산성 향상에 크게 기여하였고, 과학적이고 체계적인 지식을 활용하여 조직의 효율성과 생산성을 극대화하는 규범적 관리과학의 효시로서 중요한 의미가 있다. 하지만 조직의 능률과 생산성을 지나치게 강조하여 인간을 단지 기계의 부품처럼 취급하고 인간 개개인의 개성과 능력을 고려하지 않았다는 점과 비공식적인 인간관계나 작업 외적 요인의 중요성을 무시했다는 점에서 비판을 받았다(생각의 마을, 2022; 황성철 외, 2021).

2) 관료제 이론

관료제 이론은 Weber(1988)에 의해 확립된 이론으로 산업사회에서는 관료제(bureaucracy)가 자유와 권력을 합리적이고 합법적으로 사용하는 데 가장 효율적인 조직이기 때문에 가장 보편적인 사회조직으로 간주될 수밖에 없다고 주장하였다. 관료제 이론에서는 조직구성원이 각자 할당받은 업무를 수행하면서 규칙만 잘 지킨다면 생산성이 높아질 것이라고 보고 엄격한 규칙과 업무 분장에 따른 관리를 강조한다.

Weber는 조직체는 반드시 권위와 통제가 있는데, 권위의 종류를 전통적(traditional) 권위, 카리스마적(charismatic) 권위, 합법적(rational) 권위의 세 가지로 분류하였다.[1)] 산업사회에서는 더이상 전통적 권위와 카리스마적 권위가 보편적으로 인정되기 어렵기 때문에 합법적 권위가 구조화되어 있는 관료제가 이상적이고 제도화된 조직으로 간주된다. Weber가 주장한 바와 같이 오늘날 대부분의 사회조직에서는 다음과 같은 관료제의 주요 특성을 보이고 있다(박미정 · 박정령, 2022; 황성철 외, 2021).

첫째, 권위의 위계구조이다. 관료제는 권위에 있어서 위계를 가지고 있으므로, 하급자는 상급자의 통제와 감독을 받게 된다.

둘째, 명확한 권한이다. 법규나 행정명령과 같은 규칙에 의해 명확한 권한이 존재하고, 직무범위 및 직무수행을 위한 명령권도 규칙에 의해 부여된다.

1) 전통적 권위는 하급자가 상사의 명령을 전통적으로 그러했다는 논리에서 정당하게 받아들이는 것이고, 카리스마적 권위는 상사의 비범한 특성과 능력에 기초하여 하급자가 상사의 명령을 수용하는 것이다. 합법적 권위는 법규정에 의한 합법성에 근거한 권위로 개인이 지닌 법적 지위로부터 부여된 권위에 대한 인정이다(Weber, 1988 : 475-488).

셋째, 규칙과 규정이다. 모든 직무의 배분과 인력의 배치 등은 일관성 있는 규칙에 의해 이루어지며, 이러한 규칙과 규정은 조직에 있어서 안정성과 통일성을 제공한다.

넷째, 공사의 분리이다. 조직운영에 있어서 공식적인 원칙과 절차를 중요시하므로, 개인적인 생각이나 감정이 배제되고 직무활동은 사생활에서 완전히 분리시킨다. 또한 개인적 감정이 배제되고 합리성에 의한 의사결정을 통해서 조직의 생산성이 확보된다고 본다.

다섯째, 분업과 전문화이다. 조직의 모든 과업은 조직구성원에게 분담되며, 이러한 분업을 통해 전문화가 이루어진다.

여섯째, 경력지향성이다. 전문적인 능력과 기술을 중요시하므로 자신의 직업을 경력으로 생각하며, 일정 규칙에 따라 연공서열과 실력에 따라 승진이 이루어진다.

일곱째, 능률성 강조이다. 합리적인 의사결정을 통해 행정능률을 극대화하고자 한다.

현대사회의 거의 모든 조직이 이러한 관료제의 특성을 가지고 있다. 관료제는 권위의 위계질서로 인해 엄격한 지시이행과 조정이 가능하고, 규칙과 규정을 통해 업무의 지속성과 통일성을 확보해 주며, 분업을 통해 전문성을 강화함으로써 조직의 효율성 증진에 긍정적으로 작용할 수 있다. 하지만 엄격한 권위의 위계질서로 인해 의사소통을 저해할 수 있고, 조직의 규칙이 너무 엄격할 경우 업무수행이 경직되고 목표전치현상[2]이 발생할 수 있다. 또한 직원의 사기저하, 직무에 대한 권태 등의 역기능이 발생하기도 한다.

2) 목표전치(goal-displacement)는 조직의 규칙과 규정이 전체 목표달성을 위한 수단으로 간주되지 않고 규칙과 규정 그 자체가 목적이 되거나 원래 목적이 다른 목적으로 변질되거나 대체되는 현상을 의미한다(황성철 외, 2021).

3. 인간관계이론

인간관계이론은 이전의 고전이론에서 나타난 여러 가지 결함을 보충하기 위해 개발된 것으로 인간적 요소를 생산성 향상의 핵심요인으로 보는 이론이다. 그러나 인간관계이론에서도 개인의 욕구가 충족된다면 조직에서의 개인은 조직의 목표를 위해 일할 것이고, 개인의 욕구에 관심을 보여준다면 조직의 목표와 개인의 목표는 일치할 수 있다는 가정을 하고 있다는 점에 있어서는 과학적 관리론 및 관료제 이론과 공통점이 있다(최성재 · 남기민, 2020).

인간관계이론은 하버드대학 심리학 교수였던 Mayo가 실시했던 미국 서부 전기회사인 호손(Hawthorne) 공장의 실험적 연구에 의해 개발되었다. 연구는 1924년에 시작되었으며, 작업환경을 개선하면 생산성이 향상될 것이라는 가정하에 연구를 진행하였다. 그러나 결과는 작업환경과 생산성은 별다른 관계가 없는 것으로 나와 몇 차례의 추가적인 실험을 시행한 결과, 생산성 향상에 있어서 작업환경 외에 일의 보람과 긍지, 동료들 간의 우애와 의리 등 인간적이고 심리적인 요인이 더 많은 영향을 미치고 있음을 발견하게 된다. 다시 말하면, 기술의 합리성의 추구는 생산성을 극대화하는 데 충분한 조건이 되지는 않으며, 조직의 목표달성에는 기술적 요인보다 사회적 요인이 더욱 중요함을 발견하였다(황성철 외, 2021).

Mayo는 실험을 위해 근로자를 실험집단과 통제집단(비교집단)으로 나누고 실험집단은 조명, 임금, 근로일수, 휴일, 근로시간, 식사의 질, 작업실 온도 등의 작업환경 요인에 변화를 주고, 통제집단은 동일하게 유지하였지만 생산성의 변화에 있어서 결과는 모호하였다. 그러나 그 과정에서 매니저의 슈퍼비전과 관심, 동료애 등의 비공식 집단의 형성을 통해 생산성이 향상되었음을 발견하였다. 즉, 개별 근로자의 감정, 생각, 행동을 이해하는 것이 중요하고, 집단 역동, 팀워크, 사회적 상호작용이 직무성과에 있어서 긍정적인 효과를 가져온다는 사실을 보여주었다(원석조, 2022).

호손(Hawthorne) 공장의 실험을 통해 밝혀진 연구결과를 정리하면 다음과 같다(박미정 · 박정령, 2022; 황성철 외, 2021).

첫째, 작업능률과 생산성은 근로조건과 환경이 아닌 집단 내의 동료와 상사와의 인간관계에 의해 크게 좌우된다.

둘째, 조직구성원은 개인으로서 일하기보다 비공식 집단의 일원으로서 작업하며, 비공식 집단의 인간관계는 비합리적이고 정서적인 요소에 따라 이루어진다.

셋째, 조직에는 비공식 집단이 존재하며, 이러한 비공식 집단은 개인의 태도와 생산성에 큰 영향을 미친다.

넷째, 조직구성원은 경제적 욕구나 동기에 입각한 합리적인 행동보다는 비경제적 동기인 심리적 · 사회적 욕구에 따라 행동한다.

인간관계이론은 이후 1960년대 조직인간주의(organizational humanism) 학자들에 의해 XY이론이 제시되면서 그 맥을 이어갔다. 대표적인 조직인간주의 학자인 McGregor(1960)는 조직의 관리자가 직원을 보는 기본적인 시각의 차이에 따라 전혀 다른 관리방법이 고안될 수 있다는 XY이론을 창시하였다. X이론은 인간이 근본적으로 일을 싫어하고 이기적이며 변화에 저항적이기 때문에 관리자의 엄격한 지시와 통제가 불가피하다는 이론으로 과학적 관리론 및 관료제 이론과 같은 고전이론과 맥락을 같이하고 있다. 반면 Y이론은 인간이 본래 일하기를 좋아하고, 목표가 생기면 스스로 창의력을 발휘하여 일을 하므로 굳이 통제하거나 지시할 필요가 없으며, 그들의 능력과 가능성을 믿고 자율성을 부여하는 민주적 의사결정이 필요하다고 보는 이론이다(생각의 마을, 2022).

〈표 4-2〉 X이론과 Y이론의 기본 가정

X이론	Y이론
• 인간은 본래 일하기 싫어함 • 감독, 통제, 지시, 보상과 처벌, 설득 • 고도의 세분화, 뚜렷한 명령체계, 엄격한 통제 • 중앙집권적 의사결정	• 인간은 본래 일하기 싫어하지 않음 • 자율성, 참여, 동기부여, 창의성, 자발성 • 느슨한 세분화, 느슨한 명령체계, 재량 존중 • 분권적 의사결정

출처 : 생각의 마을(2022), p. 83의 표를 재구성.

이러한 Y이론을 포함한 인간관계이론은 인간 자체를 목적으로 하고 대인관계기술, 동기부여, 인간관계를 중시하는 사회복지조직의 철학과 이념에 부합될 수 있어 많은 측면에서 적합성을 보인다. 하지만 조직의 목표나 자원, 기술, 특성 등 조직의 효과성 결정요인을 소홀히 다루고 인간의 정서적 측면과 사회적 측면을 지나치게 강조했다는 점, 조직 내 정치적이고 경제적인 과정을 무시했다는 점, 조직 내에서 인간관계는 협동과 참여뿐 아니라 갈등과 지배도 나타날 수 있다는 점을 간과하여 인간을 지나치게 단순화했다는 점 등은 한계점으로 비판을 받는다(박미정 · 박정령, 2022; 황성철 외, 2021).

4. 구조주의이론

구조주의이론(structuralism theory)은 고전이론과 인간관계이론의 종합적 접근으로, 인간관계이론에 대한 비판으로부터 발생하였다. 구조주의자들은 인간관계이론이 관리자들을 유리하게 하고 근로자를 잘못 인도하고 있다며 조직에 대한 부분적 시각만을 제공하고 있다고 주장하였다. 또한 구조주의이론에서는 개인과 조직의 목표가 일치할 수 있다는 가정을 하지 않고, 조직에서 갈등은 불가피하다는 점을 강조한다. 구조주의이론의 구체적인 특징을 정리하면 다음과 같다(최성재 · 남기민, 2020).

(1) 다요인적 접근

구조주의이론에서는 과학적 관리론, 관료제 이론과 인간관계이론에서 관련된 다양한 요인들을 조화시키고 종합하는 다요인적 접근을 하고 있다. 즉, 조직의 공식적 요인과 비공식적 요인, 비공식 집단의 범위와 조직 내외에서의 비공식 집단들 간의 관계, 하위자와 상위자, 사회적 보수와 물질적 보수 및 그 상호 간의 영향, 조직과 그 환경 간의 상호작용, 업무조직과 비업무조직 등 다양한 요인들이 조화되면서 상호작용을 하는 크고 복잡한 사회적 단위로서 조직을 보고 있다. 이러한 조직들은 이해관계를 공유하기도 하며, 서로 다른 이해관계를 가지고 있기도 하다.

(2) 갈등의 순기능 강조

구조주의이론은 과학적 관리론, 관료제 이론, 인간관계이론과는 달리 갈등을 역기능이라기보다 순기능적인 것으로 본다. 갈등을 통해 문제가 노출되고, 문제에 대한 해결책을 찾음으로써 사회적 기능을 달성하게 된다고 보고, 갈등을 인위적으로 은폐하는 것에 반대한다. 갈등을 표출하는 것은 이해와 신념의 차이를 나타나게 하고, 조직체계를 현실에 적응하도록 함으로써 궁극적으로 조직에 평화를 가져다준다고 보았다. 따라서 갈등이 감춰진다면 조직 내에서 다른 사고와 같은 현상들이 나타나게 되어 결국 모두에게 불리해진다고 본다. 노동조합, 불만처리위원회, 기타 제반 판결절차는 조직 내의 갈등의 불가피성으로 인해 이를 중재하기 위한 기제로서 발생한 것으로 보고 있다.

(3) 조직에 대한 환경의 영향 강조

구조주의이론에서 사회의 급변하는 환경적 특성은 조직이 기능하고 살아남기 위해서 반드시 다루어야 할 부분으로 보고, 외부환경과 관련된 여러 가지 유형의 행정 및 조직의 역할을 옹호하면서 환경의 영향을 강조하고 있다. 사회복지조직의 환경에는 경제적, 인구사회적, 정치적, 법적, 기술적인 일반환경과 함께 재정자원의 제공자, 정통성과 권한의 제공자, 클라이언트의 제공자, 보충적 서비스의 제공자, 소비자 및 수혜자, 경쟁조직 등과 같은 과업환경이 있으며, 조직은 이러한 환경에 쉽게 영향받을 수 있다.

5. 체계이론

체계이론(system theory)은 오스트리아 생물학자인 Ludwig von Bertalanffy에 의해 제시된 이론으로 살아있는 유기체의 구성 부분들이 상호의존성을 갖는다는 원리를 조직에 적용하게 되며 발전하게 된 이론이다. 여기서 체계(system)란 '어떤 목적달성을 위해서 상호작용하는 부분들의 집합'이라고 할 수 있다. 따라서 체계이론에서 조직은 끊임없이 변화하는 환경에서 조직이 생존하는데 필요한 상호관련된 단위들로 구성된 유기체, 즉 생존과 적응의 욕구를 가지고 있는 다양한 하위체계로 구성되어 있는 복합체라고 보았다(박미정 · 박정령, 2022; Katz & Kahn, 1966). 또한 체계이론은 대상체계의 구조, 관계, 상호의존성을 중시하고, 조직도 살아있는 유기체와 같이 외부환경에 의존한다고 보기 때문에 개방체계의 특성을 지니고 있으며, 체계이론에서 조직은 하나의 유기체로서 생존하고 안정을 유지하기 위해 투입(input), 과정(process), 산출(output), 환류(feedback)의 체제가 반복되며 생존해 간다고 본다(황성철 외, 2021).

투입(input)은 환경으로부터 유입되는 자원이나 에너지를 의미하며, 사회복지조직의 경우 조직 유지에 필요한 여러가지 물적 · 인적 자원이나 클라이어트가 될 수 있다.

과정(process)은 투입된 에너지를 내부에서 처리하고 전환시키는 것을 의미하는데, 사회복지조직에서 문제를 가진 클라이언트에게 서비스를 제공하는 과정이 해당된다.

산출(output)은 과정을 통해 생산된 결과물이 다른 체계나 환경으로 배출되는 것을 의미한다. 서비스를 받아 변화된 클라이언트가 환경으로 배출되는 것이 이에 해당한다.

환류(feedback)는 위 과정에서 다양한 정보도 동시에 유입되는데, 이러한 정보는 조직이 안정적으로 생존할 수 있도록 한다.

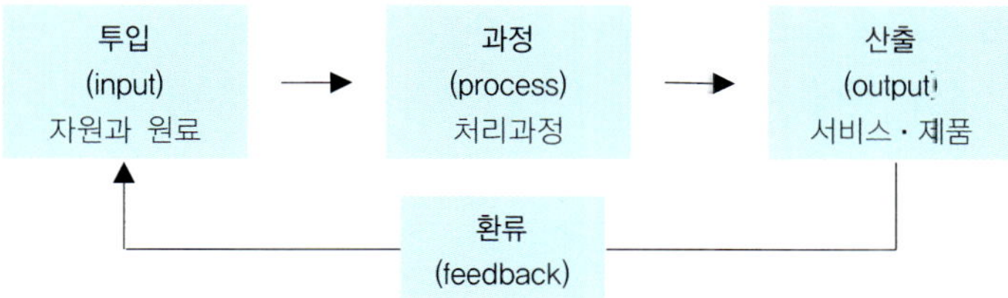

| 그림 4-1 | 체계의 요소와 과정

출처 : 황성철 외(2021), p. 103의 그림을 재구성.

위에서 살펴본 바와 같이 체계이론에서는 조직은 하나의 유기체로서 투입-과정-산출-환류의 순환을 통해 유지하고 생존해 간다고 보고, 환경과의 계속적인 상호작용과 동시에 내부의 여러 하위체계도 서로 상호작용을 하고 있다고 설명한다. Neugeboren(1985)은 하위체계 각 요소들이 어떤 기능을 수행하는지에 대해 다음과 같이 설명한다(박미정·박정령, 2022; 최성재·남기민, 2020; 황성철 외, 2021).

① **생산하위체계**(production subsystem) : 조직의 생산과 관련된 과업을 수행하는 단위로 숙련성과 합리성을 중요시한다. 사회복지조직에서 생산하위체계는 클라이언트에게 재화나 전문적인 서비스를 생산하며 제공하는 기능을 수행한다.

② **유지하위체계**(maintenance subsystem) : 개인의 욕구를 조직의 욕구에 통합하는 과업을 통해 조직의 계속성을 확보하고 안정성을 유지하는 것을 목적으로 한다. 이를 위해 업무 절차와 활동을 공식화하고 표준화하며, 직원을 선발하고 훈련한 후 적절한 보상을 제공한다.

③ **경계하위체계**(boundary subsystem) : 조직이 외부환경에 영향을 미치는 과업을 수행하는 단위로 조직의 생존과 발전을 위한 필수적인 체계이다. 경계하위체계는 조직이 외부환경의 다른 조직과 관계를 맺어 후원과 지지를 유발시켜 외부자원을 확보함으로써 생산을 지원하는 과업과 지역사회조직과 후원자에게 홍보를 통해 지원과 정당성, 권위를 확보하기 위한 제도적 과업을 수행한다.

④ **적응하위체계**(adaptive subsystem) : 변화하는 환경의 욕구에 반응하여 조직의 변화를 위한 최적의 대안을 찾기 위해 연구와 계획을 담당한다. 외부환경에 적응하여 살아남기 위해 체계적인 조사 · 연구 · 평가를 실시한다.

⑤ **관리하위체계**(managerial subsystem) : 네 가지 하위체계들을 조정하고 통합하기 위해 조직을 재구조화하고 리더십을 발휘한다. 즉, 권위를 활용하며 조직계층 간 발생하는 갈등을 해결하고, 타협과 심의를 통해 하위체계들을 조정하고, 자원을 증대시키고 조직을 재구조화할 수 있도록 외부환경과 조화롭게 하는 기능을 한다.

체계이론은 사회복지조직에 있어서 책임성을 확보하기 위해 효율성과 효과성의 중요성을 이해하고 투입－과정－산출을 통해 서비스나 프로그램의 기획, 실행, 평가 과정에 대한 이해를 증진시키는 데에 도움을 준다. 또한 사회복지조직이 외부환경의 주요 요소들[3]과 관계를 유지하고 발전시키는 방법에 대한 방향을 제시해 준다는 점에서 매우 유용하다고 할 수 있다. 그러나 이러한 유용성에도 불구하고 체계이론의 변수들이 대부분 측정이 어려운 추상적이고 불명확한 특성을 보이므로 객관적 측정이 어렵고, 조직이 정치적 과정에 따라 좌우될 수도 있다는 점을 간과하였으며, 합리성의 역할을 경시했다는 점에서는 한계가 있다(박미정 · 박정령, 2022; 심상용, 2017).

6. 정치경제이론

정치경제이론은 조직 운영에 있어서 정치적 요인과 경제적 요인을 중시하고, 조직과 환경 간 상호작용의 역할관계에 따라 조직의 유효성이 좌우된다는

3) 사회복지조직을 둘러싼 환경의 주요 요소로 ① 소비자, ② 재료, 노동, 자본, 장비, 작업장을 제공하는 공급자, ③ 자원확보와 시장에서의 경쟁자, ④ 정부기관, 노동조합, 단체나 협회 등 소위 규제집단 등이 있다(황성철 외, 2021).

것을 강조하는 이론이다. 즉, 조직은 환경에 대해 정치경제적으로 반드시 필요한 자원을 확보해야 하는 의존적 관계를 가지게 되고, 이러한 시각을 가지는 정치경제이론의 하나가 자원의존이론이다(박미정 · 박정령; 2022, 황성철 외, 2021). 자원의존이론은 조직의 생존과 발전을 위해서 합법성, 권력 등의 정치적 자원과 생산과 서비스에 필요한 경제적 자원이 중요한 요소로서 필수불가결하다는 것이다. 특히 업무환경(과업환경)을 중시하는데, 조직의 내 · 외부의 역학관계가 서비스 전달체계에 영향을 미친다고 보고 조직의 생존을 위해서 환경으로부터 합법성을 부여받아야 한다고 본다. 조직은 생존하기 위해서 정치적 · 경제적 자원을 외부 환경으로부터 획득해야 하며, 조직에 유리한 방향으로 바꾸기 위해 자원에 대한 환경의 불확실성을 관리하면서 다양한 전략을 구사하며 생존력을 높여가는 것이다.

사회복지조직과 같이 외부환경에 대한 의존도가 높은 경우, 환경의존성을 벗어나고자 하는 전략을 사용했을 때 나타나는 영향을 명확히 설명해 줄 수 있다는 점에서 정치경제이론의 유용성은 크다고 평가된다. 또한 클라이언트를 조직에 영향을 주는 중요한 자원이자 이해집단으로 파악하고, 클라이언트 집단에 대한 사회복지조직의 반응을 어느 정도 예측 가능하다는 점에서도 유용하다고 평가된다. 하지만 사회복지조직의 경우 그 조직을 이끄는 가치와 이념이 중요하게 작용하기 때문에 돈이나 권력 등의 정치 · 경제적 자원에 의해서만 전적으로 좌우되는 것이 아니라는 점에서 적용상의 한계가 있다(박미정 · 박정령, 2022; 황성철 외, 2021).

7. 상황이론

상황이론(contingency theory)에서는 과학적 관리론과 관료제 이론, 인간관계론에서 제시하는 근본적인 전제인 조직화를 위한 유일한 최선의 방법은 없으며, 조직화는 상황에 따라 결정되어야 한다고 주장한다(박미정 · 박정령, 2022;

Lawrence & Lorsch, 1967). 상황이란 조직을 둘러싼 내적 · 외적 환경을 의미하는데, 기존의 폐쇄체계적 관점과 달리 상황이론에서는 조직을 개방체계로 보고 상황에 적합한 조직구조와 형태를 유지하는 것이 바람직하다는 입장이다.

Lawrence와 Lorsch(1967), Thompson(1967) 등이 대표적이며, 이들에 의하면 환경에 적합한 조직구조의 선택이 조직의 생존을 높일 수 있는데, 즉 환경의 요구에 적합하게 조직 내 구조변화가 이루어질 때 조직의 성과가 상승하여 생존 가능성을 높인다고 하였다.

이 때문에 상황이론에서는 집권화, 공식화, 조정 등의 조직구조와 환경, 기술, 규모 등의 상황 요인의 적합성 여부에 중점을 두고, 조직의 구조가 상황적 조건에 적합할 때 조직의 유효성을 갖게 된다고 설명한다. 다음 **|그림 4-2|**는 상황이론의 기본 개념을 보여준다.

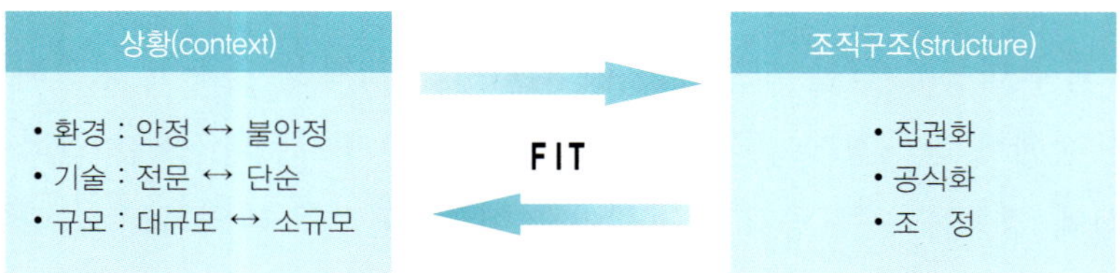

|그림 4-2| 상황이론의 개념

출처 : 황성철 외(2021), p. 84; 박미정 · 박정령(2022), p. 100의 그림을 참고하여 재구성.

만약 환경이 안정적이면 조직구조에서 집권화와 공식화의 정도를 높여도 효과적이고, 환경이 변화 정도가 크다면 분권화의 정도를 높이고 공식화 정도를 낮추어 신속한 업무처리를 하는 것이 유리하다는 것이다. 또한 만약 기술이 복잡하고 전문적인 기술을 사용하는 경우 분권화하는 것이 유리하며, 규모에 있어서도 대규모 조직일 경우 공식화의 정도를 높여도 효과적이지만 소규모 조직일 경우 공식화 정도가 높다면 오히려 비효율적이라는 것이다.

이처럼 상황이론은 조직의 구조는 환경의 변화와 안정성 정도, 기술의 복잡성 정도, 조직의 규모에 따라 적절히 결정되어야 하고, 조직이 환경에 적합(fit)해야 효과적이므로 상황적합이론이라고도 부른다(Miller, 1983).

사회복지조직에서 상황이론을 적용하여 설명하는 것은 매우 유용하다. 사회복지조직은 상황과 환경의 변화에 민감하게 대처해야 하고 클라이언트의 욕구와 특성에 따라 조직의 특성이 매우 달라지므로 상황이론을 통해 잘 설명하고 이해할 수 있기 때문이다. 하지만 상황이론은 어떠한 상황이나 환경에 어떤 조직이 효과적이라는 일정한 원칙과 지침을 제공하지는 못하기 때문에 과학적으로 검증하거나 현실에 적용하는 데는 한계가 있다(황성철 외, 2021).

8. 현대적 조직이론

1) 목표관리론(MBO : Management By Objectives)

목표관리론은 조직이나 프로그램을 목표 중심으로 관리할 것을 강조하는 이론으로 1950년대 중반 경영학자인 Drucker(1954)에 의해 소개되었다. 이 이론은 참여적이고 성과지향적인 관리기법으로 Y이론을 구조화시킨 것으로 평가된다(박미정 · 박정령, 2022).

목표관리론에서는 조직과 개인이 달성해야 할 목표를 먼저 설정하고, 이를 이루기 위한 구체적인 계획을 세운 후 실행에 옮김으로써 조직의 효율성을 증진시키는 데 초점을 둔다. 이 과정에서 조직구성원의 적극적인 참여는 필수적이며, 활동의 결과를 평가하고 이를 다시 과정에 피드백시키는 것도 중요시한다. 즉, 목표설정 → 참여 → 피드백의 과정을 거치게 된다(원석조, 2022). 단, 목표는 구체적이고 정확하게 설정하는 것이 중요하며, 측정 가능한 목표로 설정하여야 한다.

사회복지조직에서 목표관리론을 활용할 때 다음과 같은 유용성이 있다(최성재 · 남기민, 2020).

① 직원들이 개인별 또는 조직단위별 목표를 제시하는 과정에서 프로그램에 대한 의사결정 및 조직의 방향 선택에 참여할 수 있다.

② 목표설정에 직원들의 자발적인 참여를 장려함으로써 조직에 대한 개인별 기여를 확인하게 하며, 이는 생산성의 증대를 의미한다.

③ 개인별로 목표를 취합하고, 각 조직의 목표를 설정하여 공동으로 이를 추구하는 과정을 강조함으로써 직원 간 결속감을 형성할 수 있고, 직원 간의 불필요한 경쟁을 억제하는 데 도움을 준다.
④ 구체화된 목표들이 제시됨으로써 개인별, 조직단위별 목표들의 성취 여부를 확인할 수 있고, 체계적 평가를 가능하게 한다.
⑤ 장·단기적 목표들의 설정을 장려함으로써 서비스 요청에 대한 수동적인 반응을 막을 수 있다.

하지만 목표관리론은 조직의 환경이 불확실하거나 긴급한 업무 비중이 높은 조직이나, 부서 간의 경쟁과 목표의 중복이 심한 조직에서는 적용이 어렵다. 그리고 관리상황이 유동적이거나 변화가 많은 조직의 경우 실현 가능한 적절한 목표 설정과 그 목표를 측정하는 것이 어려울 수 있으며, 장기목표와 계량화하기 어려운 업무를 소홀히 다룰 수 있다는 한계가 있다(박미정 · 박정령, 2022; 생각의 마을, 2022).

2) 총체적 품질관리론(TQM : Total Quality Management)

총체적 품질관리는 1980년대에 미국 기업에서 새로운 경영혁신 운동이 도입되면서 적용하기 시작한 경영이론이자 기법이다. 당시 일본 기업들이 상품의 결함을 최소화하면서 고객의 만족을 극대화하는 조직관리기법을 사용하고 있음을 발견하면서, 고객만족을 증진시키기 위해 품질을 개선하려는 조직관리전략으로서 총체적 품질관리기법을 도입한 것이다(최성재 · 남기민, 2020; 황성철 외, 2021).

총체적 품질관리(TQM)에서 총체적(total)이란 고객의 요구부터 만족에 이르는 모든 것을 의미하고, 품질(quality)이란 고객이 기대하는 것 이상의 서비스 질을 의미하며, 관리(management)란 지속적인 서비스 질 향상의 노력을 의미한다(원석조, 2022). 전통적인 관리기법과 가장 큰 차이점은 고객 중심의 관리를 강조한다는 점이다. 즉, 고객의 욕구나 필요에 따라 조직의 목표가 설정되고,

고객을 만족시키기 위해 지속적인 서비스 개선으로 양질의 서비스를 제공함으로써 조직의 경쟁력을 강화한다. 또한 이를 위해서 직원 전체가 참여하여 노력하는 경영시스템을 갖추는 것을 중시한다. 다시 말하면, TQM은 서비스의 결함을 발견하여 그것을 제거하는 데 목표를 두는 것이 아니라 총체적으로 고객이 만족할 수 있는 품질을 갖춘 제품과 서비스를 생산하기 위한 혁신적인 조직경영기법이라고 보아야 한다(황성철 외, 2021).

전통적인 조직 관리원칙과 TQM의 차이를 비교해 보면 다음 표와 같다.

〈표 4-3〉 전통적 조직 관리원칙과 TQM의 차이점

전통적 관리원칙	TQM 관리원칙
조직목표는 다양하며 서로 경쟁적이다.	품질이 가장 중요한 조직목표이다.
조직은 재정을 매우 중시한다.	조직은 고객만족도를 매우 중시한다.
경영자와 전문가가 품질을 결정한다.	고객이 품질을 결정한다.
조직의 현상유지가 중요하다.	지속적인 품질개선이 중요하다.
변화는 돌발적이고, 관료조직을 평정한 챔피언이 변화를 몰고 온다.	변화는 지속적이고, 팀워크가 변화를 유도한다.
근로자와 부서는 서로 경쟁한다.	근로자와 부서는 서로 협력한다.
의사결정이 어떤 "좋은 느낌"에 의해 이루어진다.	의사결정은 자료 분석에 의해 이루어진다.
아무것도 안 하는 것보다 무엇인가 하는 것이 낫다.	무엇인가 잘못된 것을 하는 것보다 아무것도 안 하는 것이 낫다.
근로자 훈련은 사치스럽고 돈이 드는 일이다.	근로자 훈련은 필수적이고 하나의 투자이다.
조직 내 커뮤니케이션은 수직적이다.	조직 내 커뮤니케이션은 수평적이다.
가격을 놓고 계약자들과 경쟁한다.	계약자들과 장기간 좋은 관계를 유지한다.

출처 : 원석조(2022), p. 84의 표를 참고하여 재구성.

Swiss(1992)가 제시한 TQM의 7가지 주요 원리를 살펴보면 다음과 같다(황성철 외, 2021).

첫째, 서비스의 질은 궁극적으로 고객이 결정하고, 둘째, 서비스의 질은 서비스의 계획단계부터 고려되며, 셋째, 서비스의 변이(variation) 가능성을 사전에 방지하는 것이 고품질의 서비스 산출에 중요하다. 넷째, 고품질의 서비스는 개인 노력보다 조직의 다양한 협력의 결과로 나타나고, 다섯째, 투입과 과정에 대한 지속적인 개선의 노력이 질적 우월성을 가져다주며, 여섯째, 질적 개선은 직원들의 적극적 참여를 통해 가능하고, 일곱째, 전체 조직의 사명감이 투철해야 질적 개선이 이루어질 수 있다.

TQM은 고객만족을 추구하기 위해 총체적인 품질의 개선을 지향하므로, 휴먼서비스를 다루는 사회복지조직의 가치와 부합하는 측면이 있다. 클라이언트의 욕구충족과 만족을 향상시키기 위해 서비스의 질적 향상을 위한 노력을 지속적으로 해야 하는 사회복지조직에게 있어서 이러한 총체적 품질관리 기법을 통해 클라이언트의 만족도와 성과가 향상될 것으로 기대할 수 있다.

이러한 TQM의 특성으로 인해 1980년대 후반부터 미국, 캐나다 등을 중심으로 사회복지조직에서 TQM을 적용하기 시작하였다. TQM 도입을 통해 서비스의 질적 향상과 고객만족에 있어서 긍정적인 결과를 보였고, 사회복지조직의 TQM 적용에 대한 관심도 확산되었다(최성재 · 남기민, 2020; 황성철 외, 2021). 한국에서도 여러 학자들에 의해 사회복지조직의 TQM 도입이 주장되고 있지만, 다음과 같은 문제로 인해 신중한 진행이 필요하다(황성철 외, 2021).

첫째, 사회복지조직 서비스의 질과 효과성을 객관적으로 측정할 수 있는 척도가 부족하므로, TQM의 효과를 정확히 측정하기가 어렵다.

둘째, TQM에서는 조직 리더의 의지와 직원의 자발적 참여가 중요한데, 한국 사회복지조직의 전통적인 특성으로 인해 이를 충족하기 어려운 측면이 있다.

셋째, TQM을 시행하려면 다양한 관리기법이 활용되어야 하는데, 아직까지 한국의 사회복지조직에서는 이러한 관리기법 활용에 대한 지식과 기술이 부족하다.

3) SWOT 이론(전략적 관리이론)

SWOT 이론은 환경과의 관계를 중시하여 조직에 영향을 미치는 환경 변화를 효율적으로 관리함으로써 조직을 전략적으로 관리해갈 것을 강조하는 이론이며, 전략적 관리이론이라고도 한다. 목표지향적이고 개혁적인 관리와 장기적 시간관리, 환경 분석을 강조하는 이 이론에서는 변화하는 환경에서 새로운 목표를 제시하고, 목표 달성을 위한 전략과 개입기술을 개발함으로써 조직이 환경을 통제할 수 있도록 한다. 이를 위해 SWOT 분석을 실시하는데, SWOT 분석을 통해 조직의 강점(Strength), 약점(Weakness), 기회(Opportunity), 위협(Threat) 요인을 발견하여 조직 내부 및 외부환경에 따른 전략을 수립하고 실시함으로써 조직관리를 할 수 있다(생각의 마을, 2022).

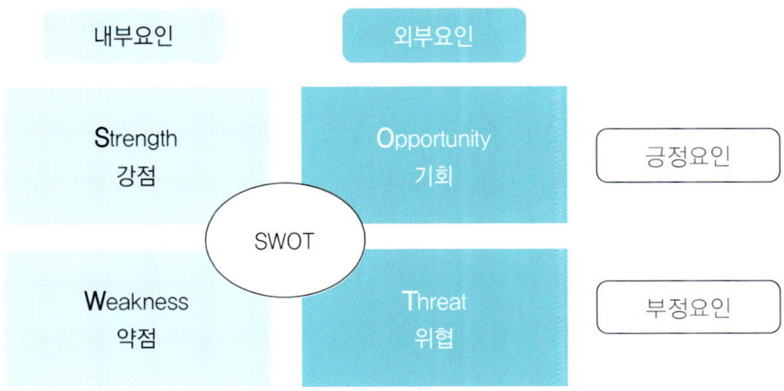

| 그림 4-3 | SWOT 분석

출처 : 생각의 마을(2022), p. 96의 그림 참고.

SWOT 분석을 통해 조직의 내부환경에서는 강점과 약점을 발견하고, 외부환경에서 기회와 위협요소를 발견하여 긍정요인인 강점과 기회는 최대한 활용하고, 부정요인인 약점과 위협은 약화시켜 극복하는 전략을 수립한다. 분석을 통해 다음과 같은 전략을 수립할 수 있다(생각의 마을, 2022).

① SO(강점-기회) **전략** : 외부의 기회를 이용하기 위해 내부의 강점을 활용
② ST(강점-위협) **전략** : 외부의 위협을 피하기 의해 내부의 강점을 활용
③ WO(약점-기회) **전략** : 외부의 기회를 이용하기 위해 내부의 약점을 극복
④ WT(약점-위협) **전략** : 외부의 위협을 피하기 위해 내부의 약점을 극복

4) 학습조직이론

학습조직이론은 조직 내 학습을 통한 인적자원의 변화를 강조하는 이론이다. 여기서 학습조직(learning organization)이란 환경의 변화에 대응하여 지속적이고 자율적인 학습을 통해 성장을 이루어 나가는 조직이다. 즉, 학습조직은 환경의 자극에 반응하고, 그 반응을 피드백하여 처음의 반응을 수정하는 일련의 적응적 학습을 하는 조직이다. 이처럼 조직을 학습조직화하여 구성원 모두의 역량을 강화시키는 방법을 추구하는 것이 학습조직 접근이라 할 수 있으며, 1970년대 중반 이후, 특히 1990년대 중에 조직이론에서 중요한 개념으로 등장하였다(최성재 · 남기민, 2020).

Senge(1990)에 의하면 어떤 조직이 학습조직화되면 다음과 같은 조직의 주요 영역이 임파워된다고 보았다(황성철 외, 2021 : 96-97).

① **개인적 통제감**(personal mastery) : 개인적 통제감을 통해 지식과 능력을 습득할 뿐만 아니라 조직 차원의 성과를 창조적으로 획득할 수 있는 능력을 확보하게 된다.

② **정신적 모델**(mental model) : 학습조직에서 상호 간의 대화, 성찰, 질문을 통해 지속적인 학습을 하면서 최선의 해결책을 찾게 되며, 현재의 상황과 미래에 대해 사고의 틀을 형성하게 된다.

③ **비전 공유** : 생산적인 학습과정을 통해 조직구성원 개인의 각기 다른 목표들이 통합되며, 전체 구성원에 의해 공유된 조직의 비전은 조직학습의 목표와 에너지로 작용하게 된다.

④ **팀 학습** : 조직 내 · 외에서 발생하는 문제를 해결하기 위해 팀을 형성하여 구성원들이 자유롭게 의견을 교환하고 학습함으로써 문제해결능력을 향상시킬 수 있다.

⑤ **체계적 사고** : 조직에는 다양한 요소들이 상호관련을 맺고 역동적으로 작용한다는 사실을 전제로, 요소들 간의 마찰과 대립을 인정함과 동시에 타협과 협력을 통해 조직의 목표달성에 기여할 수 있음을 인식하는 것이다.

학습조직이론은 학습조직화를 통해 구성원을 임파워시키고 조직의 효과성을 극대화시킬 수 있다는 측면에서 사회복지조직에 많은 유용성을 제공할 수 있고, 조직의 변화와 혁신을 위한 전략이 될 수 있다. 그러나 현실적으로 조직을 학습한다는 것은 많은 시간과 노력을 필요로 하며 많은 자원이 소요되기 때문에 사회복지조직에서는 적용이 어려울 수 있다. 하지만 학습을 강조하는 조직문화와 리더십이 갖추어지고 이와 관련된 지식과 기술을 활용할 수 있다면 경쟁력 있는 조직으로 변모할 수 있을 것이므로, 리더와 구성원들의 학습조직화를 위한 꾸준한 노력이 필요하다(박미정 · 반정령, 2022; 황성철 외, 2021).

5) 임파워먼트 이론

임파워먼트(empowerment)에 관한 연구는 1940년대에 사회적 약자계층이 구조적 차별을 받는 상황에서 시민권운동, 흑인 인권운동, 노동운동, 여성운동 등의 사회운동을 통해 자신의 권리와 권익을 얻어내기 위한 과정에서 시작되었다(원석조, 2022).

임파워먼트의 개념은 학자들마다 다양하게 정의되고 있는데, 공통적으로는 자기효능감(self-efficacy), 자긍심(self-esteem), 신뢰(trust), 통제력, 유능감 등의 개념을 포함하고 있다(Conger & Kanungo, 1988; Spaulding, 1995; Zimmerman, 1995). 여러 학자들이 정의한 임파워먼트의 개념을 종합해 보면, 임파워먼트란 자신의 삶과 환경을 자율적으로 조정하고 통제할 수 있는 힘과 관련된 것으로서 개인적, 대인관계적, 정치적인 힘을 증진시켜 자신의 환경을 개선해 갈 수 있는 힘과 능력이며, 나아가서는 이러한 변화에 대한 책임까지도 포함하는 개념으로 정의할 수 있다(김안나 · 최승아, 2013).

이러한 임파워먼트 개념에 대한 관심은 사회적 취약계층을 중심으로 발전되어 오다가 실천가들뿐만 아니라 경영학자들 사이에서도 점차 임파워먼트의 중요성을 인식하게 되었다. 그 이유로는 첫째, 리더십과 경영 기술에 관한 연구를 통해서 직원들에게 권한을 부여하고 임파워를 실행하는 것이 관리 및 조직의 효과성에 있어서 중요한 요인임이 밝혀졌다. 둘째, 조직 내의 권력과 통제에 대한 분석에서 조직의 힘과 효과성은 상사가 부하직원과 권력과 통제를 공유할 때 더욱 증가하는 것으로 나타났다. 셋째, 조직 내 팀 구성에 대한 경험에 의하면 임파워먼트 기술이 팀의 발전과 유지에 중요한 역할을 하는 것으로 나타났다(Conger & Kanungo, 1988).

이러한 이유로 조직 내에서 직원들의 임파워먼트는 하나의 트렌드가 되어 왔고, 임파워먼트는 내적 동기, 직무 설계, 참여적 의사결정, 사회적 학습 이론, 자기 관리와 같은 실질적인 문제와 관련되어 설명되고 있다. 또한 직원의 임파워먼트와 조직의 성과 간의 관계에 대해서도 많은 경험적 결과가 증명되어 왔으며, 많은 학자들은 임파워먼트 이론이 효과적인 관리 기법이자 과학적인 학습과정으로 자리잡기 위해서는 지속적인 연구와 관심이 필요하다고 주장한다(Seibert et al., 2004).

대부분의 임파워먼트에 대한 연구는 조직구조와 정책에 초점을 둔 거시적 관점과 개인의 내적 동기부여로서의 임파워먼트에 초점을 둔 미시적 관점에서 각기 발전해 왔다. 그러나 학계와 실천가에서 모두 조직의 구조와 정책, 실행이 개인의 내적 동기부여를 높은 수준으로 올리는 데 중요한 역할을 한다고 논의되고 있다. 선행연구들에 의하면, 조직 성과의 선행조건으로서 개인의 심리적 임파워먼트 향상을 가져올 수 있는 조직구조와 정책의 실행을 보는 시각이 있고, 역량을 강화할 수 있도록 설계된 조직의 구조, 정책 및 실행과 개인의 심리적 반응으로서의 임파워먼트를 구분하는 시각이 있는데(Conger & Kanungo, 1988; Spreitzer, 1996; Thomas & Velthouse, 1990), 이들 모두 조직구성원의 임파워먼트에 영향을 미치는 환경적 변수로서 조직구조와 정책을 다층적으로 보는 시각이라고 할 수 있다.

Seibert 등(2004)은 이러한 다층적 시각에 대한 이론에 대해 거시적 구조로서 임파워먼트와 이를 비교할 수 있는 미시적 구조로서의 심리적 임파워먼트를 구분하여 이 관계를 실증적으로 분석하였다. ❙그림 4-4❙는 임파워먼트의 다층 모델을 보여주고 있는데, 이 모델에서 임파워먼트의 거시적 차원으로 조직

풍토로서의 임파워먼트를 설정하고, 임파워먼트 풍토를 조직구성원이 공유하고 있는 임파워먼트와 관련된 관리구조와 정책, 실행으로 정의하였다. 또한 임파워먼트 풍토는 정보를 공유할 수 있고, 자율성이 확보되며 팀의 책임성이 중요시되는 분위기로 설명할 수 있다. 이러한 개념을 가지고 기존의 이론에 근거하여 조직 및 개인의 성과에 중요하게 영향을 미칠 수 있는 임파워먼트 다층 모델을 설정하고 실증적으로 검증하였으며, 임파워먼트 풍토와 개인수준의 성과 사이에 심리적 임파워먼트의 매개역할도 검증하였다.

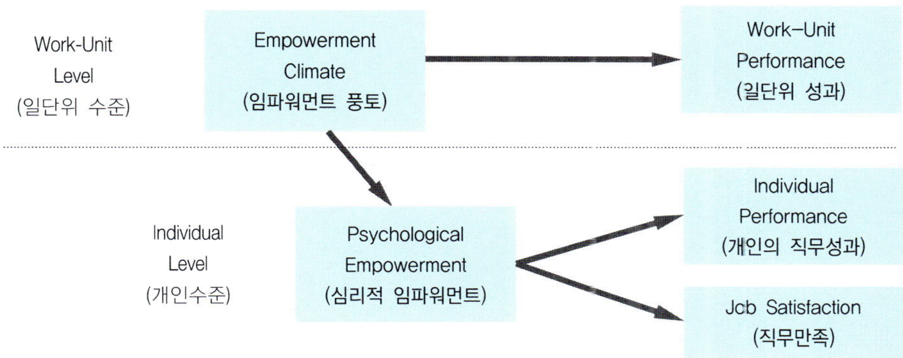

| 그림 4-4 | 임파워먼트의 다층 모델

출처 : Seibert et al.(2004), p. 333의 그림을 재구성.

연구결과, 일 단위 임파워먼트 풍토는 조직성과에 긍정적인 영향이 있고, 심리적 임파워먼트는 직무만족에 대한 임파워먼트 풍토의 영향을 매개하고 있으며, 임파워먼트 풍토와 개인의 직무성과 사이에 간접적인 영향관계가 있음이 밝혀졌다. 이러한 연구결과는 거시적 · 미시적 시각에 대한 통합적 접근을 통해 조직 내에서 임파워먼트의 과정 및 성과에 대한 이해를 도울 수 있다는 점에서 의미가 있다.

사회복지조직과 같은 휴먼서비스 조직에서는 특히 임파워먼트에 기반한 행정운영이 효과성과 효율성에 있어서 더욱 중요하다. Gutiérrez 등(1995)의 연구에 의하면 휴먼서비스 조직에서 임파워먼트 접근의 행정을 성공적으로 시행하기 위해서는 재정적인 문제, 기존의 전통적인 철학과 정책과의 마찰, 클라이언트와 직원 간의 대인관계상의 문제, 개인의 내적 문제 등의 장애물을 해결해야 하고, 직원들의 능력 개발, 협업 방식의 향상, 임파워먼트를 지지하는 리더십과 행정적인 지원 등이 필요하다고 하였다.

따라서 사회복지조직에서 직원들의 임파워먼트 향상을 통해 조직의 효과성을 극대화하기 위해서는 임파워먼트 풍토를 만들어 갈 수 있는 리더의 역할이 매우 중요하다. 즉, 조직 내에서 정보를 서로 공유하고 의사결정에 있어서 자율성이 확보되며 팀의 책임성을 강조하는 분위기를 조성하여 직원들의 심리적 임파워먼트를 강화시킴으로써 직원들의 직무만족도뿐 아니라 서비스 질과 조직의 성과도 향상시킬 수 있을 것이다.

1급 필수 요약

1. 조직이론과 환경

- **폐쇄체계이론** : 환경을 고려하지 않고 조직 내부에 관심
  - 과학적 관리론, 관료제 이론, 인간관계이론
- **개방체계이론** : 조직과 환경의 상호작용 중시
  - 구조주의이론, 체계이론, 정치경제이론, 상황이론
- **현대적 조직이론** : 조직과 환경의 관계와 다원적 목표 중시
  - 목표관리론, 총체적 품질관리론, SWOT 이론, 학습조직이론, 임파워먼트 이론

2. 고전이론

- **과학적 관리론** : Taylor 창시, 생산의 극대화와 분업으로 효율성 강조
  - 합리성, 효율성, 동작에 따른 소요시간 표준화, 과업에 따른 임금 지급
- **관료제 이론** : Weber 창시, 엄격한 규칙과 업무분장에 따른 관리 강조
  - 생산성, 위계, 권위, 규칙, 통제, 분업, 안정성, 경력지향성, 능률성 강조

3. 인간관계이론

- **인간관계이론** : 인간적 요소를 생산성 향상의 핵심요인으로 보는 이론
  - 호손실험 : 조직의 목표달성에는 기술적 요인보다 사회적 요인이 더욱 중요함 발견
  - 인간관계, 구성원의 상호작용, 비공식집단, 팀워크 등이 직무성과에 긍정적 효과
- **XY이론** : 인간관계이론에서 발전
  - X이론 : 통제와 지시 강조
  - Y이론 : 잠재력, 창의력, 자율성 강조

4. 구조주의이론

- **인간관계이론의 비판으로 발생**
- **다요인적 접근** : 조직을 다양한 요인들이 조화되며 상호작용을 하는 크고 복잡한 단위로 봄
- **갈등의 순기능 강조** : 갈등은 문제를 노출시키고 해결하게 하는 순기능적인 것으로 봄
- **조직에 대한 환경의 영향 강조** : 외부환경적 특성과 과업환경 강조

5. 체계이론

- **체계** : 어떤 목적달성을 위해 상호작용하는 부분들의 집합
- **체계이론의 특성** : 조직은 투입(input), 과정(process), 산출(output), 환류(feedback)의 체제가 반복되며 생존

6. 정치경제이론

- 조직 운영에서 정치적・경제적 요인과 업무환경(과업환경) 중시
- 자원의존이론

7. 상황이론

- 상황에 적합한 조직구조의 선택이 조직의 생존 가능성을 높임
- **조직구조** : 집권화, 공식화, 조정
- **상황적 조건** : 환경, 기술, 규모

8. 현대적 조직이론

- **목표관리론(MBO)** : 조직을 목표 중심으로 관리할 것을 강조, 목표설정 → 참여 → 피드백
- **총체적 품질관리론(TQM)** : 서비스 품질 향상, 고객만족 극대화를 중시하는 통합적, 혁신적 관리기법, 고객중심, 모든 조직구성원의 노력 중시
- **SWOT 이론** : 환경과의 관계 중시, 환경변화를 효율적으로 관리하는 전략적 관리이론, 강점(S), 약점(W), 기회(O), 위협(T) 요소 분석
- **학습조직이론** : 조직 내 학습을 통한 인적자원의 변화 강조, 개인적 통제감, 정신적 모델, 비전공유, 팀 학습, 체계적 사고 중시
- **임파워먼트 이론** : 직원의 임파워먼트 향상을 통해 조직의 효과성 극대화 강조

05

CHAPTER

사회복지조직의 구조

1. 사회복지조즈의 구성 원리와 구조
2. 사회복지조즈의 유형과 조직 구조의 설계

05 CHAPTER

사회복지조직의 구조

현대사회에서 사회복지서비스는 공식적이고 조직화된 활동으로 조직을 통하여 계획되고 전달되고 있다. 따라서 사회복지조직은 서비스 전달을 위해 반드시 존재하게 되며, 서비스를 효율적으로 전달하기 위해서는 조직을 어떻게 구성하고 운영할 것인지에 대한 올바른 이해가 필요하다. 따라서 이 장에서는 사회복지조직의 구성 원리와 구조, 유형 및 설계에 대해 살펴보고자 한다.

1. 사회복지조직의 구성 원리와 구조

1) 사회복지조직의 구성 원리

조직은 둘 이상의 구성원이 공동 목표를 달성하기 위해 의도적으로 모여 과업, 권한, 역할, 책임 등을 명료화하며, 이러한 과정에서 상호 의사소통하고 협력하는 체계이다(Etzioni, 1964). 조직을 효율적으로 잘 운영하기 위해서는 조직의 구조화가 잘 되어야 하며, 조직의 구성 원리에 대한 이해를 바탕으로 한 올바른 관리가 필요하다. 사회복지조직의 구성원리는 여러 가지가 있지만, 여기서는 다음과 같은 주요 원리 네 가지에 대해 살펴보기로 한다(박미정 · 박정령, 2022; 생각의 마을, 2022).

첫째, 계층제(hierarchy)의 원리이다. 계층제의 원리는 조직구성원 간의 권한과 책임에 따라 지휘 및 복종체계가 수직적으로 확립되는 것을 의미한다. 일반적으로 계층의 수준이 높을수록 장기적인 계획을 중심으로 대외관계, 정책결정 등의 업무를 수행하게 되고, 계층의 수준이 낮을수록 구체적인 집행이나 실사를 담당하게 된다. 이러한 계층제의 장점으로는 권한위임에 따른 직무와 책임을 명확히 할 수 있고, 명령과 의사전달의 통로가 되며, 업무배분의 수단이자 조정과 해결의 기제로 작용할 수 있다. 하지만 단점으로는 계층제가 심화될수록 조직의 경직성을 초래하여 의사소통이 차단될 수 있다. 또한 인간관계를 등한시하고, 구성원의 사기가 저하되거나 창의성을 저해할 수 있다. 따라서 환경에 대한 적응성과 신축성을 높이기 위해서는 계층의 완화와 평준화를 도모해야 한다.

둘째, 통솔범위(span of control)의 원리이다. 통솔범위의 원리는 한 사람의 상급자가 효과적으로 통솔할 수 있는 부하의 수를 일정한 한도로 제한함으로써 적정 수의 하부조직을 가져야 한다는 원리이다. 통솔의 범위는 조직의 여러 조건에 따라 다르지만, 주로 감독자의 능력, 피감독자의 질, 직무의 특성, 지리적 분산도, 조직의 역사, 조직관리의 상태, 관리기술의 수준 등을 고려하여 정할 수 있다. 통솔범위의 원리는 조직의 수평적 분화와 관련이 깊다.

셋째, 분업화(division of work specialization)의 원리이다. 분업화의 원리는 전문화의 원리라고도 하는데, 전문 분야별로 구성원에게 업무를 분담시킴으로써 업무의 효율성을 향상시키고 전문화를 지향하는 원리이다. 조직의 규모가 확대되고 전문성이 증가할수록 분업은 반드시 필요하다. 하지만 분업화가 지나치게 이루어질 경우 조직 내의 단위 간 조정이 어려울 수 있고, 많은 비용이 들 수 있다. 또한 개인과 맞지 않거나 반복되는 업무로 인해 업무에 대한 흥미가 상실될 수 있는 단점이 있다.

넷째, 조정(coordination)의 원리이다. 조정의 원리는 분업화 및 전문화로 인해 생기게 되는 파편화, 분절화를 막고 조직을 통합하기 위한 원리이다. 즉, 조직이 목표를 달성하기 위해 구성원들의 행동을 통일하고 구조를 질서 있게 배열해야 한다는 원리이다. 조직의 규모가 크고 복잡할수록 이러한 조정의 기능은 더욱 중요하고, 조정을 통해 조직구성원들을 통합화할 수 있다.

2) 사회복지조직의 구조

조직의 구조는 조직을 구성하는 단위들 간의 관계를 나타낸 것으로 조직 내 기능과 권한, 책임 등을 배분하고 조정하는 것이다. 조직의 구조는 공식성, 계층성, 의사결정의 권한 등의 특성에 따라 각각 공식/ 비공식 조직, 수직/ 수평 조직, 집권화/ 분권화 조직으로 구분할 수 있다(박미정 · 박정령, 2022; 생각의 마을, 2022; 최성재 · 남기민, 2020).

(1) 공식성에 따른 조직 구조

① **공식조직** : 공식조직은 조직의 정관이나 운영규정 등 공식절차를 통해 인위적으로 만들어진 제도상의 조직으로 공식적으로 업무와 역할을 할당하고 권한과 책임을 부여하는 조직을 의미하며, 조직도 등에 표시된 지위관계로 구성되어 있다. 조직도 내에 존재하는 가시적이고 계획적인 구조이다. 공식화는 조직 내 직무와 수행과정을 명문화하여 구성원들의 업무 편차를 줄여준다.

② **비공식조직** : 비공식조직은 공식적인 절차가 아닌 조직 내 인간관계에 근거하여 친분을 통해 자연발생적으로 형성된 집단으로 조직도 내에 존재하지 않는 비가시적이고 비계획적인 구조이다. 비공식조직은 생각과 감정을 나눌 수 있는 의사소통 채널과 같은 역할을 함으로써 만족감과 집단의 응집력을 향상시키고, 공식조직에서 발생하는 긴장감과 압박감을 덜고 약점을 보완하여 조직 내 변화를 주도할 수 있다. 그러나 비공식조직이 공식조직의 역할을 대신할 수 없으며, 지나치게 커질 경우 비합리적 의사결정을 초래하거나 조직의 목표가 전치될 수 있고 분열을 초래할 수 있다.

(2) 계층성에 따른 조직 구조

① **수직조직** : 수직조직은 계선(line) 조직, 종적 조직이라고도 부르며, 명령과 복종관계를 가진 수직적 구조를 형성하여 조직의 목표달성에 중심을 두는 형태이다. 조직 내 최고관리자인 관장을 중심으로 부장－과장－팀장－팀원 등과 같이 계층적 형태로 이루어져 있다. 수직조직은 위계적인 구조로 권한과 책임의 소재가 분명하고, 결정권 및 집행권이 있기 때문에 신속한 결정을 할 수 있으며, 조직의 안정성을 확보할 수 있는 장점이 있다. 그러나 조직이 경직성을 띨 수 있고, 결정권을 가진 책임자가 독단적이고 주관적으로 결정을 내릴 우려가 있으며, 단위 간 조정이 어려워 비효율적인 운영이 될 수도 있으며, 책임자의 업무가 과중될 수 있는 단점도 있다.

② **수평조직** : 수평조직은 막료조직, 참모(staff)조직, 횡적 조직이라고도 부르며, 수직조직의 기능이 원활하게 수행되도록 지원 · 조성 · 촉진함으로써 조직의 목표달성에 간접적으로 기여하는 조직이다. 수평조직은 총무과, 경리과, 홍보실, 자문위원회 등이 해당되며, 주로 자문, 권고, 조언, 협의, 조정, 연구, 기획, 통제, 인사, 예산, 법무, 홍보 등의 업무를 수행하게 된다. 이러한 조직의 경우 독단적이지 않고 참여적이고 객관적인 의사결정이 가능하다. 또한 업무의 조정과 협조가 가능하며 조직에 융통성과 신축성을 부여할 수 있다. 하지만 조직 내에서 권한과 책임한계로 인한 갈등의 소지가 있고, 복잡한 인사관계, 운영과 행정이 지연되거나 의사소통 경로에 혼란을 초래할 수 있는 단점이 있다. 따라서 수평적 분화가 증가할수록 조정의 필요성이 높아지는 경향이 있다.

(3) 의사결정의 권한에 따른 조직 구조

① **집권화 조직** : 집권화 조직은 의사결정의 공식적 권한이 상부에 집중되어 있는 조직으로, 단순하고 반복적이며 획일적인 업무와 표준화된 기술의 적용에 유리하다. 통일된 정책의 수립과 집행이 가능하며 행정적인 통제와

지도 · 감독이 용이하고, 대량의 업무처리로 인해 비용을 절감할 수 있으며 위기상황에 신속하게 대응하는 데 유리한 장점이 있다. 반면 관료주의적 성격으로 인해 형식주의에 빠질 우려가 있으며, 자율성과 창의성을 저해할 수 있고 일상적인 환경변화에 적응하기 어려운 한계가 있다.

② **분권화 조직** : 분권화 조직은 의사결정의 공식적 권한이 각 계층으로 분산, 위임되어 있는 조직이다. 이러한 조직은 권한이 분산되어 있으므로 환경변화에 신속하게 대응할 수 있고, 수평적으로 부서 간의 협조가 가능하며, 각 지역 실정에 맞는 업무를 수행하기 수월하다는 장점이 있다. 하지만 조직에서 의사결정을 하는 과정에서 통제력을 확보하기 어렵고, 계획과 조정에 어려움을 겪을 수 있다. 또한 행정업무가 중복됨으로써 행정력이 분산될 수 있는 단점이 있다.

2. 사회복지조직의 유형과 조직 구조의 설계

1) 조직의 유형

현대사회에서 조직은 다양한 형태로 존재한다. 사회복지조직의 경우도 마찬가지로 어떠한 관점과 기준으로 분류하느냐에 따라 다양한 유형으로 구분할 수 있다. 즉, 권력과 복종의 형태, 클라이언트의 유형, 업무의 통제성, 클라이언트의 상태와 조직기술, 구조 등에 따라 유형구분은 달라질 수 있다. 각 기준에 따른 조직유형을 살펴보면 다음과 같다(박미정 · 박정령, 2022; 생각의 마을, 2022; 최성재 · 남기민, 2020).

(1) 권력과 복종(관여)의 형태에 따른 조직 유형

Etzioni는 권력의 형태와 복종(관여)의 형태를 각 세 가지로 구분하고 상호 조합하여 아홉 가지의 유형으로 조직을 분류하였다(Etzioni, 1964). 권력의 형태는 강제적 권력(신체적 탄압, 위협), 보상적 권력(물질, 금전), 규범적 권력(지위, 명예, 존엄)으로 구분하고, 복종(관여)의 형태는 소외적 관여(권력 행사자에 대한 강한 부정), 타산적 관여(이미 획득한 보상보다는 받을 수 있는 혜택에 더욱 관심), 도덕적 관여(권력 행사자에 대한 강한 긍정)로 구분하였다. 아홉 가지 조직 유형 중 유형 1 강제적 조직(coercive organization), 유형 5 공리적 조직(utilitarian organization), 유형 9 규범적 조직(normative organization)이 대표적 유형이다.

〈표 5-1〉 **권력과 복종(관여)의 형태에 따른 조직 유형 분류**

구 분	소외적 관여	타산적 관여	도덕적 관여
강제적 권력	**유형 1 (강제적 조직)** 수용소, 정신병원, 교도소 등	유형 2	유형 3
보상적 권력	유형 4	**유형 5 (공리적 조직)** 산업조직으로서 기업체, 경제단체 등	유형 6
규범적 권력	유형 7	유형 8	**유형 9 (규범적 조직)** 정치조직, 병원조직, 학교조직, 사회복지조직, 종교조직 등

출처 : 최성재 · 남기민(2020), p. 166; 박미정 · 박정렬(2022), p. 135를 참고하여 재구성.

(2) 클라이언트(수혜자)의 유형에 따른 조직 유형

Blau와 Scott은 1차적인 클라이언트(수혜자)가 누구인가를 기준으로 조직을 상호수혜조직(mutual organization), 사업조직(business organization), 서비스 조직(service organization), 공공조직(commonwealth organization)의 네 가지로 유형화하였다(Blau & Scott, 1962). 상호수혜조직(호혜적 조직)은 1차적 수혜자가 조직의 회원이 되는 경우로 정당, 노동조합, 종교단체 등이 이에 해당하며, 사업조직은 1차적 수혜자가 조직의 소유자나 경영자가 되는 경우로 주식회사, 은행 등이 해당한다. 서비스 조직은 1차적 수혜자가 조직의 클라이언트가 되는 경우이며, 병원, 학교, 사회복지조직, 상담소 등이 해당되고, 공공조직은 일반 대중이 1차적 수혜자가 되는 경우로 군대, 경찰, 행정기관 등이 해당된다.

〈표 5-2〉 클라이언트(수혜자)의 유형에 따른 조직 유형 분류

구 분	1차적인 수혜자	조직의 종류
상호수혜조직	조직의 회원	정당, 노동조합 등
사업조직	사업체의 소유자	주식회사, 은행 등
서비스 조직	클라이언트	사회복지조직, 병원, 학교 등
공공조직	일반 대중	군대, 경찰, 행정기관 등

출처 : 최성재 · 남기민(2020), p. 167; 박미정 · 박정령(2022), p. 136의 표를 재구성.

(3) 업무의 통제성에 따른 조직 유형

Smith는 업무의 통제성에 따라 조직의 유형을 관료조직(bureaucratic organization), 일선조직(first-line organization), 전면적 통제조직(whole control organization), 투과성 조직(permeability organization)의 네 가지로 분류하였다(Smith, 1970).

관료조직은 규정과 위계적 권위, 전문화된 분업, 문서에 의한 업무처리 등을 중요시하며, 이러한 공식적인 규정과 권위를 통해 합리적으로 통제를 하는 조직이다. 이러한 관료조직의 특성이 지나치게 강하게 나타날 경우에는 형식주의, 목표와 수단의 전치, 비인격화, 변화에 대한 저항 등의 부작용이 나타날 수 있다.

일선조직은 공식적인 위계제도하에서 실제로는 권한이 분산되어 있는 조직을 의미한다. 일선조직에서는 일선 업무 단위에서 주도권과 자율성을 가지고 독립적으로 업무를 수행한다. 하지만 사무 단위에서 직접적인 감독과 통제가 쉽지 않은 단점이 있다.

전면적 통제조직은 정신병원, 기숙사, 교도소, 요양시설 등과 같이 외부환경이 단절된 조직을 의미한다. 이러한 조직은 클라이언트를 유지 · 관리하는 과정에서 엄격한 규칙을 적용하면서 통제를 하게 되는데, 강제적 수용을 하고 철저히 계획된 활동을 하게 된다.

투과성 조직은 조직의 구성원 또는 참여자가 자발적으로 참여하며 사적인 생활에는 영향을 미치지 않고 통제성이 약하여 조직의 활동 대부분이 외부에 노출되는 조직으로, 자발적인 참여, 영역 유지 구조의 취약성, 역할구조의 복

잡성, 개인의 주체성 강조, 업무활동의 자율성 등을 그 특징으로 한다. 대표적으로 자원봉사활동 조직이 이에 해당된다.

〈표 5-3〉 업무의 통제성에 따른 조직의 유형 분류

구 분	특 성
관료조직	• 공식적인 조직의 규정 • 계층적인 권위 구조 • 명확하고 전문화된 분업 • 문서에 의한 업무처리 • 기술 자격증에 기초한 신분 보장 • 목표와 수단의 전치, 형식주의, 개인의 비인격화, 변화에 대한 저항 등의 병폐가 나타날 수 있음
일선조직	• 주도권이 일선 업무 단위에 존재 • 각 업무 단위는 상호 독립적으로 업무수행 • 업무 단위의 직접적 통제가 어려움
전면적 통제조직	• 엄격한 규칙에 따라 관리자가 전반적인 통제 행사 • 예 정신병원, 기숙사, 교도소, 요양시설 등
투과성 조직	• 조직구성원과 클라이언트의 자발적 참여 • 조직의 통제가 약하며, 조직 활동이 외부로 노출 • 영역의 유지구조가 취약하고 역할구조가 복잡함 • 개인의 주체성과 자율성이 강조됨 • 예 자원봉사조직 등

출처 : 박미정 · 박정령(2022), p. 137 표를 재구성.

(4) 클라이언트(수혜자)의 상태와 조직기술에 따른 조직 유형

Hasenfeld는 클라이언트의 상태와 조직기술에 따라 사회복지조직의 유형을 분류하였다. 클라이언트 상태는 정상 기능과 비정상 기능으로 구분하고, 조직이 활용하는 기술은 인간유별기술, 인간유지기술, 인간변화기술로 구분하였으며, 이들을 조합하여 〈표 5-4〉와 같이 총 여섯 개의 유형으로 구분하였다(Hasenfeld, 1983).

인간유별기술은 클라이언트의 개인적 속성은 변화시키지 않고 다른 사회집단으로부터 바람직한 반응을 야기하도록 하는 사회적 명칭(labelling)과 공식적인 지위를 부여함으로써 클라이언트의 변화를 시도하는 기술이다. 인간식별

기술, 인간배치기술이라고도 하며, 정신질환자, 암환자, 대학생과 같이 클라이언트를 식별하고 분류하여 그의 변화를 시도하는 것이다.

인간유지기술은 클라이언트의 개인적인 상태의 악화, 약화, 퇴보를 예방하고 현 상태로 유지하도록 하는 기술이며, 노인의 요양보호, 생계유지를 위한 금품 지급 등이 이에 해당한다.

인간변화기술은 클라이언트의 개인적 속성에 직접 변화를 주는 기술을 통해 클라이언트의 복리를 증진시키고자 하는 기술이며, 교육, 사회심리적 상담, 의학적 치료 등이 해당된다.

〈표 5-4〉 클라이언트(수혜자)의 상태와 조직기술에 따른 조직 유형 분류

구 분	인간유별기술	인간유지기술	인간변화기술
정상 기능	유형 1 • 대학교 신입생 선발 • 신용카드회사	유형 3 • 사회보장청 • 양로시설(휴양시설)	유형 5 • 국·공립학교 • YMCA
비정상 기능	유형 2 • 소년법원 • 보호관찰소 • 진료소	유형 4 • 공공부조 사무소 • 요양시설	유형 6 • 병원 • 수용치료센터

출처 : 최성재 · 남기민(2020), p. 168; 박미정 · 박정령(2022), p. 133의 표를 재구성.

(5) 구조에 따른 조직 유형

조직의 구조에 따라서도 조직 유형은 다양하게 구분할 수 있다(박미정 · 박정령, 2022; 생각의 마을, 2022).

① 전통적 조직

전통적 조직은 능률을 높일 수 있는 공식적 조직 구조의 편성에 초점을 두어 각각의 업무 단위를 부서로 편성하여 병렬로 나열한 조직이다. 즉, 업무활동을 기능별로 분화하고 과업을 나누는 구조로서 구매팀, 인사팀, 회계팀, 영업팀 등의 업무 단위로 구분할 수 있다. 기능별 조직이라고도 하며, 주로 업무를 표준화할 수 있을 때 가능한 조직 구조이다.

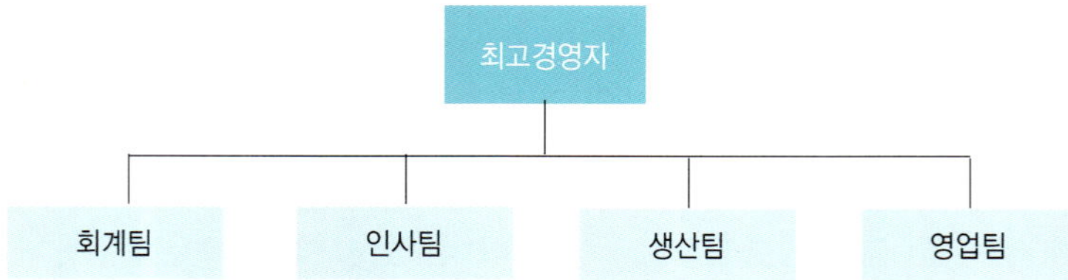

| 그림 5-1 | 전통적 조직(기능별 조직)

② 사업부제 조직

사업부제 조직은 분권화의 원리를 바탕으로 다수의 사업부 단위의 하위 조직으로 분화하여 각각 독립적으로 운영되는 조직이다. 사업의 성격에 따라 사업부 단위를 편성하고, 각 단위에 대하여 생산, 마케팅, 재무, 인사 등의 독자적인 관리권한을 부여함으로써 독립적인 시장을 바탕으로 독자적인 이익책임을 갖는 사업부로 분할되어 있다. 또한 생산, 판매, 기술 개발, 관리 등에 관한 최고경영층의 의사결정권한을 단위 부서장에게 이양하고, 각 부서가 하나의 독립회사처럼 자주적이고 독립적인 경영을 하는 시스템으로 운영하게 된다. 사업부제 조직은 규모가 크고 조직의 활동 영역이 다양할 때 가능한 조직구조이다. 사업부제 조직의 장점은 사업부별로 책임을 부과하기 때문에 각 사업부는 책임감을 가지고 성과를 위해 노력하게 되고, 조직 환경의 변화에 신속하게 대처할 수 있다는 점이다. 그러나 각 사업부 내 동일 기능부서가 설치되면 중복으로 인해 자원이 낭비될 수 있고, 사업부 간 경쟁으로 인하여 조정에 어려움이 있을 수 있다.

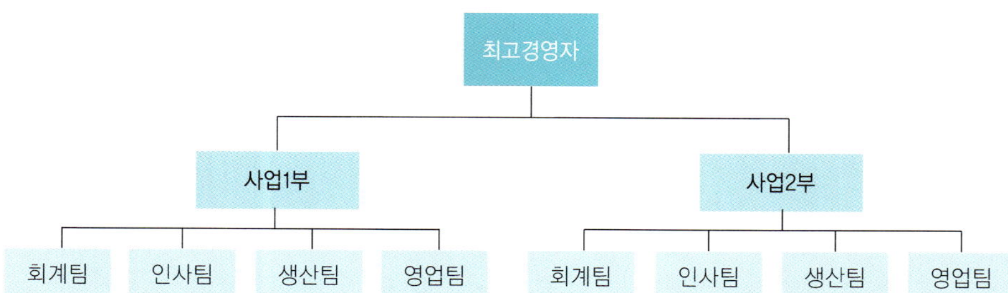

| 그림 5-2 | 사업부제 조직

③ 팀 조직

팀 조직은 복잡한 조직 환경에 대응하기 위해 과거의 전통적인 부 · 과 · 계 등의 방식에서 탈피하여 재편 · 통합 · 분할을 통해 하나의 팀으로 전환시켜 팀장을 중심으로 업무를 수행하도록 만든 조직이다. 이러한 팀 조직은 급변하는 환경에 신속하게 대응할 수 있고, 관리감독의 축소와 중복 기능을 통합함으로써 효율성을 높일 수 있으며, 자율적 책임체제로 조직구성원의 창의성 및 전문성을 제고할 수 있는 등의 장점이 있다. 하지만 단기적 목표에만 치중하거나 팀 간 경쟁으로 갈등이 심화될 수 있는 단점이 있다. 팀 조직이 효과적인 결과를 가져오기 위해서는 팀원 간의 신뢰와 지지, 조정이 강화되어야 하고, 훈련과 능력개발 등의 투자, 조직 및 팀의 목표에 대한 명확한 인식, 최고관리자의 이해와 지지, 상층부와 하층부 간의 신뢰 등이 필요하다.

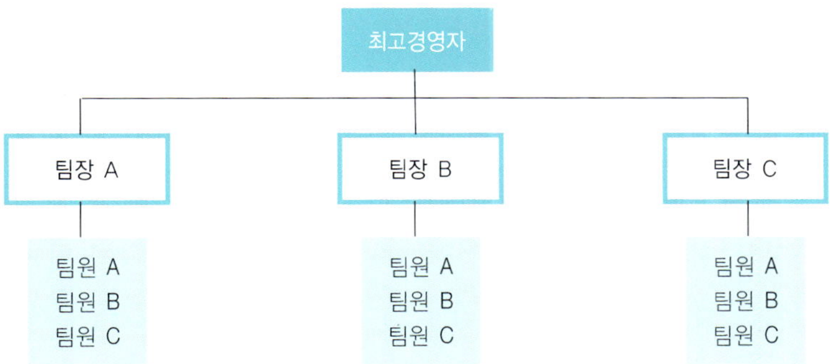

| 그림 5-3 | **팀 조직**

④ 프로젝트 조직

프로젝트 조직은 특정 프로젝트를 수행하기 위해 전문 인력을 파견하여 프로젝트를 수행하게 하고, 완료 후에는 원래 부서로 복귀하게 되는 조직으로, 부처 간에 경계를 두지 않고 다양한 전문가를 팀으로 구성하고 사안의 해결을 위해 집중적으로 업무를 하게 된다. 프로젝트 조직은 일정 기간 동안에는 전문 인력을 영입함으로써 자원과 재능을 확보할 수 있지만, 일시적이기 때문에 중간에 변질되거나 끝까지 집행되지 못할 가능성도 있다. 이러한 조직은 조직 내 가용자원보다 필요한 자원이 더욱 많은 사업을 수행해야 할 경우, 여러 부서의 협조가 필요하거나 상호 영향을 미치며 수평적 작업관계가 요구될 경우에 적합한 구조이다.

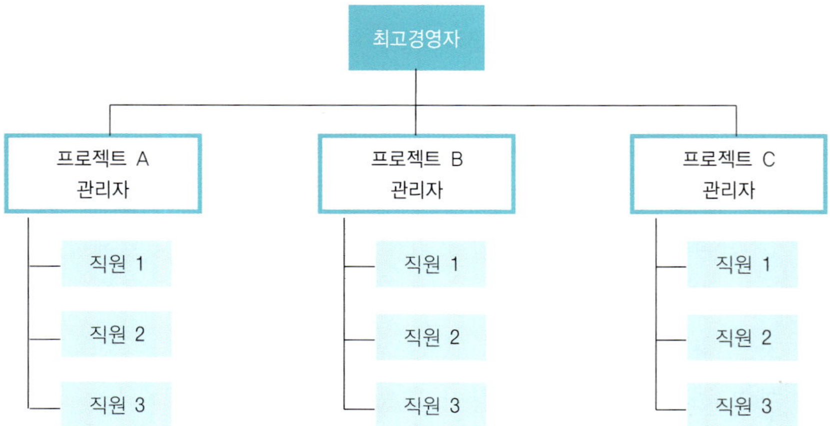

그림 5-4 프로젝트 조직

⑤ **매트릭스 조직**(행렬조직)

매트릭스 조직은 구성원의 강점을 살릴 수 있도록 각자 기능 부서에 속한 동시에 프로젝트 부서에도 속하도록 배치하여 능력을 활용할 수 있는 구조이다. 매트릭스 조직은 집권화와 분권화가 동시에 가능한 구조이며, 계속되는 업무세분화와 분권화에 대해 통합적인 서비스를 유지하면서도 복잡성이라는 장점을 살리고자 할 때 비교적 적합한 구조이다. 이러한 특성으로 인해 일상적으로 수행해야 할 기능은 수직적 위계의 축을 통해 일정하게 지속될 수 있으면서 외부환경에 의해 빈번한 변화를 겪게 되는 기능은 조직의 기본 골격과는 상관없이 환경에 반응하여 자유롭게 변화시킬 수 있다. 즉, 수직적이고 정형화된 구조의 안정성과 수평적인 구조의 탄력성을 동시에 갖출 수 있다는 장점이 있다. 하지만 업무가 수평적·수직적 기능 사이의 교차점에 위치하고 있어 업무 조정이나 명령에 대한 권한이 명료하지 않고, 책임소재가 불분명하여 담당자 간 갈등이 초래될 가능성이 있다.

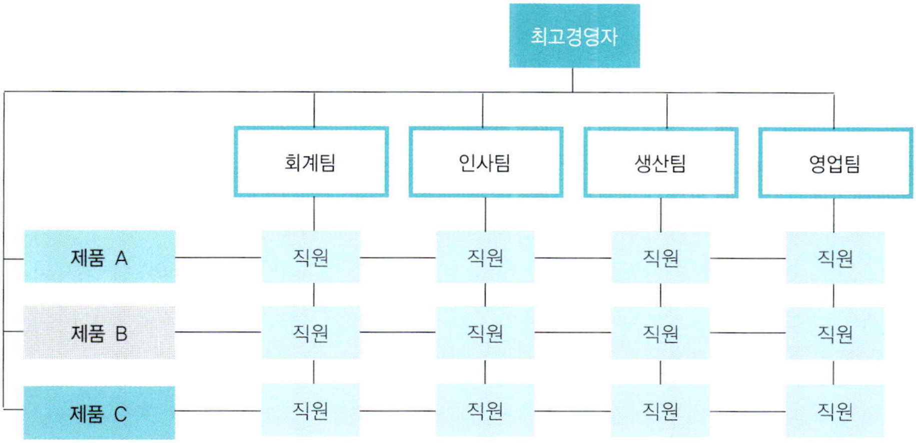

| 그림 5-5 | 매트릭스 조직

⑥ 기타 조직

㉠ 네트워크 조직

네트워크 조직(network organization)은 외부자원의 효과적 활용을 위해 한 조직과 관련된 기능을 수행하는 다른 조직들과 계약이나 파트너십을 통해 운영되는 조직이다. 강점이 있는 분야에 특화된 여러 부분의 각 요소들이 서로 하나의 유기체처럼 활동하고 반응하면서 최고의 경쟁력을 유지하는 관계이며, 신뢰를 바탕으로 서로 독립성을 유지하면서 상대 조직이 보유한 자원을 활용하기 위해 수직적, 수평적, 공간적 신뢰관계로 연결된 조직의 상태이다. 조직이 보유한 자원을 핵심 사업 또는 비교 우위가 있는 한정된 분야에만 국한시키고, 나머지 활동 분야는 아웃소싱(outsourcing)하거나 전략적 제휴를 맺어 외부 전문가에게 맡기게 된다. 이러한 조직은 환경변화에 신속하게 대응할 수 있고 융통성과 적응성을 요구하는 과업과 환경을 다루기에 적합하다. 또한 서로 필요한 자원을 공유함으로써 사회적 비용을 효율적으로 절감할 수 있고, 재정 안정성 확보에 도움이 된다. 사회복지조직은 클라이언트의 다양하고 복잡한 욕구를 해결하기 위해 이러한 네트워크 기술을 활용하기에 적합하다.

㉡ 연계조직

연계조직(linkage organization)은 주로 사람과 서비스를 연계하는 활동이 주된 기능이자 목적이 되는 조직이다. 사회복지조직은 대부분 연계기술을 활용하고 있지만, 그것이 1차적인 기능이라기보다 서비스 제공이 1차적인 기능이라는 점에서는 차이가 있다. 하지만 사회복지조직 중 푸드뱅크(food bank) 또는 홀트아동복지회 같은 입양기관은 주요 기능이 사람과 서비스를 연계하는 것이므로 연계조직이라고 볼 수 있다.

㉢ 태스크포스(TF)

태스크포스(TF : Task Force)는 특정 업무를 해결하거나 사업 목표를 달성하기 위해 전문가를 선발하여 '임시로 편성된 애드혹(Ad hoc)조직'을 의미하는 용어이다. 특수집단, 임시특별팀, 대책본부, 대책위원회, 특별전문위원회 등으로 번역되기도 한다. 태스크포스는 제한된 기간 내 효율적인 해결을 위해 전문가를 구성해서 임시로 편성함으로써 정규 조직이 수행하기 어려운 일들을 수행하게 된다. 전문적인 지식과 능력을 보유한 전문가가 필요하고, 주어진 업무를 완수하게 되면 조직은 해산되며, 구성원들은 이전의 부서로 복귀하게 된다.

2) 조직 구조의 설계

조직 구조를 보다 효율적으로 설계하기 위해서 직무확대, 직무충실, 직무세분화 등의 접근방법을 이해할 필요가 있다. 조직의 구성원리와 유형에 대한 이해를 바탕으로 직무에 대한 적절한 설계를 통해서도 적합한 조직구조가 만들어질 수 있기 때문이다. 여러 가지 설계 방법이 있겠지만, 여기서는 직무세분화, 직무확대, 직무충실에 대해 간략하게 살펴보기로 한다(생각의 마을, 2022).

(1) 직무세분화

직무세분화(job segmentation) 또는 업무세분화는 조직 내 업무가 나뉘어 있는 정도를 의미한다. 직무 단위와 그에 따른 직위의 수가 많을수록 직무세분화는 높아지며, 직무를 세분화하면 세분화된 직무 단위에서 기술이 단순화되어 기술 발전이 용이하고 전문성이 강화되어 결국 효율성이 증대된다. 또한 관리자는 단순화된 기술이 잘 적용되는지에 대한 관리·감독이 용이해진다. 그러나 직무와 기술을 지나치게 세분화할 경우 구성원들은 단조로운 역할과 업무로 인해 매너리즘에 빠지기 쉽고, 세분화 과정에서 비일관된 기준을 사용하게 되면 혼란을 가져올 수 있으며, 개별 직무와 전체 목표에 기여하도록 조정하는 과정에서 비용과 시간이 들기도 한다. 따라서 이러한 부정적 영향을 최소화하기 위한 방법으로 직무확대, 직무순환, 사례관리, 사례옹호, 팀 구성 등의 방안을 활용할 수 있다.

(2) 직무확대

직무확대(job enlargement)는 반복적으로 이루어지는 직무에 대해 과업의 수를 증가시키거나 작업을 통합하는 식으로 직무 내용을 재편성함으로써 변화를 주는 것을 의미한다. 직무확대를 통해 조직구성원에게는 반복되는 단조로움을 줄이고 새로운 일에 대한 흥미를 유발할 수 있지만, 적극적인 동기를 부여하거나 성취감을 느끼게 하기에는 한계가 있다.

(3) 직무충실

직무충실(job enrichment)은 직무를 수직적으로 확대하여 직무의 난이도를 높이는 것을 의미하며, 구성원에게 직무에 대해 자유 재량권과 독립성을 보장함으로써 능률을 향상시키는 것이다. 직무계획, 직무수행, 직무평가에 대해 스스로가 큰 영향력을 행사할 수 있으며, 성취 기회와 같은 동기를 부여하기 위한 목적을 가지고 있다.

3) 사회복지서비스 성격에 따른 조직모형

사회복지조직은 서비스 성격에 따라 생산일선 조직, 연계조직, 고객서비스 조직의 세 가지 모형으로 구분될 수 있다(최성재 · 남기민, 2020).

(1) 생산일선 조직

생산일선 조직(production line organization)은 각 업무단위를 병렬로 나열하여 조직하는 형태로 제품생산 공장에서 부품을 조립하여 완성품을 만드는 것과 같은 모형을 의미한다. 이는 업무가 표준화된 서비스를 위주로 하는 사회보험관리 및 전달 조직 또는 정신건강서비스 조직과 같은 조직에서 가능한 형태이다. 그러나 대부분의 사회복지서비스 조직의 경우 서비스의 결과에 대해 완성품이라고 할 수 있는 판단의 기준이 모호하고 다양한 형태의 서비스에 대해 업무의 표준화가 어려운 측면이 있기 때문에 이와 같은 생산일선 조직화를 적용하기 어려운 측면이 있다. 하지만 현대사회에 오면서 정보화, 과학화의 진전으로 인해 서비스 진단 및 검사 도구의 표준화, 업무의 표준화, 통계데이터의 활용 등이 발전하고 있어 사회복지조직에서도 생산일선 조직화의 적용이 일정 부분 가능할 수 있을 것이다.

(2) 연계조직

연계조직(linkage organization)은 사람과 서비스를 연결시키는 중계자의 역할이 조직의 일차적 기능이 되는 조직을 의미한다. 사회복지조직에서 입양기관, 사회복지서비스 안내 및 의뢰기관 등이 이에 해당하는데, 이러한 조직에서 구성원은 지역사회 자원에 대한 정보 및 자료를 수집하고, 관련 기관과의 긴밀한 연계체제를 구축하며, 대상자에게 서비스가 잘 연계되도록 계약관계를 주선하는 역할을 하게 된다.

(3) 고객서비스 조직

고객서비스 조직(customer service organization)은 그객 또는 클라이언트의 특성과 욕구, 문제에 맞추어서 개별화된 서비스를 제공하는 것을 일차적인 역할로 삼는 조직을 의미하며, 사회복지조직에서 가장 전형적인 형태의 조직이다. 이러한 조직은 개인과 집단의 특수성과 문제의 특수성에 맞추어서 개별화된 서비스를 제공하므로 표준화가 어려운 한계가 있다.

4) 사회복지조직의 부문화

부문화(departmentation)는 업무분화가 확대되어 부서와 직무가 증가할수록 상호작용의 빈도와 갈등이 증가하고 이와 함께 비용도 증가하는 문제를 해결하기 위해서 목적이나 기능에 맞게 조직을 개편하는 것을 의미한다. 즉, 효율성을 향상시키기 위한 방향으로 업무를 구분하여 인력을 배치하는 것을 뜻한다. 부문화의 원리는 동일한 역할자의 수, 시간, 기능, 지리적 영역, 서비스, 고객, 서비스 접근통로 등에 따라 일곱 가지로 유형화된다(생각의 마을, 2022; 최성재 · 남기민, 2020).

(1) 수 기준 부문화

한 명의 슈퍼바이저 아래에 동일한 역할을 하는 사람들을 소속시키는 방법으로, 사람이 많은 경우 비슷한 단위를 둘 이상으로 만들 수도 있다. 이 방법은 개인의 능력 차이를 간과할 수 있는 단점이 있어 다른 부문화의 방법과 병행함으로써 업무 효과성을 높일 수 있다.

(2) 시간 기준 부문화

24시간 서비스를 제공하는 생활시설이나 요양원, 병원 등 보건의료서비스 조직 등에서 시간을 2교대, 3교대, 격주 토요일 근무 등으로 업무를 부문화하는 방법이다. 그러나 야간이나 주말에 근무하기 원하는 종사자를 구하기 어려운 문제가 있을 수 있다.

(3) 기능 기준 부문화

업무의 주요 기능에 따라 종사자의 능력과 선호도, 관심, 적성에 맞는 분야에 인력을 적절하게 배치하는 방법이다. 사업, 경영지원, 회계 등 주요 기능에 따라 적절한 인력을 묶어 배치함으로써 업무의 효율성을 높일 수 있다.

(4) 지리적 영역 기준 부문화

클라이언트의 거주지역을 중심으로 조직을 구성하고 자율적으로 운영하게 함으로써 효율성 및 책임성을 높일 수 있는 방법이다. 규모가 큰 조직이 지회나 지부를 잠정적 고객 또는 클라이언트의 거주지역에 두는 것이 그 예가 될 수 있다. 그러나 지리적 특성으로 인해서 업무단위 간 업무량이나 업무환경의 차이가 발생할 수도 있으며, 이로 인해 직원들의 사기가 저하될 수 있다.

(5) 서비스 기준 부문화

사회복지의 실천방법에 따라 조직을 부문화하는 것으로, 개별사회사업, 집단사회사업, 지역사회사업 등으로 구분할 수 있다. 이러한 방법은 사회복지서비스 제공의 전문성을 높일 수 있지만, 복잡한 욕구에 대해 여러 서비스를 통합적, 포괄적으로 제공하기 어려울 수 있다.

(6) 고객 기준 부문화

인구사회학적 특성이나 문제 및 욕구에 따라 조직을 부문화하는 방법으로, 클라이언트의 인구사회학적 특성에 따라서는 아동복지, 장애인복지, 노인복지 등으로 부문화가 가능하며 문제 및 욕구에 따라서 비행, 아동학대, 성폭력 등의 부문화가 가능하다. 특정 집단에 대한 전문성을 가진 직원이 담당할 경우 전문성을 살릴 수 있지만, 복합적인 욕구를 가진 클라이언트에게는 통합적인 서비스를 제공하는 데 한계가 있을 수 있다.

(7) 서비스 접근통로 기준 부문화

서비스에 접근할 수 있는 통로(유료, 무료, 혼합 등)를 기준으로 업무를 부문화하는 것이다. 사회복지조직은 많은 클라이언트들이 다양한 서비스를 이용할 수 있도록 다양한 형태의 서비스 조직을 설치하고 통로를 다양화할 필요가 있다.

5) 법인과 사회복지조직의 구성

사회복지서비스는 조직을 통해서 전달이 된다. 사회복지조직이 그 목적을 달성할 수 있기 위해서는 사회적으로 인정받고 전문성을 갖추는 것이 무엇보다 중요할 것이다. 현대사회에서 사회복지서비스가 대부분 민간조직에 의해 전달되고 있는데, 민간조직이 사회적으로 인정받고 공신력이 있는 조직이 되기 위해서는 가능한 한 법인체를 구성하여 서비스를 전달하도록 하는 것이 바람직한 것으로 인정되고 있다. 또한 사회복지조직은 한 사람의 생각으로 운영될 수 없고, 여러 사람의 의사를 수렴하여야 하며, 지역사회로부터 지지와 평가도 받아야 하고, 전문가들의 조언도 들어야 한다. 다시 말해 일상적인 조직만으로는 충분하지 못하기 때문에 사회복지조직은 여러 가지 형태의 이사회와 위원회를 운영하게 된다. 이렇게 사회복지조직이 갖추어야 할 법인과 이사회 및 위원회의 특성에 대해 살펴보면 다음과 같다(생각의 마을, 2022; 최성재 · 남기민, 2020).

(1) 사회복지법인

법인에는 여러 가지 종류가 있는데 크게 재단법인과 사단법인으로 구분될 수 있다. 재단법인은 출연된 재산을 중심으로 구성된 것이며, 사단법인은 사람을 중심으로 구성된 것이다. 사회복지사업을 하는 법인의 경우는 대부분 사회복지사업법에서 규정하는 사회복지법인이며 일종의 재단법인의 성격을 띠고 있다. 사회복지사업법에 따르면 사회복지사업을 할 수 있는 자와 정부의 보조를 받을 수 있는 자를 사회복지법인으로 한정하지는 않고 있으며, 민법상의 재단법인, 사단법인, 개인법인도 인정하고 있다.

사회복지법인은 사회복지사업을 행할 목적으로 설립된 법인을 의미하며, 법인설립은 보건복지부 장관 또는 시 · 도지사의 허가를 받아야 한다. 사회복지법인은 시설기준에 적합한 시설과 부지를 갖추거나 그러한 시설을 갖출 수 있는 기본재산을 갖추고 가능한 지역에서 시설을 설치 및 운영할 수 있는 시설법인이 있고, 시설을 운영하지 않고 일정한 출연 재산에서 발생하는 수익 등으로 사회복지사업을 지원하는 것을 목적으로 하는 지원법인이 있다.

사회복지법인은 대표이사를 포함하여 이사 5인과 감사 2인 이상을 두고, 친족이 이사 총 수의 3분의 1을 초과할 수 없다는 규정을 두고 있다. 이사의 임기는 3년, 감사의 임기는 2년으로 하되 각각 연임이 가능하다. 사회복지법인이 설립되면 법인에서 사회복지사업에 필요한 시설을 설립하고 시설장을 임명할 수 있는데, 시설장은 이사회의 의결을 거쳐야 하고 시설장은 시설의 운영에 대해 책임을 지며, 직원을 채용하고 직원을 관리 · 감독하는 책임을 지게 된다.

그동안 한국사회에서 사회복지사업법의 제정 이후 많은 민간사회복지조직이 사회복지법인으로 전환된 이래로 사회복지법인은 변화하는 환경에 대응하면서 다양한 서비스 제공을 통해 민간부문의 사회복지 발전을 주도해 왔다. 그러나 그 규모가 커질수록 운영상의 다양한 문제점이 노출되어 온 것도 사실이다. 예를 들어, 사회복지법인의 임원 선출, 재산규모, 회계관리, 수익사업 현황 등의 기본적인 데이터가 확보되지 않은 채로 사회복지법인의 회계비리나 인권문제 등이 지적되기도 하고 투명성과 책임성에 대한 문제도 빈번하게 제기되기도 하였다(강지선 · 배유진, 2020).

사회복지법인이 지속적으로 공신력을 갖추고 변화하는 욕구에 대응하는 서비스를 효과적 · 효율적으로 제공할 수 있기 위해서 사회복지법인의 공익성과 투명성을 확보하는 것은 매우 중요한 부분이며, 이를 위해서는 보다 합리적인 회계감사제도의 개선과 효율적인 경영관리에 대한 다각적인 측면에서의 노력이 필요하다(김명주, 2022; 이경은 외, 2022).

(2) 이사회

이사회는 조직이 그 목표를 달성할 수 있도록 법률적 책임을 지고 있는 정책결정기구를 의미한다. 이사회는 사회복지조직의 필요성과 존재에 대한 철학적 및 사회적 근거가 되고, 이사회의 설치는 법률적으로 의무화되어 있다.

이사회는 일반적으로 조직의 목적과 목표 설정, 운영기구 설정, 조직에 필요한 인적 및 물적 자원 지원, 조직의 책임자 채용 및 임명, 정책의 결정, 예산 인준, 조직운영에 대한 점검 및 평가, 조직과 지역사회 간의 중개, 정관의 변경 등의 기능을 수행하고 있으며, 사회복지조직의 주책결정기관이자 후원기관의 성격을 가진다고 볼 수 있다(생각의 마을, 2022; 최성재 · 남기민, 2020).

사회복지사업을 하려는 법인은 민법에 의해서 이사를 반드시 두어야 하고, 이사의 수와 임기는 법인 정관에 규정해야 한다. 사회복지사업법에 따르면, 사회복지법인에는 대표이사를 포함하여 이사 7인 이상과 감사 2인 이상을 두어야 하고, 특별한 관계에 있는 자가 이사 현원의 5분의 1을 초과할 수 없도록 규정하고 있다.

이사회의 이사는 책임감, 활동력 및 관련 지식을 보유하고 있어야 하며, 해당 기관의 임무를 수행하는 데 적절한 능력을 갖춘 사람으로서 지역사회를 대표하는 합법성을 가져야 한다. 이사회와 조직의 책임자 및 직원의 역할과 책임, 권한을 명확하게 규정함으로써 조직 내 갈등을 최소화하여야 한다(생각의 마을, 2022).

(3) 위원회

위원회는 특별과업이나 문제를 해결하기 위허 조직의 일상업무 수행의 기구와는 별도로 구성한 전문가 또는 업무 관련자들의 활동기구이다. 위원회는 인사나 예산 등과 관련된 업무 처리를 위한 상임위원회와 조직의 운영규정을 개정하는 것과 관련된 비정규적 업무를 처리하기 위한 임시위원회가 있다. 위원회를 운영할 때에는 위원회의 크기, 구성, 시간 활용, 책임 및 권위, 리더의 신뢰성 확보, 융통성 등을 고려해야 하고, 위원회의 책임과 권한에 대해서는 명문화하여 밝히는 것이 바람직하다(최성재 · 남기민, 2020; Skidmore, 1990).

위원회를 운영함에 있어서 장점은 의사결정의 합리성을 확보하고, 여러 사람의 경험과 전문 지식을 활용할 수 있으며, 민주적 운영을 통해 개인적 편견이 배제된 공정한 결정을 내릴 수 있고, 각 부문 간 의견 대립을 조정하여 업무를 촉진할 수 있으며, 인간관계의 조성과 원활한 의사소통이 가능해진다는 점이다. 그러나 많은 시간과 경비가 소요되고, 위원 간의 책임성을 희박하게 하며, 이해관계가 얽힌 위원이 참여할 경우 조직의 사안을 객관적으로 바라보지 못할 수 있고, 위원이 다수일 경우 소수 의견이 무시될 우려가 있다는 단점이 있다(생각의 마을, 2022).

(4) 이사회와 위원회의 차이

이사회와 위원회는 회의체라는 점에서는 유사하지만, 다음과 같은 차이점이 있다(Skidmore, 1990; 최성재 · 남기민, 2020).

첫째, 이사회는 위원회에 비해 집행기관 책임자의 참석 없이 회의를 여는 경우가 드물고, 책임자의 참여를 중시한다. 둘째, 이사회는 위원회에 비해 조직의 직원이 구성원이 되는 경우가 드물고, 외부의 관련 전문가들로 구성된다. 셋째, 이사회의 구성원 수는 대체로 위원회의 구성원 수보다 적은 경우가 많다. 넷째, 이사회는 위원회에 비해 수혜자가 참여하는 경우가 드물다. 다섯째, 이사회는 위원회에 비해 실질적인 조직의 운영과 서비스 전달에 더 많은 영향을 미친다. 여섯째, 이사회는 직접적으로 조직에 필요한 정책을 수립 · 결정하고, 위원회는 건의하는 역할을 주로 한다.

1급 필수 요약

1. 사회복지조직의 구성 원리와 구조

- **사회복지조직의 구성 원리** : 계층제, 통솔범위, 분업화 조정의 원리
- **사회복지조직의 구조** : 공식/ 비공식, 수직/ 수평, 집권화/ 분권화 조직으로 구분

2. 사회복지조직의 유형과 조직 구조의 설계

- **조직의 유형** : 관점과 기준에 따라 다양한 유형으로 구분
  - 권력과 복종의 형태에 따른 조직 유형 : 강제적, 공리적, 규범적 조직
  - 클라이언트의 유형에 따른 조직 유형 : 상호수혜조직, 사업조직, 서비스 조직, 공공조직
  - 업무의 통제성에 따른 조직 유형 : 관료조직, 일선조직, 전면적 통제조직, 투과성 조직
  - 클라이언트의 상태와 조직기술에 따른 조직 유형 : 정상기능/ 비정상기능, 인간유별기술/ 인간유지기술/ 인간변화기술에 따라 6가지 유형으로 조직을 구분
  - 구조에 따른 조직 유형 : 전통적 조직, 사업부제 조직, 팀 조직, 프로젝트 조직, 매트릭스 조직, 기타 조직(네트워크 조직, 연계조직, 태스크포스)
- **조직 구조의 설계** : 직무세분화, 직무확대, 직무충실
- **사회복지서비스 성격에 따른 조직모형** : 생산일선 조직, 연계조직, 고객서비스 조직
- **사회복지조직의 부문화** : 수, 시간, 기능, 지리적 영역, 서비스, 고객, 서비스 접근 통로 기준 부문화
- **법인과 사회복지조직의 구성**
  - 사회복지법인 : 사회복지사업을 행할 목적으로 설립된 법인
  - 이사회 : 조직이 목표를 달성할 수 있도록 법률적 책임을 지고 있는 정책결정기구로 이사의 수와 임기는 법인 정관에 규정
  - 위원회 : 특별과업이나 문제 해결을 위해 별도로 구성한 전문가 또는 업무 관련자들의 활동기구

06

CHAPTER

사회복지조직의 기획과 의사결정

1. 기획의 필요성, 유형 및 기법
2. 의사결정의 모형과 유형

06 CHAPTER

사회복지조직의 기획과 의사결정

사회복지조직의 목표가 되는 효율적이고 효과적인 서비스의 제공을 위해서는 적절한 기획과 의사결정이 반드시 필요하다. 급속히 변화하는 환경 속에서 사회복지조직이 생존하고 발전하기 위해서는 조직의 행정책임자는 적절한 계획을 수립하고 현명한 의사결정을 해야 한다. 기획은 일련의 의사결정 과정이기도 하며 상호 밀접한 관계를 가지고 있으므로 이 장에서는 기획의 개념과 유형, 기법과 함께 의사결정의 모형 및 방법에 대해서 함께 살펴보고자 한다.

1. 기획의 필요성, 유형 및 기법

1) 기획의 개념과 특성

기획(planning)의 개념 정의는 학자들마다 다양하지만, 종합해 보면 기획이란 목표를 달성하기 위한 장래의 행동에 관하여 일련의 의사결정을 하는 과정이라고 할 수 있다(Gilbert & Specht, 1977; York, 1982). 기획(planning)과 계획(plan)은 서로 다른 의미를 가지고 있다. 기획은 계획을 세워가는 활동과 과정에 초점을 두고 있어 계속되는 행동에 대한 포괄적 개념이며, 계획은 단편적 개념으로서 기획에서 도출된 결론이나 이미 결정된 행동노선이라는 의미를 가진다. 즉, 기획은 과정에 초점을 둔 동적 개념이고, 계획은 결과에 초점을 둔 정적 개념이라고 할 수 있다. 이러한 의미에서 기획은 계획을 세워가는 과정이라고 볼 수도 있을 것이다(최성재 · 남기민, 2020).

따라서 기획은 미래지향적이고, 계속적인 과정이며, 의사결정과 연결되어 있고, 목표지향적이며, 목표를 위한 수단적인 것이라는 특성을 지니고 있다. 사회복지조직에서 프로그램 개발이라는 용어도 사용되고 있는데 이는 프로그램 기획을 포함한 폭넓은 개념으로 볼 수 있고, 프로그램 설계라는 의미로도 많이 사용되고 있다(최성재 · 남기민, 2020). 또한 기획은 조직이 제한된 인력과 자원을 가지고 최소의 비용으로 최대의 효과를 거둘 수 있도록 하고, 기획과정은 조직이 외부기관으로부터 정당성과 합법성을 인정받을 수 있도록 하는 증거로서 작용하기도 한다(홍봉수 외, 2022).

2) 기획의 필요성

사회복지조직은 대부분 정부의 보조금이나 기타 단체의 기부금으로 운영되기 때문에 최대의 성과를 만들기 위한 기획의 과정은 필수적이다. 기획을 통해 서비스 제공에 있어서 효율적이고 효과적인 운영을 하고, 조직의 책임성과 합리성을 확보하며, 조직구성원의 사기진작을 통해 조직목표의 불확실성을 감소시킬 수 있을 것이다. 기획 없이 프로젝트를 진행하는 것은 설계도면 없이 건물을 짓는 것과 같다고 할 만큼 기획은 중요한 부분이다. 보다 구체적으로 기획이 필요한 이유를 살펴보면 다음과 같다(원석조, 2022; 최성재 · 남기민, 2020; 홍봉수 외, 2022).

첫째, 기획은 효율성 증진을 위해 필요하다. 사회복지 인력과 자원은 한정되어 있고, 최소의 비용과 노력으로 질 좋은 서비스를 제공하기 위해서는 기획이 필요하다.

둘째, 기획은 효과성 증진을 위해 필요하다. 기획은 문제나 욕구를 해결하는데 있어서 효과를 얻기 위해 사전에 계획을 하는 것이며, 이러한 계획된 행동을 통해 클라이언트의 욕구충족과 제공된 서비스의 효과성을 얻을 수 있다.

셋째, 기획은 책임성 증진을 위해 필요하다. 사회복지조직은 국가보조금과 민간의 기부금으로 운영되는 경우가 많기 때문에 서비스를 효과적이고 효율적으로 제공할 책임이 있으며, 책임 수행을 위해 체계적이고 실행 가능한 기획이 필요한 것이다.

넷째, 기획은 조직구성원의 사기진작을 위해 필요하다. 기획과정에는 많은 조직구성원이 참여하고, 그 과정에서 조직구성원의 의견과 아이디어가 수용되기도 하고 타인으로부터 인정을 받게 된다. 또한 서비스가 실제 목표한 바를 달성했을 때 조직구성원은 성취감을 느끼며 사기가 올라가고 성장하게 된다.

다섯째, 기획은 사회복지조직의 불확실성 감소를 위해 필요하다. 기획을 함으로써 조직을 둘러싼 환경이 급변하면서 수반되는 미래에 대한 불확실성을 감소시키고 조직의 목표를 재확인할 수 있다.

여섯째, 기획은 문제해결을 위한 합리성 증진에 필요하다. 기획은 문제해결과 합리적 의사결정의 근거가 될 수 있기 때문에 합리성을 높여준다.

3) 기획의 유형

기획의 유형은 그 기준에 따라 다양하게 구분할 수 있으며, 시간, 대상, 조직의 위계수준에 따라 구분할 수 있으며, 그 내용을 살펴보면 다음과 같다(생각의 마을, 2022; 최성재 · 남기민, 2020; 홍봉수 외, 2022).

(1) 시간에 따른 기획 유형

① **장기기획** : 장기기획은 1년 이상 5년, 10년 또는 그 이상의 기간에 걸친 기획으로 조직이 창의성과 미래에 대한 비전을 갖게 하며, 환경 속에 조직이 존재해야 하는 이유, 가치관 등을 기획한다. 외부환경의 영향을 중시하고 주기적으로 조직의 목적과 목표를 재설정하는 것도 포함한다.

② **단기기획** : 단기기획은 1년 미만의 기획으로 장기기획에 근거하여 이루어진다. 행동지향적인 실행방법에 관한 것들과 구체적인 내용을 기획하게 되며, 일반적으로 주로 하위층에서 담당한다. 이에 비해 상위층으로

올라감에 따라 장기기획을 담당하게 되며, 단기기획과 장기기획은 서로 밀접한 관계 속에서 서로 보완하면서 이루어진다.

(2) 대상에 따른 기획 유형

① **전략기획** : 전략기획은 조직이 추구하는 전략적 방향을 설정하는 것으로 조직의 사명, 가치설정, 자원 할당을 통해 그 방향을 설정하게 된다. 전략기획은 주로 상위계층에서 이루어지는데, 목표설정과 관련된 정책적 차원의 기획을 의미하고, 전략기획을 통해 조직의 기본적인 결정과 행동계획이 수립될 수 있다.

② **운영기획** : 운영기획은 실제적으로 조직을 효율적으로 운영하고 목표를 효과적으로 달성하기 위해 획득한 자원을 어떻게 사용하여 운영할 것인가에 대한 기획이다. 전략기획에 비해 보다 구체적인 기획이므로 조직의 중간계층 이하에서 주로 이루어진다.

(3) 조직의 위계수준에 따른 기획 유형

조직의 위계구조는 조직의 관리·운영을 책임지고 있는 관리층과 실천 활동을 하는 실무자로 구분된다. 관리층은 최고관리층(대표이사, 관장, 시설장 등), 중간관리층(부서장급), 감독관리층(과장, 팀장 등)으로 구분하여 각 계층별 역할에 따라 기획의 유형이 구분될 수 있다. 최고관리층은 목표나 정책 등 장기적인 계획과 조직의 전반적 영역에 대한 전략기획을 담당하고, 중간관리층은 할당 프로그램, 보완적 목표, 정책 및 총괄 사업 등 운영기획을 주로 담당하게 된다. 감독관리층은 좀 더 구체적인 프로그램을 기획하며 일정표와 단기목표, 실제 운영기획을 담당하고, 관리실무자는 일상적 업무와 사소한 절차에 국한된 업무기획 등 구체적 프로그램 기획을 하게 된다.

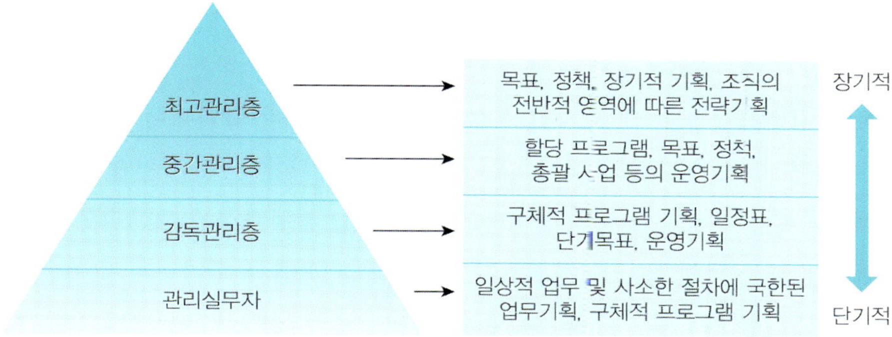

그림 6-1 조직의 위계수준에 따른 기획의 유형

4) 사회복지행정의 기획

사회복지행정에서 기획은 주로 자원에 대한 기획, 프로젝트에 대한 기획, 개인적인 부분에 대한 기획으로 구분해 볼 수 있다.

자원에 대한 기획에는 재정, 시설 및 장비, 소비물자, 인적자원에 대한 기획이 포함되며, 구체적인 내용은 다음과 같다.

① **재정기획** : 조직의 재정 상태를 예측하기 위한 기획으로, 재정 상태에 따라 재정이 부족할 경우에는 서비스의 양이나 범위를 축소하거나 수정할 수 있고, 기부금이나 재정 지원 확보를 위한 모금운동을 통해 재정을 늘리도록 한다.

② **시설 및 장비 기획** : 조직이 목표를 달성하기 위해 반드시 필요한 시설과 장비가 무엇인지 파악하고, 그러한 시설과 장비의 구매나 임대 등의 비용과 절차 등에 대한 기획을 의미한다.

③ **소비물자 기획** : 조직 내에서 업무에 필요한 서류용지, 필기구, 기록보관철 등의 소비물자에 대해서 필요할 때는 언제든지 구매할 수 있도록 기획과정에서 고려하여야 한다.

④ **인적자원 기획** : 조직이 목표를 달성하기 위해 필요한 직원 수, 충원해야 할 직원 수, 직원 배치, 교육 등 인적자원 확보와 개발, 보상 및 유지, 관리 등과 같이 인적자원 관리에서 다루는 기획을 의미한다.

프로젝트 기획은 프로젝트를 시작할 때 여러 자원에 대한 계획과 기간 및 평가방법 등에 대해 기술하는 것을 의미한다. 사회복지조직은 여러 가지 프로젝트를 시행하게 되는데, 기획을 통해 프로젝트를 보다 효과적이고 효율적으로 수행할 수 있으므로 구체적으로 잘 짜여진 기획이 반드시 필요하다.

개인기획은 자신의 목표를 설정하고 취해야 할 활동과정에 대한 기술을 의미하는데, 개인적인 목표를 성취하기 위해서는 기획을 수행하면서 일어날 수 있는 불가피한 변화를 예상할 수 있어야 하며, 실현 가능한 내용으로 기술해야 한다.

5) 기획의 과정

Skidmore는 사회복지조직의 특수성을 고려하여 필수적으로 해야 하는 기획과정을 다음 **|그림 6-2|** 와 같이 7단계로 제시했다(생각의 마을, 2022; 최성재 · 남기민, 2020; 홍봉수 외, 2022).

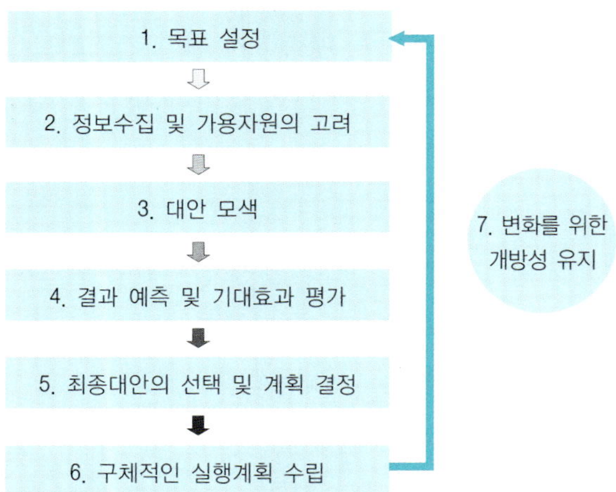

|그림 6-2| 기획의 과정

기획의 첫 단계는 구체적인 목표를 설정하는 것이다. 목표는 명확하고 구체적이고 타당성이 있도록 설정되어야 한다. 어떤 프로그램의 구체적 목표는 주어진 기간 내에 계량화될 수 있는 의도된 결과로서 그 프로그램에 적합한 것이어야 하고, 바라는 결과가 명시되어야 하며, 계량화될 수 있어야 하고, 결과를 얻기까지의 시간을 명시하여 서술하는 것이 바람직하다.

두 번째 단계는 정보수집과 함께 가용자원을 고려하는 단계이다. 목표가 설정되면 구체적 목표에 대한 다양한 정보를 수집하고, 프로그램을 실시하는 데 필요한 경제적, 사회적, 인적자원 등의 가용자원을 검토해야 한다. 정보는 특정인의 편견이나 주관이 개입되지 않은 객관적 자료여야 하며, 조직 내의 예산, 프로그램 담당 가능 직원, 사무실, 조직 외부의 지지자 및 경쟁자 등에 대한 것을 검토해야 한다. 이를 통해 실질적으로 실행이 가능한지 여부를 파악할 수 있고 조정이 가능하기 때문이다.

세 번째는 대안모색의 단계인데, 구체적 목표가 설정되고 이를 위한 관련 정보 및 가용자원에 대한 검토가 이루어진 후에는 목표달성을 위한 다양한 방법들을 찾아야 한다. 이 단계에서는 창의력이 요구되며 자유로운 집단토의 및 개인 간의 대화를 통하여 새로운 가능성을 발견할 수 있다.

네 번째 단계는 결과 예측 및 기대효과를 평가하는 단계로 대안을 열거하고 조사한 후 그 대안들에 대해 결과를 예측하고 어떠한 효과를 가져올지 추측함으로써 최선의 대안을 선택할 수 있도록 하는 과정이다. 중요성과 실현 가능성을 고려하여 대안들의 우선순위를 정할 수 있다.

다섯 번째 단계는 최종 대안의 선택과 계획을 결정하는 단계인데, 평가한 대안들을 비교하고 검토한 후 적절한 비중으로 점수를 주어 우선순위를 정하고 가장 점수가 높은 것을 최종적인 대안으로 선택하여 최선의 계획을 결정한다.

여섯 번째로는 구체적인 실행계획을 수립하는 단계이다. 목표달성을 위해 선택된 프로그램을 실시하기 위하여 시간과 활동이 연관된 구체적인 계획을 수립해야 한다. 이 단계에서는 단계별 행동이 기록된 청사진, 도표, 시간표 등을 작성하게 되는데, 시간별 활동계획표(Gantt Chart), 프로그램 평가검토기법(PERT), 월별활동계획카드(Shed-U graph) 등의 방법을 활용할 수 있다.

마지막으로는 이 모든 단계에서 변화를 위한 개방성을 유지하는 것으로, 프로그램을 실행할 때 변화가 생길 수 있는데, 그 변화가 더 나은 발전을 가져오거나 편리한 자원을 수반하는 계획일 경우 언제든지 계획을 변경할 수 있도록 개방성과 융통성을 발휘할 수 있어야 한다.

6) 기획 기법

실행이 결정된 프로그램을 보다 효율적이고 효과적으로 실시하기 위해 가장 많이 사용되는 대표적인 기법으로 시간별 활동계획표(Gantt Chart), 프로그램 평가검토 기법(PERT), 월별활동계획카드(Shed-U Graph) 등이 있다. 각 내용에 대해 살펴보면 다음과 같다(생각의 마을, 2022; 최성재 · 남기민, 2020; 홍봉수 외, 2022).

(1) 시간별 활동계획표(Gantt Chart)

시간별 활동계획표는 간트차트, 또는 막대그래프차트라고도 부르는데, 1910년경 미국의 사업가인 Gantt가 고안한 것이다. 세로축에는 세부목표와 활동, 프로그램 등 과업을 기입하고 가로축에는 일별 또는 월별 기간을 기입하여 각 과업을 막대나 화살표 등으로 표기함으로써 세부목표에 의한 여러 활동들의 계획과 수행이 언제 시작되고 완료되는지 알게 해주는 도표이다. 이러한 시간별 활동계획표는 군 조직, 행정조직, 기업체 및 기타 사회단체 등에서 가장 보편적으로 사용되고 있다.

간트차트를 활용할 경우 시간에 대비한 전체 작업의 진행상황을 점검할 수 있고, 과업 완성 시간의 단축과 여유시간 관리가 가능해지는 반면, 과업 간의 연결성이나 상호관계에 대한 파악이 어렵다는 단점이 있다.

간트차트는 세부 과업의 종류 및 양에 따라 단순한 형태부터 복잡한 형태까지 다양하게 그릴 수 있으며, 체계적이고 명확하게 정보를 보여줄 수 있어야 한다.

❙그림 6-3❙ Gantt Chart의 예 1

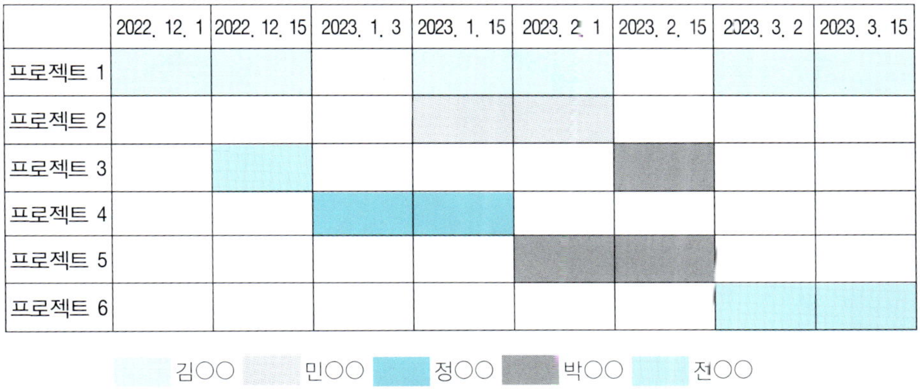

❙그림 6-4❙ Gantt Chart의 예 2

(2) 프로그램 평가검토 기법(PERT)

프로그램 평가검토 기법(PERT : Program Evaluation and Review Technique)은 기존의 간트차트에 네트워크 개념을 도입하여 완성한 것으로 과업의 개시 또는 완성 시점, 완수될 과업을 화살표로 표시하여 작업 사이의 상호관계와 소요시간을 표기하고, 각 과업자 활동을 순서도에 기록함으로써 보다 포괄적인 업무체계를 나타낼 수 있는 기법이다. 이 기법은 일련의 목표가 필요로 하는 과업에 의해 연결되어 있으며, 주로 시간 통제를 중시한다. 여기서는 임계경로(critical path), 즉 시작에서 종료에 이르기까지 가장 많은 시간을 필요로 하는 경로를 확인하는 것이 중요하다. 이는 과업수행 시 최소한 확보해야 할 시간이므로 이를 고려하여 전체 프로젝트 시간을 예측하고 변경할 수 있기 때문이다.

PERT는 실제 소요비용과 계획된 비용의 비교를 통해 지출 대 수입을 추산할 수 있으며, 프로그램 달성을 위한 활동과 소요시간, 활동의 순서 등을 전체적인 그림을 통해 쉽게 이해할 수 있고 활동 간의 상호관계 파악이 용이하다는 장점이 있다. 하지만 도표가 복잡해질 경우 이해가 어렵고, 복잡한 표의 작성에 시간이 많이 소요된다는 점, 불확실성이 많은 활동에 대해서는 PERT의 활용이 어렵다는 단점이 있다.

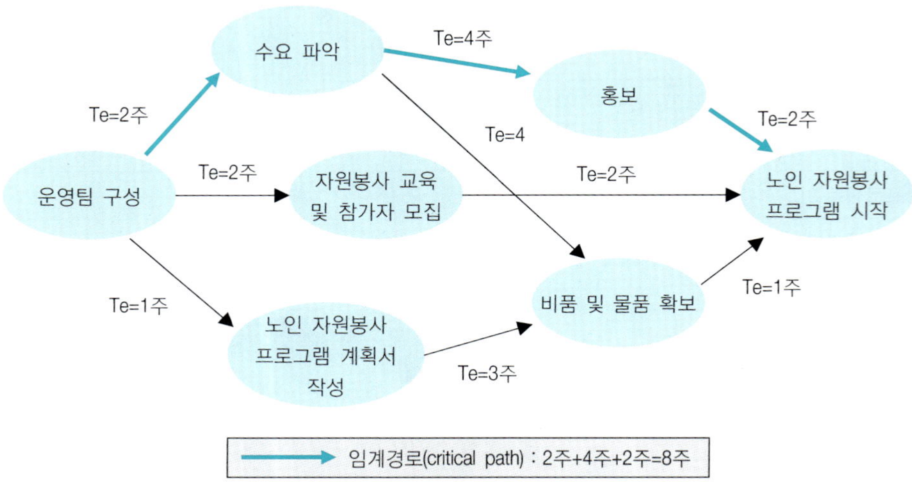

| 그림 6-5 | 프로그램 평가검토 기법(PERT)의 예 1

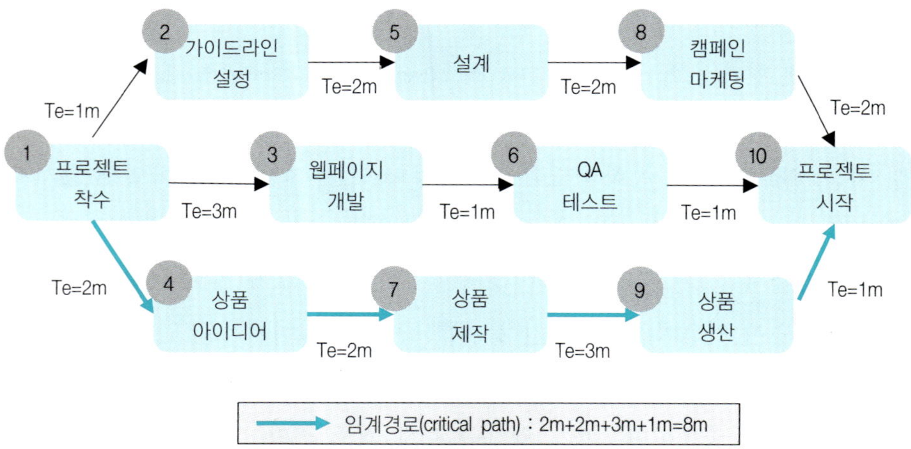

| 그림 6-6 | 프로그램 평가검토 기법(PERT)의 예 2

(3) 월별활동계획카드(Shed-U Graph)

월별활동계획카드는 특정 활동이나 업무를 조그마한 카드에 기입하여 월이 기록되어 있는 공간에 삽입하거나 붙이는 방법으로, 시간에 따라 변경하고 이동할 수 있게 만든 것이다. 가로축에는 월을 기입하고 세로축으로 월 아래에 과업을 기록하는 체계이며, 시간에 따라 변경이 용이하고 한눈에 월별 과업을 확인할 수 있는 장점이 있다. 그러나 간트차트와 같이 업무 간의 상관관계를 파악하기 어렵다는 단점이 있다.

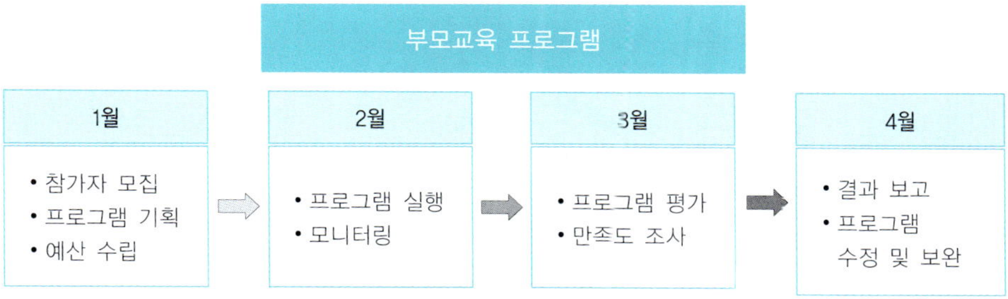

| 그림 6-7 | 월별활동계획카드의 예

(4) PDCA 기획

PDCA 기획(방침관리기획)은 일본의 기업 도요타에서 고안한 것으로 실용주의 이론에 바탕을 두고 있는 기획방법이다(생각의 마을, 2022; 황성철 외, 2021). 이 방법은 계획(Plan)－실행(Do)－점검(Check)－수정(Action)이라는 PDCA 사이클에 따라 프로그램을 기획하는 것이다. 일반적으로는 계획을 수립하고 각 결과를 예측한 후 실행에 옮기게 되는데, PDCA 기획에서는 계획 후 바로 실행에 옮기고, 실행 중 문제점이 발생하면 바로 수정해 가면서 오류를 바로잡아 새로운 방침을 세우게 된다. 이러한 방법은 계획에 따라 예상한 결과가 달성되고 있는지의 여부를 규칙적으로 측정하면서 예기치 않은 상황이 발생했을 경우, 이에 대한 조정이 바로 이루어질 수 있다는 점에서 유용성이 있다.

〈표 6-1〉 PDCA 기획

P	D	C	A
Plan(계획)	Do(실행)	Check(점검)	Action(수정)
• 방법의 표준을 정한다. • 목적에 따라서 목표를 정한다. • 목표를 달성하기 위한 대책을 정한다.	• 계획대로 실행한다. • 대책에 대해 연구한다. • 대책대로 실시한다.	• 결과에 이상이 있는가를 조사한다. • 대책대로 행해졌는가를 조사한다. • 목표와 실제의 차이를 조사한다.	• 이상이 있으면 그 원인을 조사하여 조치를 취한다. • 대책대로 행해지지 않으면 대책대로 되도록 한다. • 상황이 변화된 것이라면 그 상황에 맞는 대책을 새롭게 연구한다.

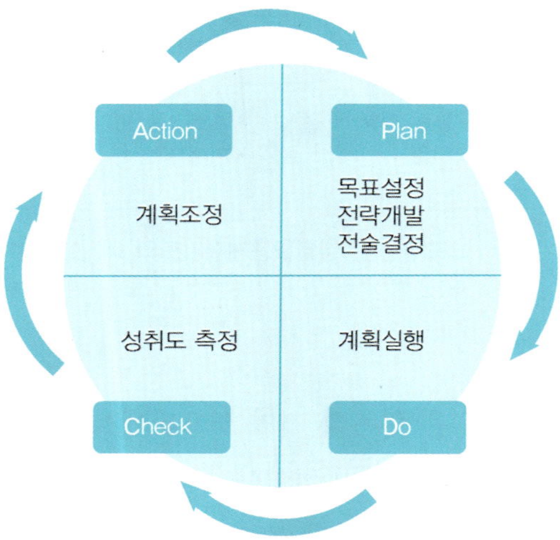

| 그림 6-8 | P-D-C-A 사이클

출처 : 황성철 외(2021), p. 393 그림 참고.

2. 의사결정의 모형과 유형

어떤 조직이든지 조직을 운영하는 과정에서 계속적인 의사결정의 과정을 필요로 한다. 행정책임자가 의사결정을 어떻게 이끌어 가는가에 따라 조직의 목표달성을 좌우하게 되고, 특히 사회복지조직에서 의사결정은 서비스 전달에 많은 영향을 미칠 수 있다. 사회복지조직은 도덕성과 윤리성을 고려해야 하는 인간을 대상으로 하기 때문에 더더욱 의사결정이 중요하다고 할 수 있다. 따라서 도덕적이고 윤리적인 결정에 따라 효과적이고 효율적인 서비스 전달의 성과를 가져오기 위해서는 의사결정에 대한 지식 및 기술에 대한 이해와 적용이 필요할 것이다. 여기서는 의사결정의 개념과 모형, 기법에 대해 살펴보고자 한다.

1) 의사결정의 개념과 절차

의사결정이란 기본적으로 "목표달성을 위한 여러 가지 대안들 가운데 최적의 것을 선택하는 과정"이라고 할 수 있다. 좀 더 구체적으로는 조직이 운영되는 가운데 조직의 목표달성을 위하여 당면한 문제를 어떻게 해결할 것인지, 조직 구성과 인력을 어떻게 배치할 것인지, 조직 내부와 외부의 환경을 어떻게 통제하며 조정할 것인지 등에 대한 구체적인 결정을 내리기 위해 여러 가지 대안들 중 최선의 대안을 찾고 선택하는 것이라고 할 수 있다(최성재 · 남기민, 2020; Ables & Murphy, 1981).

기획은 의사결정과 유사한 특성을 가지고 있기도 하지만 다음과 같은 점에서는 차이가 있다. 기획은 일련의 의사결정이 체계적, 연속적으로 이루어지는 과정이고, 기획의 목적은 목표달성이지만 의사결정의 목적은 문제해결이 된다. 또한 기획은 의사결정과는 달리 그 과정에서 의사결정 외에도 자원, 활동 통제, 동기부여 등 광범위한 기술과 과정이 포함된다. 의사결정 과정은 다음과 같은 여섯 단계로 이루어질 수 있다(박미정 · 박정령, 2022; 최성재 · 남기민, 2020; 홍봉수 외, 2022).

① **문제의 정의와 욕구 규정** : 의사결정에서 첫 번째 단계에서는 상황을 분석하여 욕구나 해결해야 할 문제가 무엇인지 찾아야 한다. 문제를 해결하기 위해서는 문제와 욕구가 정확하게 규정되어야 하며, 이를 통해 모순성과 불확실성을 최소화할 수 있다.

② **관련 정보의 확보** : 문제와 욕구가 규정되면, 그와 관련된 정보나 자료를 수집해야 한다. 공식적·비공식적 통로와 구성원들을 적극 활용함으로써 종합적인 판단을 내릴 수 있도록 많은 정보를 확보하는 것이 중요하다.

③ **해결대안의 개발과 평가** : 관련 정보들이 확보되면, 모든 자료들을 정리하여 종합적으로 분석하고, 문제해결의 대안들을 작성한 후, 그 대안의 예상되는 결과에 대한 평가를 하게 된다. 최대한 실행 가능한 대안들을 제시하여 분석함으로써 전체적인 평가를 진행한다.

④ **최적의 대안 선택** : 여러 대안들 중에서 현실적인 제약이나 성공 가능성, 예상되는 결과, 각 대안의 장·단점 등을 전체적으로 비교·분석하고 중요도를 파악하게 되며, 중요도에 따라 우선순위를 정해서 그에 따라 최선의 대안을 선택할 수 있다.

⑤ **대안의 실행** : 최선의 대안이 선택되면 그것을 실행하는 단계로, 의사결정의 최종 목적은 실행이므로 신중한 의사결정 과정이 선행되어야 한다.

⑥ **환류** : 실행 후에는 반드시 환류 과정을 통해 의사결정의 결과가 문제 해결에 효율적·효과적으로 작용했는지 확인하는 작업이 필요하다. 이를 통해 의사결정의 각 과정과 실행의 결과를 평가함으로써 잘못된 부분은 수정하고 보완할 수 있다.

2) 의사결정의 모형

의사결정은 기획의 과정에서 최선의 선택을 하기 위해 반복적으로 이루어지게 된다. 의사결정을 할 때 인간의 합리성을 어느 정도로 인정하느냐에 따라 의사결정 모형이 구분되는데, 인간의 합리성을 긍정하는 합리모형, 인간의 합리성을 부분적으로 긍정하는 제한된 합리모형, 인간의 합리성의 한계를 인정하는 점증모형, 그 외 혼합모형, 최적모형, 쓰레기통 모형 등이 있다.

(1) 합리모형

합리모형은 20세기 초 경제학자들이 선호했던 도형으로, 인간은 이성과 합리성에 근거하여 결정하고 행동한다는 것을 전제로 한다. 합리모형은 문제해결을 위한 모든 대안들을 검토하여 각 대안의 결과에 대한 정보를 최대한 수집하고 분석한 후 대안들의 장점과 단점을 비교·평가함으로써 최선의 대안을 선택한다는 것이다. 이렇게 모든 대안과 그 결과에 대한 완전한 지식과 평가에 입각하여 의사결정을 하는데, 합리적 또는 경제적 합리성으로 경제적 성과를 극대화할 수 있다고 간주한다(생각의 마을, 2022; 최성재·남기민, 2020). 즉, 의사결정자는 조직의 이익을 극대화하고 비용을 최소화하려는 경제적 목적에 따라 움직이며, 합리적인 결정을 위한 합리적 사고, 합리적 행동만 하는 규범적·이상적 성격을 가지고 있다는 것이다.

그러나 합리모형은 인간의 능력에 한계가 있음을 간과하고, 인간 사회에서 발생하는 여러 가지 동태적 요소를 경시하였다. 또한 결과를 정확하게 예측할 수 없다는 점과 완전한 대안을 발견하고 선택하는 데에 많은 비용이 소요된다는 점을 고려하지 못하였다.

(2) 제한된 합리모형

제한된 합리모형은 만족모형이라고도 하며, 합리모형의 현실적 제약을 극복하기 위해 제시된 것으로 완전무결한 합리성이 아닌 제한된 합리성에 기초를 둔다. 현실적인 인간은 인지능력의 한계 대문에 최적의 대안이 아닌 현실적으로 만족스러운 대안을 선택할 수밖에 없다는 것이다. 즉, 현실적으로 만족할 만한 대안의 선택에 타당성을 두는 현실적·실증적 의사결정 모형이다. 해결할 문제가 낯설고 불명확하고 복잡하여 기존 행정절차를 이용할 수 없을 때 이러한 제한된 합리모형의 관점에서 결정하게 된다(생각의 마을, 2022; 홍봉수 외, 2022).

이 모형은 현실에 적용하기가 쉽다는 장점은 있지만, 지나치게 주관적이고,

만족할 만한 정도를 측정할 수 있는 객관적인 척도가 많지 않고, 급변하는 상황에서 창의적인 문제해결을 어렵게 한다는 비판을 받는다.

(3) 점증모형

점증모형은 기존의 정책이나 의사결정을 인정하고 그것보다 약간 향상된 수준의 대안에 대해 부분적이고 순차적으로 탐색하여 의사결정을 하는 현실주의적 모형이다. 이 모형에서는 인간의 지적 능력의 한계 및 의사결정 수단에 있어서의 기술적인 제약을 인정하고, 대안을 선택하는 과정에서 기존의 정책이나 결정의 점진적, 세부적, 순차적인 수정 또는 약간 향상된 수준에서 이루어지는 것이 일반적이다. 인간의 합리성 추구 능력에는 한계가 있어서 의사결정을 할 때에도 현실적인 제약이 있고 고도의 합의를 이끌어 내는 것도 어렵다는 것을 전제로 하고 있는 것이다(박미정 · 박정령, 2022; 생각의 마을, 2022).

점증모형은 현재 상황에 저항을 가장 적게 받으면서 문제를 효율적으로 해결할 수 있으며, 복잡하고 불확실하고 갈등이 높은 문제를 다룰 때 유용한 장점으로 인해 자주 활용되고 있다. 하지만 기존 세력의 이익을 반영하게 되고, 타당한 결정이 아닌데도 과거의 결정을 유지시켜 주거나 급속한 환경의 변화에 대응하기 어렵다. 또한 전례가 없는 새로운 문제에 대한 해결방법을 찾는 데는 적합하지 않고, 정책결정자의 판단이 크게 작용할 가능성이 높은 사회에서는 적용하기 어렵다는 단점이 있다.

(4) 혼합모형

혼합모형은 합리모형과 점증모형의 장점을 취합하여 절충한 모형으로, 큰 범위에서의 기본 결정은 합리적으로 이루어지지만, 세부적인 결정은 기본적 결정을 수정 및 보완함으로써 점증적으로 이루어진다고 본다(박미정 · 박정령, 2022; 홍봉수 외, 2022). 이 모형은 현재 문제되지 않는 사항들에 대해서도 전반적으로 검토하게 됨으로써 점증모형과 차이가 있고, 가능한 모든 대안에 대한 체계적인 검토를 하지 않고 현실적인 제약 내에서 가능한 대안들만 검토한다는 점은 합리모델과 차이가 있다(원석조, 2022).

혼합모형은 세부적 결정이 폭넓은 기본적인 결정의 범위 속에서 점진적으로 이루어짐으로써 보다 현실적이라는 평가를 받는다. 또한 이상적인 합리성을 현실화시킴과 동시에 점증모형의 보수성을 극복하여 단기적 변화에 대처하면서도 장기적인 안목을 갖게 되는 장점이 있다. 그러나 합리모형과 점증모형의 장점만 취함과 동시에 약점도 종합하게 되는 오류를 피할 수 없다는 단점이 있다(원석조, 2022).

(5) 최적모형

최적모형은 합리적 요소와 초합리적 요소를 모두 포함하여 정책결정체제의 성과를 최적화하려는 모형이다. 새로운 의사결정을 해야 할 경우 직관이나 판단, 창의성과 같은 초합리적 요인의 개입이 불가피하다고 보고, 계량적 분석뿐만 아니라 질적 분석도 중요시하며 경제성을 감안한 합리성을 추구하고, 정치적 · 경제적 측면에서의 실현 가능성을 매우 중시한다. 즉, 의사결정의 최적 여부는 그 결정이 정치적 · 경제적 측면에서 실현 가능성이 얼마나 내포되었느냐에 따라 평가되어야 한다고 보는 것이다. 또한 최적모형은 목표나 대안의 환류과정을 중시한다(원석조, 2022; 홍봉수 외, 2022).

최적모형은 초합리성이라는 개념을 도입하여 혁신적인 의사결정이 정당화되는 이론적 근거를 제시한다는 측면에서 합리모형을 한 단계 발전시켰다는 평가를 받는다. 그러나 초합리성의 개념을 명확하게 정의하기 어려운 측면이 있고, 인간의 초합리성을 인정함으로써 유트피아적 이상 모델이라는 비판을 받을 수 있다(원석조, 2022).

(6) 쓰레기통 모형

쓰레기통 모형은 조직 내에서 의사결정이 이루어지는 것은 일정한 규칙이나 체계적인 계획에 의해서가 아니라, 쓰레기통에 던져진 쓰레기들이 서로 엉키듯이 우연한 혼합에 의해 이루어지는 것이라고 본다. 이 모형에서 의사결정은 조직 내 구성원 간에 응집성이 약한 혼란 상태에서 이루어진다는 것이다. 또한 사회 내의 신념이나 가치, 정치체계가 바뀌는 등의 복잡한 상황인 '조직화된 무정부 상태' 속에서 이러한 의사결정이 이루어진다고 설명한다. 특히 정책결정의 과정에서 다양한 계층이 참여하면서 조직은 무질서한 상태가 되며, 이러한 상태 속에서 우연히 정책결정에 필요한 흐름이 만나게 되면서 정책결정이 이루어진다고 본다. 그리고 쓰레기통 모형에서는 문제, 해결책, 선택 기회, 참여자라는 네 요소가 만나서 뒤죽박죽 움직이다가 의사결정이 이루어진다고 설명하고 있다(박미정 · 박정령, 2022; 생각의 마을, 2022).

쓰레기통 모형은 현대사회와 같이 복잡하고 급격한 변화가 일어날 수 있는 상황을 설명해 주고 있지만, 조직이 언제나 복잡하고 혼란스러운 상황에 처해있는 것은 아니라는 점, 그리고 그러한 혼란 상태에서 요소들의 결합으로 인해 의사결정으로 전환되는 가능성은 실제적으로 희박할 수 있다는 점에서 비판을 받을 수 있다.

3) 의사결정의 유형

의사결정의 유형은 절차와 방법, 분석단위 등에 따라 다음과 같이 구분할 수 있다(생각의 마을, 2022; 홍봉수 외, 2022).

(1) 의사결정의 절차에 따른 유형

① 정형적 의사결정

정형적 의사결정은 일상적이거나 반복적인 업무에 대해 그 대안과 방법을 표준화하여 절차, 규정, 방침에 따라 기계적으로 의사결정이 이루어지는 것이다. 이는 단순한 방법으로 많은 비용과 노력을 필요로 하지 않으며, 구조가 명확하므로 대안을 평가하는 기준이 분명하다. 주로 조직의 하위계층에 의해 단기적으로 이루어지는 유형이다.

② 비정형적 의사결정

일회적이거나 비조직적인 새로운 정책에 대한 결정이 이에 해당하는데, 장기적인 예측과 조직의 생존과 관련이 있는 의사결정이다. 주로 상위 관리자들 중심으로 문제를 해결하기 위한 절차로 의사결정을 하게 된다. 특히 환경에 크게 의존하고 있는 사회복지조직은 급속히 변화하는 환경에 신속히 대처하기 위해 비정형적 의사결정에 많은 관심을 두고 있다.

(2) 의사결정의 방법에 따른 유형

① 직관적 의사결정

직관적 의사결정은 합리성이나 객관성보다는 결정자의 감정과 직감에 근거하여 결정자가 옳다고 생각하거나 최선이라고 느끼는 것에 따라 의사결정을 하게 되는 것이다.

② 판단적 의사결정

판단적 의사결정은 개인이 가지고 있는 지식과 경험에 의해서 판단적으로 의사결정을 하는 것으로 대부분이 이러한 판단적 방식에 의해 이루어진다.

③ 문제해결적 의사결정

문제해결적 의사결정은 문제에 대한 정보수집과 연구, 분석, 토론 및 논의 등을 통해서 이루어지는 의사결정이다. 보다 과학적 방법에 근거하여 합리적이고 과학적인 절차를 통해 이루어지게 되는데, 시간이 많이 걸리므로 주로 시간적인 여유가 있고 신중하게 결정해야 하는 중요한 사항에 대한 의사결정에 유용하다.

(3) 의사결정의 분석단위에 따른 유형

① 개인적 의사결정

㉠ 의사결정나무분석

의사결정나무분석은 가능한 여러 대안들을 나열해 보고, 그 대안들을 선택했을 경우와 선택하지 않을 경우를 연속적으로 그려가면서 선택과 비선택을 생각해 보는 것인데, 나무 기둥에서 나뭇가지가 뻗어나가는 모양과 유사하다고 하여 의사결정나무분석이라고 부른다. 이 기법은 각 대안들에 대해서 선택할 경우와 선택하지 않을 경우 각각 나타날 결과를 분석하고, 각 대안들이 가지고 있는 장점과 단점을 균형 있는 시각으로 볼 수 있도록 도와준다.

| 그림 6-9 | 의사결정나무분석의 예시

㉡ 대안선택흐름도표

목표가 명확하면서 예측이 가능한 사항들에 대한 선택을 할 경우 적용하는 기법으로, '예' 또는 '아니요'로 답할 수 있는 연속적인 질문을 통해 예상되는 결과를 결정하는 데 도움을 줄 수 있는 도표이다.

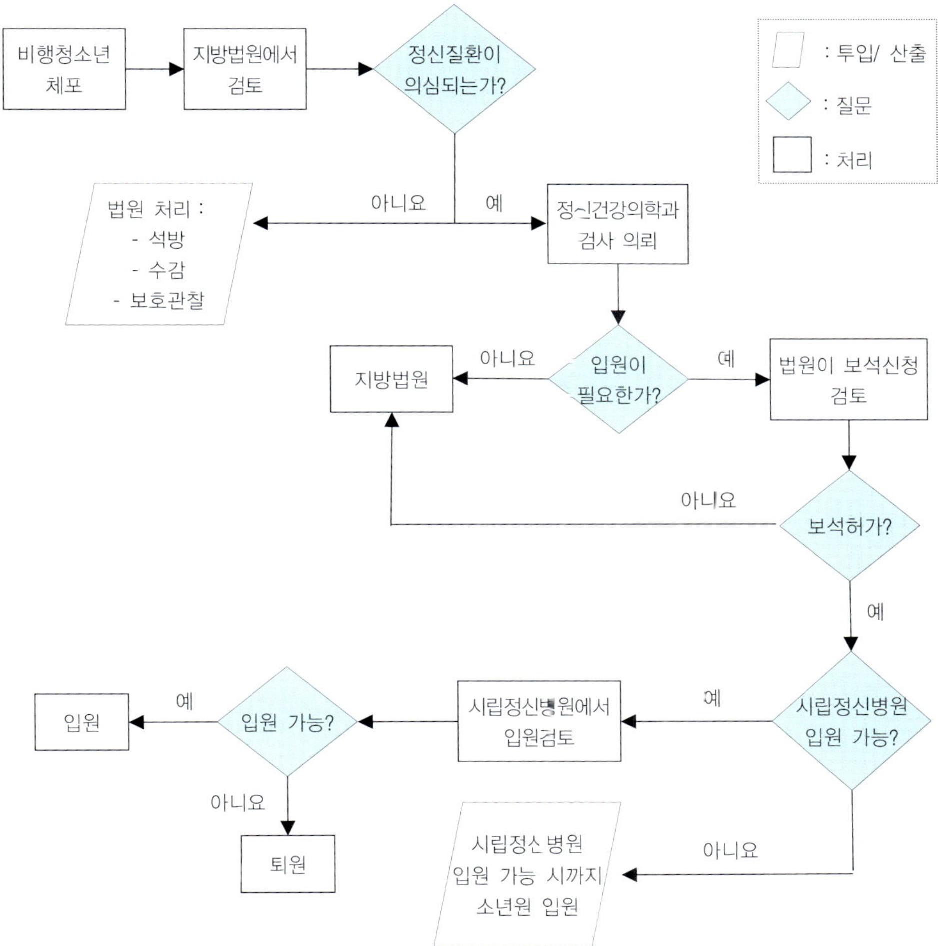

| 그림 6-10 | 대안선택흐름도표의 예

출처 : 최성재 · 남기민(2020), p. 267의 표를 참고하여 재구성.

② 집단적 의사결정

㉠ 델파이 기법

델파이 기법(Delphi method)은 여러 전문가로부터 설문을 통하여 정보를 수집하고 분석한 후, 그것을 다시 응답자들에게 보내어 의견을 묻는 방법으로 만족스러운 결과가 나올 때까지 반복함으로써 합의를 이끌어 내는 방법이다. 전문가들의 의견을 주고받긴 하지만 모여서 토론하는 것이 아니기 때문에 인간관계상의 영향력을 최소화할 수 있고, 지리적으로 멀리 흩어져 있는 전문가의 의견을 취합하는 데에 유용한 방법이다. 의견 취합과 환류(feedback)를 반복적으로 하는 과정에서 다른 사람들의 의견을 참고하여 더 나은 아이디어를 개발할 수 있는 기회가 될 수 있고, 익명이 보장되므로 자유롭게 의견을 개진할 수 있는 장점이 있다. 그러나 설문을 반복적으로 취합하고 다시 발송하는 과정에서 시간과 비용이 많이 발생할 수 있으며, 통제력이 약하다는 단점이 있다.

델파이 기법은 다음과 같은 절차로 이루어진다. 첫째, 문제에 대해 의견을 이끌어 낼 수 있는 설문지를 작성하고, 서로 접촉이 없는 전문가들에게 발송한다. 둘째, 익명이 보장된 설문에 전문가들이 응답하고, 담당부서에서 응답결과를 수집하고 분석한다. 셋째, 분석한 결과를 바탕으로 설문을 재구성하여 다시 전문가들에게 발송하여 각 전문가는 피드백한 자료를 통해 투표하거나 종합적으로 평가한다. 넷째, 평가자료를 다시 수집하여 분석해 보고, 바람직한 해결책을 얻을 때까지 이러한 과정을 반복한다.

㉡ 명목집단법

명목집단법(NGT : Nominal Group Technique)은 소집단 투표 의사결정법이라 칭하기도 한다. 일단의 전문가나 관련자들이 한 장소에 모여 각자의 의견을 적어내고 이를 종합하여 만족스러운 수준의 합의에 도달할 때까지 진행하는 기법이다. 이 방법은 기본적으로 6~9명의 소집단으로 모여서 의사결정을 하게 되며, 구성원들이 한 장소에 모여 각자의 의견을 제출한 후, 각 의견의 장단점을 평가하여 순위를 매겨서 최고 점수를 받은 의견을 채택하는 방식이다. 만족스러운 합의 결과가 나올 때까지 반복적으로 검토할 수 있다. 이 방법은 다른 사람의 의견에 영향을 받지 않을 수 있고, 참여의식과 동기부여가 높아질 수 있는 장점이 있지만, 많은 사람이 참여하여 합의점에 도달하는 데 시간이 많이 걸릴 수 있는 문제가 있다.

㉢ 브레인스토밍

브레인스토밍(brainstorming)은 해결해야 할 문제에 대해 구성원들이 모여서 가급적 많은 아이디어를 제시하여 그중에서 최선의 대안을 찾아내는 창조적 사고방법이다. 일반적으로 6~12명이 모여서 구성원 간의 상호작용을 통해 가능한 한 많은 아이디어를 제시하고 자유롭게 이야기하게 된다. 구성원들이 제시하는 의견에 대해서는 비판해서는 안 되며, 누구나 자유롭게 의견을 제시하도록 해야 한다. 브레인스토밍은 문제해결을 위한 집단적, 창조적 아이디어 도출에 효율적이며, 구성원들의 적극적 참여가 중요하다.

1급 필수 요약

1. 기획의 필요성, 유형 및 기법

- **기획의 개념과 특성** : 기획이란 목표를 달성하기 위한 장래의 행동에 관하여 일련의 의사결정을 하는 과정이며, 미래지향적, 계속적 과정, 목표지향적, 수단적 특성을 지님
- **기획의 필요성** : 효율성, 효과성, 책임성 증진, 조직구성원 사기진작, 불확실성 감소, 문제해결의 합리성 증진에 필요
- **기획의 유형**
  - 시간에 따른 기획 유형 : 장기기획, 단기기획
  - 대상에 따른 기획 유형 : 전략기획, 운영기획
  - 조직의 위계수준에 따른 기획 유형 : 최고관리층, 중간관리층, 감독관리층, 관리실무자
- **사회복지행정의 기획**
  - 자원기획, 프로젝트 기획, 개인 기획
- **기획의 과정** : 목표설정, 정보수집 및 가용자원의 고려, 대안 모색, 결과 예측 및 기대효과 평가, 최종대안의 선택 및 계획 결정, 구체적인 실행계획 수립, 변화를 위한 개방성 유지
- **기획 기법** : 시간별 활동계획표(Gantt Chart), 프로그램 평가검토 기법(PERT), 월별활동계획카드(Shed-U Graph), PDCA 기획

2. 의사결정의 모형과 유형

- **의사결정의 개념과 절차**
  - 개념 : 목표달성을 위한 여러 가지 대안들 가운데 최적의 것을 선택하는 과정
  - 과정 : 문제의 정의와 욕구 규정, 관련정보의 확보, 해결대안의 개발과 평가, 최적의 대안 선택, 대안의 실행, 환류
- **의사결정의 모형**
  - 합리모형, 제한된 합리모형, 점증모형, 혼합모형, 최적모형, 쓰레기통 모형
- **의사결정의 유형**
  - 의사결정 절차에 따른 유형 : 정형적, 비정형적 의사결정
  - 의사결정 방법에 따른 유형 : 직관적, 판단적, 문제해결적 의사결정
  - 의사결정 분석단위에 따른 유형 : 개인적 의사결정(의사결정나무분석, 대안선택흐름도표), 집단적 의사결정(델파이 기법, 명목집단법, 브레인스토밍)

CHAPTER 07

사회복지조직의 리더십

1. 리더십의 개념 및 필요성
2. 리더십 이론
3. 사회복지조직의 리더십

07
CHAPTER

사회복지조직의 리더십

1. 리더십의 개념 및 필요성

1) 리더십의 개념

리더십이란 조직의 목표 달성을 위하여 구성원이 자발적으로 참여하고 활동하도록 이끌어 내는 능력이다. 개인 혹은 집단을 조직의 공동목표로 유도하는 리더의 창의적, 자발적인 노력이라 할 수 있다. 리더십은 조직구성원들이 조직목표 달성을 위해 자발적으로 행동하도록 동기를 부여하고 영향력을 끼치며 개인과 집단의 조정을 통하여 협동적으로 유도한다. 리더십에 대한 학자들의 정의를 살펴보면 다음과 같다(원석조, 2022 최성재 · 남기민, 2020).

Stogdill(1974)은 리더십을 ① 집단과정의 초점, ② 퍼스낼리티(personality)와 그 효과, ③ 복종을 유도하는 기술, ④ 영향력의 행사, ⑤ 활동 또는 행동, ⑥ 설득의 형태, ⑦ 목표 달성의 수단, ⑧ 상호작용 효과, ⑨ 분화된 역할, ⑩ 구조의 주도와 유지 등으로 설명한다. Terry(1960)는 리더십을 "사람들이 집단의 목표를 달성하게 영향을 미치는 활동"으로 정의하고 있으며, 최성재와 남기민(2020)은 공식적 조직에 초점을 맞추어 "리더십이란 조직의 목표 달성에 조직의 구성원들이 조직과 관련된 행동에 자발적으로 종사할 수 있도록 공식적 지위에 있는 사람이 영향력을 행사하는 과정"이라고 정의하였다.

정리하면 리더십은 직위와 능력 두 가지로 정의할 수 있다.

① **직위로서의 리더십** : 어떤 상황을 책임지고 지도하고 관리하는 직위를 의미한다.

② **능력으로서의 리더십** : 다른 사람과의 관계에 영향을 끼쳐 지도자가 택한 길을 따라 오도록 하는 재능이나 기술이다.

따라서 리더십이란 쌍방 간의 상호작용에서 한 사람이 상대방에게 적절한 정보를 제공하여 상대방이 이를 수용하고 행동하여 원하는 방향이나 목표를 달성할 수 있게 하는 힘이라고 정의할 수 있다. 조직의 활성화를 위해 관리자는 조직원에게 동기를 부여하고, 흥미를 유발시키며, 스스로의 참여를 통해 목표달성을 능동적으로 달성하도록 유도하고 후원한다.

2) 리더십의 필요성

사회복지조직에서 리더십의 중요성이 점차로 강조되고 있다. 사회복지조직에서 리더십이 필요한 이유는 다음과 같다(신복기 외, 2021; 원석조, 2022; 이현경, 2021).

① 사회복지조직에는 전문가의 자율성과 조직의 통제가 서로 갈등 관계에 있으므로, 조직의 규칙과 과정을 준수하도록 동기를 부여할 리더십을 필요로 한다.

② 사회복지서비스 분야는 끊임없이 변화하는 환경에 있으므로 이에 적절히 대응할 리더십을 필요로 한다.

③ 사회복지서비스 분야는 새로운 기술 또는 새로운 구조의 도입과 같은 중요한 내부적 변화가 조직에 통합될 수 있도록 리더십을 필요로 한다.

④ 사회복지조직에서 구성원들의 목표는 조직의 목표와 일치하지 않을 수 있다. 구성원의 목표와 조직의 목표를 타협하는 데 리더십이 요구된다.

3) 리더십의 요소

리더십을 발휘하여 조직목표를 달성하기 위해서는 조직원의 노력과 참여가 필요하며, 이 외에도 리더십으로서 갖추어야 할 요소로 지속성(끈기), 시간관리, 타협, 관대함(유연성), 창의성 등이 있다(신복기 외, 2021).

① **지속성** : 지도자는 프로그램이 실패했거나 수정이 필요할 경우 다시 계획하고 변화시켜 나가는 끈기가 있어야 한다.

② **시간관리** : 유능한 지도자는 최선의 기관 서비스 전달을 위하여 각 직원의 시간이 효과적으로 활용될 수 있도록 기관 전체의 운영을 계획하며 자신의 시간을 현명하게 사용한다.

③ **타협** : 자신이 옳다고 생각한 것이 기관을 위해 최선이 아닐 수도 있다는 것을 인정하고 직원과 원만한 관계를 유지하고 기관의 목표에 관심을 가진다.

④ **관대함** : 지도자는 기관의 목표, 필요, 정책의 범위 안에서 직원들에게 가능한 한 많은 자유를 허용해야 한다. 지도자는 직원들에게 기회를 제공하고 함께 일한다.

⑤ **창의성** : 지도자는 기관의 서비스를 향상하는 효과적인 방법을 위해서 정기적으로 생각하고 계획할 시간을 할애해야 한다.

2. 리더십 이론

리더십의 많은 이론들은 리더십의 효과성을 가져오는 요인들을 찾아내는 데 중점을 두고 있다. 이 요인들을 설명하는 네 가지 주요한 접근방법으로는 특성이론(trait theories), 행동이론(behavioral theories), 상황이론(situational theories), 신조류이론(new wave theories)이 있다(박순명, 2020; 신복기 외, 2021; 최성재 · 남기민, 2020).

〈표 7-1〉 리더십 연구의 주요 접근방법들

이 론	연구내용
특성이론 (1940~1950년대)	• 리더는 타고난다는 입장 • 성공적인 리더와 그렇지 않은 리더를 구별할 수 있는 일련의 특성이 존재
행동이론 (1950~1960년대)	• 리더는 훈련을 통해 양성될 수 있다는 입장 • 리더십의 가장 중요한 측면은 리더의 특성이 아닌 다양한 상황에서 리더가 행동하는 것, 성공적인 리더는 그들의 특별한 리더십 행동유형에 의해 성공적이지 못한 리더와 구별됨
상황이론 (1970년대)	• 리더십은 상황에 의해 결정된다는 입장 • 상황요소들은 리더와 하위자의 특성, 과업의 성격, 집단의 구조, 강화의 형태를 포함
신조류이론 (1980~1990년대)	• 리더는 비전을 지녀야 하며, 하위자에게 강한 정서적 반응을 이끌어 내야 함 • 리더십을 리더와 하위자의 상호작용으로 형성되는 과정으로 이해

출처 : 최성재 · 남기민(2020), p. 507.

1) 특성이론

특성이론에서는 리더는 본래부터 남다른 특성을 타고난다고 주장하며, 훌륭한 리더의 조건으로는 ① 신체적 특성, ② 사회적 배경, ③ 지능, ④ 성격 ⑤ 과업과 관련된 특성, ⑥ 사회적 특성 등을 꼽는다. 일부 학자들은 성공적 리더의 자질로 지능지수가 높고, 주도적이며, 자신감 있고, 활력이 넘치며, 과업과 관련된 풍부한 지식을 갖추는 것을 들기도 한다(생각의 마을, 2023). 특성이론 연구자들은 공통적으로 리더가 특별한 특성을 타고난 사람이라는 주장을 하지만, 연구자에 따라 제기하는 특성에는 차이를 보인다. 특성이론의 문제점을 정리해 보면 다음과 같다(생각의 마을, 2023; 최성재 · 남기민, 2020).

① 특성이론에 의하면 모든 리더가 보편적으로 소유하고 있는 구체적인 특성들을 찾아낼 수 있어야 하나, 그러한 보편적인 특성을 발견하지 못하였다.

② 상황적 요소와 구성원의 욕구를 무시한 한계가 있다.

③ 리더와 부하를 구별할 수 있는 명확한 특성을 발견하지 못하였다.

④ 여러 가지 특성들의 상대적 중요성을 밝히는 데 실패하였다.

⑤ 리더가 하위자의 행동에 영향을 미치는 행동유형을 알려주지 못하였다.
⑥ 상황적 요소들을 간과하였다. 즉, 상황에 따라 요구되는 리더십 특성이 다를 수 있는데 모든 상황에 보편적으로 적용되는 특성을 추구하고자 하였다.

2) 행동이론

행동이론은 1950년대 행동과학자들에 의해 특성(자질)이론에 대한 비판으로 등장한 것으로, 리더의 행동 유형에 관심을 두는 이론이다. 행동이론에 의하면, 효과적인 리더와 비효과적인 리더의 차이점은 리더십의 행동 유형에 의해 구별되며 효과적인 리더는 그들의 특별한 리더십 행동에 의해 나타난다는 것이다.

대표적 행동이론에는 오하이오(Ohio) 연구, 미시간(Michigan) 연구, 관리격자(managerial grid)이론 등이 있다(원석조, 2022; 최성재 · 남기민, 2020).

(1) 오하이오(Ohio) 연구

오하이오 주립대학교(Ohio State University)에서는 리더 행동기술 질문지(LBDQ : Leader Behavior Description Questionnaire)를 개발하여 자료를 수집하고 분석하였다. 이 연구에서 리더 행동은 구조주도 행동(initiating structure behavior)과 배려 행동(consideration behavior)이라는 두 가지 차원으로 요약된다. 구조주도 행동이란 리더가 과업을 조직화하여 정의하며 업무를 할당하고 의사소통을 확립하며 업무집단의 성과를 평가하는 행동이다. 배려 행동은 신뢰, 상호존경, 우정, 지원 그리고 구성원의 복지를 위한 관심을 나타내는 행동이다.

구조주도와 배려에서 모두 높은 리더가 구조주도 또는 배려 어느 한쪽에서 낮거나 또는 둘 다 낮은 리더에 비해 하위자들의 성과와 만족을 더 가져오는 것으로 나타났다(신복기 외, 2021; 최성재 · 남기민, 2020).

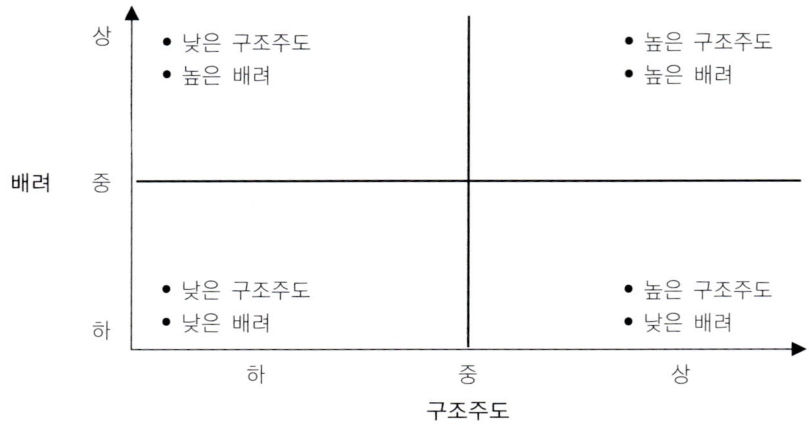

❙그림 7-1❙ LBDQ 점수에 의한 다섯 가지 리더십 유형

출처 : 최성재 · 남기민(2020), p. 509.

정리하면, 구조주의 행동은 리더가 목표달성을 위해 자신의 역할과 구성원들의 역할을 정의하고 구조화하려는 정도를 말한다. 이 성향이 높을수록 일 중심, 과업 중심으로 부하를 평가한다. 배려 행동은 리더가 상호신뢰, 구성원의 아이디어에 대한 존중, 그리고 구성원들의 느낌에 대한 배려와 같은 특성을 갖는 관계를 구성원들과 형성하는 정도이다. 이 성향이 높을수록 부하와의 원만한 관계 및 의견을 존중한다. 따라서 구조주도 행동과 배려 행동이 둘 다 높을 때 구성원의 불평 수준과 이직률이 가장 낮고 생산성은 가장 높은 것으로 나타났다(생각의 마을, 2023).

(2) 미시간(Michigan) 연구

미시간 대학교(University of Michigan) 사회조사연구소에서 어떤 유형의 리더 행동이 업무집단의 성과와 구성원의 만족을 가져오는가를 연구하였다. 리더의 행동, 집단과정, 집단성과 간의 관계를 중심으로 직무중심적 리더십 유형(job-centered leadership style)과 구성원 중심적 리더십 유형(employee centered leadership style)을 발견하였다(신복기 외, 2021; 전기석 외, 2019).

① **직무중심적 리더십 유형** : 생산과업을 중요시하고 생산방법과 절차 등의

세부적인 사항에 관심을 가지며, 공식권한과 권력에 의존하면서 부하들을 감독하는 행동 스타일의 리더이다(Gutknecht & Miller, 1986; 최성재 · 남기민, 2020 재인용).

② **구성원 중심적 리더십 유형** : 부하와의 관계를 중요시하고 권한을 위임하며 지원적 업무환경을 조성하여 부하의 개인적 발전과 성장, 성취 등에 관심을 가지며 부하에게 자유 재량권을 많이 주는 관리행동 스타일의 리더이다.

연구결과, 구성원 중심적 리더들은 더 높은 집단 생산성 및 더 높은 직무만족과 연관되어 있는 반면, 직무중심적 리더들은 더 낮은 집단 생산성 및 더 낮은 직무만족과 연관되어 있는 것으로 나타났다.

(3) 관리격자이론(managerial grid theory)

오하이오 연구와 미시간 연구의 이론에 기초한 관리격자이론은 Blake와 Mouton에 의한 이론으로, 수평축을 생산에 대한 관심, 수직축을 인간에 대한 관심의 두 영역으로 나누고 이를 격자로 계량화하여 리더의 행동유형을 다섯 가지(무관심형, 컨트리클럽형, 과업중시형, 중도형, 팀형)로 분류하고 있다(원석조, 2022; 최성재 · 남기민, 2020).

① **무관심형**(1 · 1형) : 리더의 생산과 인간에 대한 관심이 모두 낮아서 리더는 조직구성원으로서 자리를 유지하기 위해 필요한 최소한의 노력만 한다.

② **컨트리클럽형**(1 · 9형) : 리더는 인간에 대한 관심은 매우 높으나 생산에 대한 관심은 매우 낮다. 리더는 부하와의 만족한 관계를 위하여 부하의 욕구에 관심을 갖고, 편안하고 우호적인 분위기로 이끈다.

③ **과업중시형**(9 · 1형) : 리더는 생산에 대한 관심이 매우 높으나 인간에 대한 관심은 매우 낮다. 리더는 일의 효율성을 높이기 위해 인간적 요소를 최소화하도록 작업 조건을 정비하고 과업수행능력을 가장 중요하게 생각한다.

④ **중도형**(5 · 5형) : 리더는 생산과 인간에 대해 적당히 관심을 가진다. 그러므로 리더는 과업의 능률과 인간적 요소를 절충하여 적당한 수준에서 성과를 추구한다.

⑤ **팀형**(9 · 9형) : 인간과 과업 모두에 대한 관심이 매우 높다. 리더는 구성원과 조직의 공동목표 및 상호의존 관계를 강조하고, 상호 신뢰적이고 존경적인 관계와 구성원의 몰입을 통하여 과업을 달성하며 가장 높은 성과를 보인다.

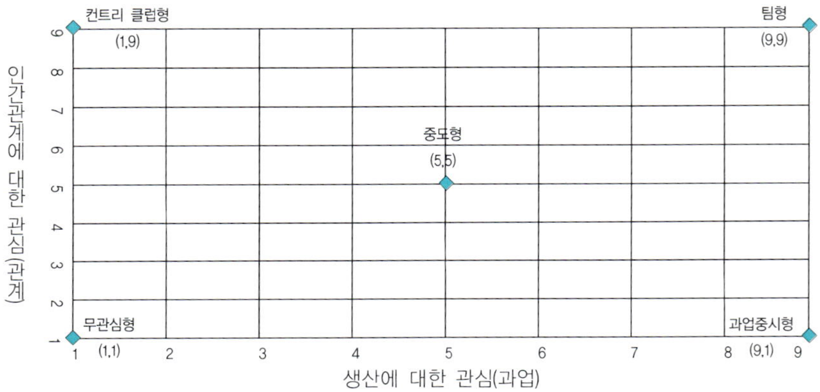

|그림 7-2| 관리격자이론

출처 : 최성재 · 남기민(2020), p. 511 재구성.

〈표 7-2〉 리더십 행동이론의 비교

구 분	연구 측면	연구개척자	조사응답자	리더유형 측정방법	연구대상 조직체
오하이오 연구	직무중심적 부하중심적	R. Likert Michigan대학	리더 부하	면접 설문지	은행, 병원, 기업체, 전력회사, 정부기관
미시간 연구	구조주도 배려	Fleishman Stogdill, Shartle Ohio 주립대학	리더, 부하, 동료, 직속상사	설문지	군대, 기업체, 교육기관, 전력회사, 정부기관
관리격자이론	생산에 대한 관심 인간에 대한 관심	R. Blake J. Mouton	리더 부하	면접 설문지	기업체

출처 : 생각의 마을(2023), p. 171 재구성.

앞에서 살펴본 세 가지 행동이론들은 리더십 행동유형과 리더십 효과성 간에 일관된 상관성을 확인하는 데 실패하였고, 리더십 효과성에 영향을 미치는 상황적 요소를 고려하지 않고 있다는 점에서 비판을 받는다.

3) 상황이론

리더십 상황이론은 행동이론의 한계를 인식하고 새로운 리더십 연구를 진행하면서 등장한 이론이다. 상황이론은 한 리더의 효과성은 상황에 의존하며 그 결과 동일한 리더가 어떤 조직이나 상황에서 효과적일 수 있고, 그렇지 못한 경우도 있다고 설명하면서 리더십 효과성에 영향을 미치는 상황적 요소들을 진단하고 평가한다. 상황적 요소에는 리더의 특성, 하위자의 특성, 집단구조와 과업의 성격, 조직의 요소 등이 포함되는데, 이는 리더십 형태에 영향을 주는 환경적 조건을 의미한다(생각의 마을, 2023; 이상훈, 2022).

상황이론에는 상황적합이론(contingency theory), 상황적 리더십 이론, 경로-목표이론(path-goal theory) 등이 있다.

(1) Fiedler의 상황적합이론

Fiedler의 상황적합이론은 리더십 상황이론 중에서 가장 대표적이며 Fiedler가 중심이 되어 연구한 리더십 이론이다. Fiedler의 상황적합이론은 상황적 요소와 리더 유형의 상관성에 초점을 두었다. 관계지향적 리더와 과업지향적 리더로 구분하여, 각 상황에 맞는 리더유형을 찾는다. 동일한 리더이더라도 어떤 상황에서는 효과적이고 다른 상황에서는 비효과적일 수 있다. 관계지향적 리더는 매우 호의적 또는 매우 비호의적 상황에서 더 높은 성과를 올리는 경향이 있으며, 과업지향적 리더는 호의성이 중간 정도일 때 가장 높은 성과를 올릴 수 있다(최성재 · 남기민, 2020).

과업지향적 리더십과 관계지향적 리더십을 측정하기 위해서 LPC(the Least Preferred Co-worker) 척도를 고안하였다. LPC 점수란 가장 좋아하지 않은 동료에 대한 평가 점수를 의미한다. LPC 점수가 높은 사람은 싫어하는 동료도 친밀의 정도에 따라 좋게 평가한 리더이기 때문에 관계지향적 리더라고 보고, LPC 점수가 낮은 사람은 자기가 싫어하는 동료를 비호의적으로 평가하였기 때문에 과업지향적 리더로 부른다(김용헌, 2007).

Fiedler는 리더십이 이루어지는 상황이 리더에게 얼마나 유리한지에 따라 서로 다른 유형의 리더십이 효과적이라고 주장한다. 리더십을 과업지향적인 것과 관계지향적인 것으로 나누고 그것이 리더와 구성원의 관계나 과업의 구조화 정도, 그리고 리더의 지위에 부여된 권력이라는 세 가지 상황에 따라 영향을 받는다고 하였다. 리더가 자신이 가장 함께 일하기 싫어하는 동료가 있을 때 그 사람을 긍정적으로 평가하면 관계지향적 리더십이, 부정적으로 평가하면 과업지향적으로 본다(황옥화, 2013).

상황적합이론에서 설정한 상황변수는 리더와 구성원의 관계, 과업구조, 직위 권력의 총 세 가지이다. 리더와 구성원 관계는 집단의 구성원이 리더를 지지하는 정도이다. 과업구조는 직무의 절차화된 정도를 말하며 직무의 구조화 또는 비구조화된 정도를 의미한다. 직위 권력은 리더의 직위에 따라 집단구성원들에게 평가, 지도, 상벌을 줄 수 있는 권한의 정도를 의미하며, 직위 권력이 약할수록 리더에게 불리한 상황이 된다. 이를 좀 더 구체적으로 살펴보면 다음과 같다(원석조, 2022; 최성재 · 남기민, 2020).

① 리더와 구성원의 관계

리더와 구성원 사이의 신용, 신뢰성, 친밀감, 존경심이 어떠한가를 말한다. 이 관계의 밀도에 따라 지도력 상황의 호의성 여부가 달라진다.

② 과업구조

구성원들이 추구해야 하는 일의 내용이 잘 구조화(조직화)되어 있어야 지도력 상황이 호의적이 됨을 뜻한다. 업무가 잘 조직화되어 있으면 일의 내용이 명백하고, 목표가 뚜렷하며, 방법과 절차도 간단명료하고, 의사결정 과정도 분명해지기 때문에 지도력에 좋은 상황을 제공한다.

③ 직위 권력

직위 권력은 공식적인 지위와 권위를 통해 획득되는 권한으로, 집단의 구성원들에게 지도자의 지시와 명령을 받아들이게 할 수 있는 능력이다. 여기에는 공식적, 합법적, 보상적, 강압적 권한이 포함되어 있으며, 권위와 보상권한을 지니는 직위 권력은 지도력 상황에 긍정적 요인이 된다.

연구결과, 관계지향적 리더는 호의성이 중간 정도일 때 더 높은 성과를 보이는 경향이 있고, 과업지향적 리더는 상황이 매우 호의적이거나 혹은 비호의적일 경우 더 좋은 성과를 보이는 것으로 나타났다.

상황적합이론의 한계점으로는 상황변수들이 복잡하고 측정하기 어렵다는 점, 하위자의 특성을 간과한 점, 리더나 하위자의 기술적 능력의 변화에 관심을 두지 않은 점, 변인들 간의 약한 상관관계, 리더유형을 분류하는 측정도구(LPC 질문지)의 타당성 등을 들 수 있다(최성재 · 남기민, 2020). 상황적합이론에서 LPC 점수가 매우 중요한 부분을 차지하고 있는데 LPC 질문지가 실제로 무엇을 측정하고 있고, 이것이 실제로 리더의 성격이나 동기행동 경향을 정확하게 측정하고 있는지, LPC 점수가 실제로 리더의 행동 스타일과 연관성이 있는지 논의가 계속되고 있다(원석조, 2022).

(2) Hersey와 Blanchard의 상황적 리더십 이론

Hersey와 Blanchard의 상황적 리더십 이론은 리더는 각각의 상황에 따라 그 상황에 가장 적합한 리더십 유형을 선택해야 한다는 것으로, 부하의 성숙도를 상황요인으로 보았다. 적절한 리더십의 선택이 부하의 성숙도에 따라 이루어지는데, 부하의 성숙도는 과업수행 능력과 관련한 직무 관련 성숙도와 직무수행 의지와 관련한 심리적 성숙도로 구성된다(이상훈, 2022). 이 이론에서 리더의 행동은 관계중심적 행동과 직무중심적 행동에 의해 네 가지 유형(지시형, 제시형, 참여형, 위임형)으로 구분하고 부하의 성숙도는 부하의 직무수행 능력과 직무수행 의지에 따라 네 가지 단계로 구분할 수 있다. 이때 리더는 부하가 가지는 성숙도에 따라 적합한 행동을 보여야 리더십 효과성이 높게 나타난다고 하였다.

예를 들어, 부하의 성숙도가 낮은 경우 직무를 수행할 능력과 의지가 낮으므로 지시형 스타일의 리더가 효과적이다. 부하의 성숙도가 높은 경우 직무를 수행할 능력과 의지가 모두 높으므로 위임형 스타일의 리더가 효과적이다. 또한 부하의 능력은 높지만 의지는 낮은 경우 참여형 스타일의 리더가 효과적인 반면, 부하의 능력은 낮고 의지가 높은 경우 제시형 스타일을 가진 리더가 효과적이라고 하였으며, 이를 정리하면 다음과 같다(이상훈, 2022; 최성재 · 남기민, 2020).

① **부하가 능력도 없고 의지도 없는 경우** : 모든 것을 지시하고 점검해 주는 **지시형 리더십**이 효과적이다.

② **부하가 능력이 없는데 의지만 있는 경우** : 아이디어를 제시해 주고 방안을 제시해 주는 **제시형 리더십**이 효과적이다.

③ **부하가 능력은 있는데 의지가 없는 경우** : 참여를 유도해서 부하가 책임감을 느끼도록 하는 **참여형 리더십**이 효과적이다.

④ **부하가 능력과 의지가 모두 있는 경우** : 일을 어느 정도 위임하면서 함께 일해 나가는 **위임형 리더십**이 효과적이다.

상황적 리더십 이론의 특성을 정리해 보면 첫째, 융통성 있고 적응력 있는 리더 행동을 강조하였다. 둘째, 부하는 상황 속에서 변할 수 있는 존재임을 인식하였다. 셋째, 변화시켜야 할 때가 언제인가에 대해 리더가 항상 주의를 기울이고 있어야 한다. 넷째, 리더의 행동을 하나의 기술로 파악하였다. 이 이론은 리더는 상황에 적응해야 하고, 구성원들의 능력을 개발하고, 자신감을 부여하여 성숙도를 높임으로써 상황을 변화시킬 수 있다(원석조, 2022).

(3) House의 경로-목표이론

House는 리더십에 관한 오하이오 연구와 동기부여의 기대이론(the expectancy theory of motivation)을 결합하여 경로-목표이론을 제시하였다. 경로-목표이론은 하위자와 업무환경의 특성에 의해 조절된 리더 행동유형이 하위자의 동기 및 기대인지에 영향을 미치고, 이는 더 높은 노력, 동기부여, 성과 및 만족을 가져오게 된다고 설명한다(권수원 외, 2020).

경로-목표이론은 하위자의 만족을 예측하는 데 강한 설명력을 가지며, 이 이론의 핵심은 수단적(지시적) 리더 행동은 비구조화된 과업에 종사하는 하위자들에게 더 효과적이고, 지원적 리더 행동은 하위자들이 구조화된 일상적 과업을 수행할 때 높은 만족을 가져온다는 점이다(최성재 · 남기민, 2020).

4) 거래적-변혁적 리더십이론

Burns는 리더십을 '서로의 동기 수준을 높이기 위한 리더와 구성원의 상호작용 또는 교환 과정'으로 정의하면서 거래적 리더십과 변혁적 리더십을 다음과 같이 설명하고 있다(생각의 마을, 2023).

① **거래적 리더십** : 거래적(transactional) 리더십은 리더와 구성원의 거래관계, 교환관계에 바탕을 둔 리더십 이론으로, 구성원들이 조직의 목표를 달성하고자 노력과 성과를 보이면 그에 대해 보상을 한다. 조직구성원이 조직의 목표달성을 위해 노력하면 임금인상이나 승진 등의 보상이 그 예이다. 리더는 조직의 변화나 혁신보다는 현상 유지, 조직 안정에 더 많은 관심을 가진다.

② **변혁적 리더십** : 변혁적(transformational) 리더십은 관행을 거부하고 위험을 감수하고 도전하는 변화추구적이고 개혁적인 리더십이다. 변혁적 리더는 환경 변화에 대처하기 위해 구성원에게 비전을 제시해 주거나 긍지를 심어주어 존경과 신뢰를 얻는다. 변혁적 리더는 강한 자기확신과 이념적 신념을 보유하고 있어 카리스마가 있으며 구성원의 동기, 신념, 가

치관에 큰 영향을 미친다. 변혁적 리더가 제시하는 높은 도덕적 가치와 이상적인 비전은 리더를 따르는 개인의 의식을 변화시킨다. 중요 사안에 대해 자신의 입장을 분명히 밝히면서 구성원에게 지적 자극을 주고 멘토가 되어 구성원들의 잠재력을 끌어올리는 등 구성원 하나하나를 개별적으로 고려한다.

5) 서번트 리더십

서번트 리더십은 타인을 위한 봉사에 초점을 두고 종사자와 고객의 욕구를 만족시키기 위해 헌신하는 리더십이다. 이 이론에서는 리더로서 자신을 서번트 또는 지원자로 인식하고, 조직에서 가장 가치 있는 자원은 사람이라고 인식한다. 늘 학습하는 태도를 보이며, 먼저 경청하고, 설득과 대화로 업무를 추진한다. 조직이 커뮤니티를 형성하도록 돕고, 권한 위임을 통해 리더십을 공유한다(송용욱 외, 2019; 최성재 · 남기민, 2020). 서번트 리더십을 효율적으로 이용하면 각 조직원들이 조직에 자신의 독특한 기술과 경험을 최대한 활용할 수 있도록 도울 수 있다. 장점으로는 부하 직원을 지배하고 리더가 말하는 리더십 스타일에서 벗어나, 부하 직원을 최대한 활용하고 수행하도록 영감을 준다(강종수, 2019).

6) 경쟁가치 모형

최근 사회복지 환경이 급변하는 상황에서 사회복지조직에 적절할 뿐 아니라 기존의 이분법적 리더십 유형의 분류에서 탈피한 통합적인 리더십 모형의 필요성이 제기되는데, 여기에 적합한 모형이 Quinn(1984; 1988)이 제시한 경쟁가치 모형(competing values model)이다.

경쟁가치 모형에서는 조직상황 속에서 경쟁하는 가치들을 융통성(flexibility)과 통제(control), 그리고 내부지향성(internal)과 외부지향성(external)이라는 두 차원의 조합을 통해 리더십 수행을 4부문으로 구분한다(최성재 · 남기민, 2020; 황성철 외, 2021).

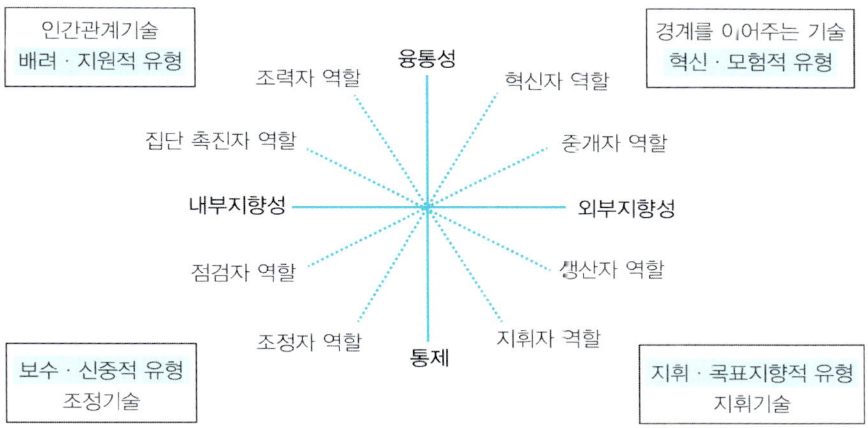

| 그림 7-3 | 경쟁가치 모형

출처 : 최성재 · 남기민(2020), p. 523.

(1) 혁신 · 모험적 유형

혁신 · 모험적 유형(inventive, risk-taking style)에서는 사회복지조직 관리자들은 경계를 이어주는 기술(boundary-spanning skills)을 사용하도록 요구한다. 사회복지조직은 민간조직이든 정부조직이든 그 환경에 크게 의존하기 때문에 사회복지조직 관리자는 다음과 같은 활동을 통해 조직의 공식적 경계를 이어주는 기술을 사용할 수 있다. 즉, ① 재정자원의 획득, ② 조직의 정통성을 확립하고 유지함, ③ 환경의 변화에 반응하여 조직 프로그램을 적응시키는 것, ④ 보고 및 책임성에 대한 외부 요구조건의 관리, ⑤ 조직 간 공식적이거나 비공식적 합의를 교섭, ⑥ 연합행동에 참여, ⑦ 새로운 기회를 이용하도록 조직을 자리매김하는 것 등이다(최성재 · 남기민, 2020).

Quinn은 이 부문에 관련된 두 가지 관리역할을 혁신자 역할(inventor role)과 중개자 역할(broker role)로 보는데, 이는 정치적 또는 개방체계적 속성과 관계가 있으며, 정치 또는 교섭기술을 포함한다. 또한 리더십 수행은 개별적이고 단기적인 상황조건적 의사결정과 관계가 있는데, 이는 체계적이고 장기적인 참여적 내부의사결정과는 대조를 이루며 리더십의 역할에서 가장 위임이 덜 되는 부문이다.

(2) 배려 · 지원적 유형

배려 · 지원적 유형(concerned, supportive style)은 사회복지조직 관리자에게 인간관계 기술(human relations skills)을 사용하도록 요구한다. 사회복지조직 관리자들은 조직이 조직의 업무를 수행할 능력이 있음을 보증할 책임이 있다. 사회복지조직이 제공하는 대부분의 서비스는 1 : 1의 상호작용을 통해 생산되고 전달되기 때문에 이와 같은 조직은 '노동집중적'이라고 말할 수 있다(최성재 · 남기민, 2020). 따라서 사회복지조직에서 인간관계 기술은 특히 중요하며, Quinn은 이 부문에서 두 가지의 구체적 역할을 조력자의 역할과 집단 촉진자의 역할로 본다. 사회복지조직 관리자는 유능하고 헌신적인 인력을 모집하고 보유하며 동기부여하기 위해 조력자 및 집단 촉진자의 역할을 수행할 수 있다. 또한 조직의 인적자원은 목표를 효과적으로 수행할 수 있는 지식, 기술 그리고 능력을 소유하여야 한다.

(3) 보수 · 신중적 유형

보수 · 신중적 유형(conservative, cautious style)에서 사회복지조직 관리자들은 조정하는 기술(coordinating skills)을 사용하도록 요구한다. Quinn은 이 부문에서 두 가지의 구체적 역할을 점검자의 역할(monitor role)과 조정자의 역할(coordinator role)로 본다. 이 유형에서는 주로 조직 내부적이고 조직구조를 유지하는 데 관련된 문제에 초점을 둔다. 이 부문에서의 기술적 영역은 예산과 재정통제, 시간계획, 정보 및 의사전달체계, 인사행정체계, 기술적 교육 프로그램, 보고체계, 평가 및 품질 통제 · 측정 그리고 기술적 장비 및 물리적 시설의 관리 등이 해당된다(최성재 · 남기민, 2020). 사회복지조직은 노동집약적이기 때문에 직원활동의 체계적 조직과 서비스 생산활동의 점검 및 조정은 리더십 수행에서 중요한 부분이다.

(4) 지휘 · 목표지향적 유형

지휘 · 목표지향적 유형(directive, goal-oriented style)에서 사회복지조직 관리자들은 지휘하는 기술(directing skill)을 사용하도록 요구된다. 이 부문은 외부지향적이고 비교적 구조화되고 정형화된 리더십 활동에 초점을 둔다. 사회복지조직 관리자들은 조직의 생산물과 외부환경 사이의 상호작용 영역을 다룬다. 이와 관련된 기술적 활동은 목표설정, 전술전략적 기획, 점검활동 등을 포함한다. 사회복지조직 관리자의 활동은 목표지향적 과정이다. 이 과정은 환경 내에서 조직의 상대적 지위를 향상시키고 조직의 효율성과 효과성을 개선하는 것을 목적으로 한다. Quinn은 이 부문에서의 사회복지조직 관리자의 역할을 지휘자의 역할(director role)과 생산자의 역할(producer role)로 본다. 사회복지조직 관리자가 지휘기술을 사용함에 있어서 개인 및 집단적 성취를 촉진시키는 방법을 알아야 하며, 능란하게 권한을 사용할 수 있어야 하고 위임, 기획, 목표설정의 기술에 능숙해야 한다(최성재 · 남기민, 2020).

7) 슈퍼 리더십

슈퍼 리더십은 다른 사람이 스스로 자기 자신을 이끌어 갈 수 있게 도와주는 리더십을 말한다. 슈퍼 리더십은 셀프 리더십(self-leadership)에서 출발한 개념으로 이 두 개념은 불가분의 관계에 있다. 셀프 리더십이 스스로 자신을 이끌어 가는 과정이라면 슈퍼 리더십은 리더 육성에 초점을 두고 부하직원들이 셀프 리더십을 발휘할 수 있도록 영향력을 행사하는 과정이다. 즉, 부하직원들이 셀프 리더가 될 수 있도록 그들의 잠재역량을 자극하고 개발한다. 이에 따라 조직원들을 끊임없이 자극하고 촉진시키는 것이다(김윤경 외, 2019; 최성재 · 남기민, 2020).

3. 사회복지조직의 리더십

1) 사회복지조직 리더십의 유형

Carlisle은 리더가 의사결정 과정에서 조직원을 참여시키는 수준 측면에서 지시형, 참여형, 자유(위임)형 등 세 가지로 리더십을 제시하였으며, 사회복지조직에서 이 유형이 많이 활용된다(신복기 외, 2021; 신부경 · 박종구, 2020; 원석조, 2022).

(1) 지시형

지시형의 리더는 명령과 복종을 강조하고 독선적이며, 조직구성원을 보상-처벌이라는 연속선에서 통제한다. 또한 내부적 갈등이 생겨도 이를 해결하지 못하는 경우가 발생한다. 지시형의 장점은 통제와 조정이 쉽고 의논이 필요 없고 신속한 결정이 가능하므로 위기에 기여할 수 있다. 단점은 사람들이 통제받기를 싫어하기 때문에 사기를 저하시키고 조직원의 적대감과 소외감을 초래할 수 있다(김윤경 외, 2019).

(2) 참여형

참여형은 효과적인 경영을 위해 조직의 의사결정 과정에서 조직원들의 의견을 듣고 참여시킨다. 조직원들에게 일에 대한 적극적인 동기부여와 사명감을 증진시켜 스스로 조직의 목표를 달성하도록 한다. 참여형의 장점은 부하직원들의 일에 대한 동기와 사명감이 증진될 수 있고 의사소통이 개방적이어서 새로운 정보의 교환이 활발하게 이루어진다. 그렇지만 단점은 참여의 시간이 걸리고 긴급한 결정을 내리기 어렵다(신복기 외, 2021).

(3) 자유형

자유형은 의사결정을 부하 직원에게 위임하는 형태로 위임적 지도력이라 한다. 부하직원들은 스스로 프로그램의 목표를 세우고 계획을 수립한다. 특정

과업해결을 위한 전문가 중심조직에 적합하다. 단점으로는 계획, 지휘, 조정 및 통제를 하지 못하므로 혼란을 야기할 수 있고, 내부적 갈등이 생겨도 이를 해결하지 못하는 경우가 발생한다(원석조, 2022; Patti, 1983).

2) 사회복지조직의 리더십 수준

사회복지조직에서 리더십은 세 가지 수준으로 구분될 수 있다. 즉, 최고관리층, 중간관리층, 하위관리층에 따라 리더십 기술과 내용에 차이가 있다(신복기 외, 2021).

(1) 최고관리층의 리더십

최고관리층(executive management level)이란 사회복지조직의 전반적인 책임을 지고 있는 사람으로서 정책을 결정하고 조직의 체계에 맞게 조정하며, 필요한 재원과 정치적 지지를 획득하는 책임을 진다. 최고관리층의 리더십은 두 가지 주요한 과업의 달성을 필요로 한다. 첫 번째 과업은 내부 운영을 지시하고 조정하는 것이고, 두 번째 과업은 환경과의 관계를 확립하는 것이다. 최고관리층이 가져야 할 리더십 기술은 다음과 같다(남기민 · 남기예, 2008; 생각의 마을, 2023).

① 기본과업을 설정한다.

② 지역사회와 우호적 관계를 정립한다.

③ 서비스에 적절한 지식과 기술을 선정한다.

④ 내부구조의 유지와 발전을 위한 조직을 설계한다.

⑤ 변화를 위한 방향을 주도한다.

(2) 중간관리층의 리더십

사회복지조직에서 중간관리층(program management level)은 조직의 프로그램 부서를 책임지고 있는 사람들을 말한다. 중간관리층은 사회복지조직에서 중요 프로그램 부서를 책임지고 있다. 최고관리층의 지시를 구체적 프로그램으로 전환하고, 하위관리층의 욕구나 관심사를 대변하는 중개역할을 한다. 최적의 프로그램을 선택하여 필요한 재원과 인력을 확보하고 내부의 운영절차를 개발하며, 프로그램 활동을 감독·조정·평가한다. 중간관리층의 리더십은 두 가지 종류의 기술을 필요로 한다. 첫째는 수직적, 수평적 연결 고리 역할이며, 다른 하나는 개별 직원들의 욕구를 조직의 목표에 통합시키는 기술이다(생각의 마을, 2023).

(3) 하위관리층의 리더십

하위관리층(supervisory management)은 일선 사회복지사들과 매일 접촉하는 단위 감독자, 조정자, 팀리더를 말한다. 이들에게는 두 가지 종류의 기술이 필요한데, 첫 번째는 실천과 관련된 기술과 지식이다. 이는 슈퍼바이저가 직원과 자원을 효율적, 효과적으로 지도·감독하는 데 도움을 준다. 두 번째는 형평성을 유지하는 기술이다. 복지기관에서 보상과 제재의 기준이 공정해야 하는데, 동기부여와 기관에 대한 일체감을 발전시키기 위한 형평성 유지는 매우 중요하다.

1급 필수 요약

1. 리더십의 개념

- **리더십** : 조직의 목표 달성을 위하여 구성원이 자발적으로 참여하고 활동하도록 이끌어 내는 능력

2. 리더십 이론

- **특성이론** : 리더는 타고난다는 입장, 성공적인 리더와 그렇지 않은 리더를 구별할 수 있는 일련의 특성이 존재한다는 이론
- **행동이론** : 리더는 훈련을 통해 양성될 수 있다는 입장. 성공적인 리더와 그렇지 않은 리더는 행동에 의해 구별 가능(오하이오 연구, 미시간 연구, 관리격자이론)
- **상황이론** : 리더는 상황에 의해 결정된다는 입장
  - Fiedler의 상황적합이론 : 과업지향적 리더와 관계지향적 리더로 구분
  - Hersey와 Blanchard의 상황적 리더십 이론 : 부하의 능력과 의지에 따라 지시형·제시형·참여형·위임형 리더십으로 구분
- **거래적-변혁적 리더십 이론**
  - 거래적 리더십 : 조직의 현상 유지가 목적
  - 변혁적 리더십 : 환경 변화에 민감한 대처, 혁신 위험 감수, 신뢰를 바탕으로 함
- **경쟁가치 모형**
  - 조직상황 속에서 경쟁하는 가치 : 융통성과 통제, 내부지향성과 외부지향성
  - 외부지향적이고 융통성을 추구하는 혁신·모험적 유형은 가장 위임이 덜 되는 부문임

3. 사회복지조직의 리더십

- **사회복지조직의 리더십 유형** : Carlisle의 지시형, 참여형, 자유형 리더십 유형의 활용도가 높음
- **사회복지조직의 리더십 수준**
  - 최고관리층의 리더십 : 지시, 조정, 환경과의 관계 확립, 변화 주도 기술
  - 중간관리층의 리더십 : 수직적·수평적 연결그리기, 직원의 욕구 통합 기술
  - 하위관리층의 리더십 : 실천과 관련된 전문 기술과 지식, 형평성 유지 기술

CHAPTER 08

사회복지조직의 인적자원관리

08
CHAPTER

사회복지조직의 인적자원관리

1. 인적자원관리

1) 인적자원관리의 개념

인적자원은 '구성원들이 자신의 기술, 지식, 추론 및 의사결정능력 등을 조직에 제공하는 생산적인 서비스'를 의미한다(허희영 2021). 오늘날 인적자원은 조직의 성공과 실패에 영향을 미치는 중요한 요소로 이는 영리기업이나 사회적 목적 달성을 우선시하는 비영리기업 등에도 동일하게 적용된다(Akingbola, 2013; Ridder, McCandless, & Piening, 2012).

인적자원관리(human resource management)는 조직목표 달성에 필요한 노동력을 확보하고 합리적으로 이용하는 관리활동으로, 조직의 성장과 유지라는 목적을 달성하기 위해 필요한 인적자원을 관리하는 것을 의미한다. 자원에는 인적자원, 물적자원, 정보자원 등 많은 자원이 있는데, 사회복지조직에서 가장 중요한 자원은 인적자원이다. 이는 인간을 노동력이 아니라 전인적 존재로 간주하기 때문이다. 따라서 일반행정에서 쓰는 '인사관리'라는 용어 대신에 '인적자원관리'라는 용어가 보다 적합하다고 볼 수 있다(생각의 마을, 2023).

광의의 인적자원관리는 직무분석, 선발과 배치, 교육과 훈련, 직무평가, 보수제도 등을 의미하고, 협의의 인적자원관리는 고용관리, 단체교섭, 고충처리, 경영참가, 인사상담, 동기부여 등을 의미한다.

정리해 보면, 인적자원관리는 조직의 목표 달성을 위한 직원 채용, 능력 개발, 역량 강화 등 조직구성원들이 조직에 헌신할 수 있도록 동기부여하고 유지하는 총체적인 관리 활동을 말한다(신복기 외, 2021; 최성재 · 남기민, 2020).

2) 인적자원관리의 목적과 중요성

인적자원관리는 조직의 목표달성에 기여하도록 하고, 구성원의 욕구를 충족시켜 직무에 대해 동기를 부여하며, 조직의 생산성 및 작업환경의 질을 향상시키고, 서비스의 효과성을 달성하는 것을 그 목적으로 한다(생각의 마을, 2023).

또한 인적자원은 조직의 가치 창출과 경쟁우위 확보에 중요한 역할을 담당하는 전략적 자산(strategic asset) 중 하나로 인적자원 관리를 통해 우수한 인적자원을 효과적으로 확보 · 개발 · 활용할 경우 조직성과를 향상시키고 조직의 지속적인 경쟁우위를 확보하는 데 기여할 수 있다(김주리, 2021; 원석조, 2022).

3) 인적자원관리 체계

사회복지조직은 서비스 대부분을 사회복지사가 이용자에게 직접 제공하므로 기관의 종사자는 단순한 경영자원이 아니라 서비스 질을 결정하는 중요한 요소이다. 사회복지조직의 인적자원관리는 서비스 제공 주체로 종사자를 이해하고 그들의 가치를 높이는 데 주력해야 한다. 인적자원관리 시스템은 ❙그림 8-1❙과 같이 채용과 능력개발 등에 의해 조직에 필요한 인재를 확보 · 육성하고 적재적소에 배치하도록 하고 있다. 노동조건을 정비하고 인사고과를 실시하며, 보수를 제공하는 관리활동으로 이루어지며, 급여제도와 교육연수제도와 같은 개별 제도와 각 요소가 유기적인 연결을 지니고 시스템 전체가 한 몸처럼 운영되어야 한다(신복기 외, 2021; 원석조, 2022).

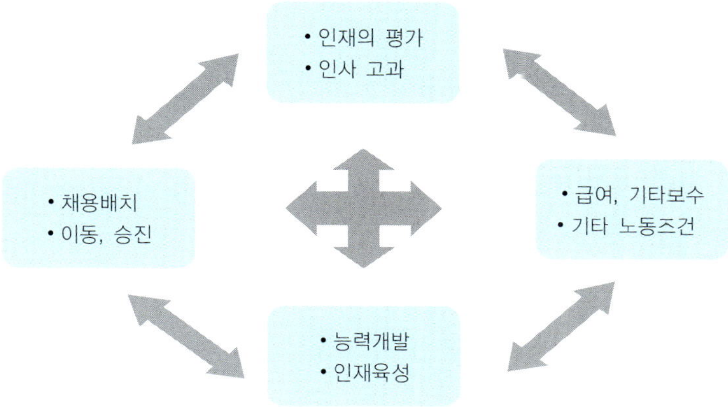

| 그림 8-1 | 인적자원관리 시스템

출처 : 신복기 외(2021), p. 203.

4) 인적자원관리의 과정

인적자원관리는 기관의 목적 달성을 위해 어떤 기술을 소유한 인력을 어느 정도 필요로 하며, 또 언제 선발할 것인가 등에 대한 인사충원의 전반적 계획을 의미하며, 인사 계획 과정에서 직무분석, 직무기술서 그리고 직무명세서와 같은 필수적인 활동이 이루어져야 한다(신복기 외, 2021).

(1) 인사방침 수립

장기적인 서비스 경영전략에서는 누구에게, 어떤 서비스를 어떻게 제공할 것인가에 대한 기본적인 관점을 정리한다. 이에 따라 조직경영 전략이나 사업 영역에 근거하여 인사방침을 결정한다. '사회복지인력의 수요'가 지속적으로 증가할 것으로 예상되지만, 경기상황이나 산업동향, 종사자 처우 문제 등으로 인해 적절한 인재 확보에 어려움이 생길 수 있다. 따라서 서비스 제공의 성공은 적절한 인재를 확보할 수 있는지 여부에 달려있으므로 계획에 맞는 인사지침을 잘 설정하는 것이 중요하다(원혜연, 2023; 최성재 · 남기민, 2020).

(2) 인재확보 방법

인재확보의 일반적 방법은 '채용'이다. 채용에 의해 노동력을 조달하며 조직에 필요한 인재 수요를 충족하고 채용된 지원자는 대표자와 고용계약을 체결한다. 인재확보 방법은 다음과 같이 세분화되어 있다(강종수, 2019; 최성재 · 남기민, 2020).

① 고용관계에 근거한 정규직원
② 고용관계는 있지만 기간과 일수, 노동시간 등 고용계약 내용이 다른 비정규직원
③ 직접적인 고용계약 없는 인력파견
④ 업무위탁

채용의 경우 인사방침에 근거하여 필요한 직원의 기술 · 자질 · 능력, 규모, 시기 등을 결정해야 한다. 충원계획을 세우고 다음과 같은 직무분석을 거쳐 직무기술서와 직무명세서를 작성한다(생각의 마을, 2023; 신복기 외, 2021).

① **직무분석**
직위에 해당하는 과업을 분석하여 업무에 수반하는 의무와 자격을 명확히 함으로써 적합한 지원자를 판단하기 위한 기준이다. 그 내용에는 업무수행 시간이나 과업분류, 기술수준과 자격 등 직무담당 인력의 특성 등이 제시된다.

② **직무기술서**
직무의 성격과 내용, 수행방법, 직무를 통해 기대되는 결과 등을 서술해 놓은 문서이다. 예를 들면, 소속부서 등 다른 사람과 구별시켜 주는 직무명칭, 직무의 목적과 기대되는 결과를 서술하는 직무개요, 직무수행에 필요한 도구와 장비를 명시한 장비, 작업조건과 수행장소 등의 환경적 특성, 직무 관련 요구되는 책임과 행동 등 작업활동과 관련된 내용이 포함된다.

③ 직무명세서

업무수행을 위한 역량이나 자질에 대한 직두수행 요건을 서술하는 것으로, 특정한 직무를 효과적으로 수행하는 데 필요한 종사자의 지식과 기능, 능력 등을 제시한다. 예를 들면, 교육수준과 경력, 학문적 지식과 실무지식 등이 포함된다.

〈표 8-1〉 직무기술서와 직무명세서 비교

직무기술서	직무명세서
• 직무의 특성 기술 1. 직무 명칭 2. 직무 개요 3. 장비 : 직무를 효과적으로 수행하는 데 필요한 도구, 장비, 정보 등을 명시 4. 환경 : 작업조건, 직무수행장소, 소음 등의 직접적인 환경적 특성 5. 직업활동	• 직무에 요구되는 인적요건 기술 1. 직무수행에 필요한 지식, 기술 2. 담당자의 능력 및 적성 3. 담당자의 경험 및 경력 4. 직무 자격요건 예 사회복지사 1급 자격증 소지자, 운전면허 1종 소지자, 컴퓨터활용능력 2급 이상 소지자 우대, 사회조사분석사 2급 이상 소지자 우대 등

출처 : 생각의 마을(2023), p. 197 재구성.

(3) 모집

선발을 전제로 신규채용 희망자에게 채용에 대한 정보를 제공하여 유능한 인재들이 지원하도록 공석 중인 직위에 유치하는 과정이다. 모집의 목적은 전문적으로 유능하고, 클라이언트 및 다른 직원들과 원만한 대인관계를 맺을 수 있는 능력을 지닌 직원을 고용하기 위함이다. 모집 절차는 먼저 모집할 직위에 대한 직무분석을 하고 직무의 종류 및 내용, 직무 수행을 위한 자격요건 등을 중심으로 작성한다. 모집공고에 포함될 내용은 직무명, 직무분류 및 봉급범위, 근무지역 및 직무부서, 직무명세서, 최소한의 자격요건, 시험 및 면접 일시, 신청절차, 지원신청 마감일시 등이다(손용근 외, 2022; 원석조, 2022).

좋은 모집이 되려면 인사담당자 및 기타 관리자가 사전에 채용될 직원의 역할 및 책임에 동의할 필요가 있다. 좋은 모집은 다음과 같이 설명할 수 있다(전해황 외, 2021).

① 공개모집, 대학 및 교육기관 모집, 사회복지사협회 활용, 인턴십제도 활용, 홈페이지 게재, 인터넷에 의한 구인등록, 민간유료직업 소개 사이트 등록 등을 적절히 활용하여 구인활동을 실시하는 것이 바람직하다.

② 유능한 직원을 채용하기 위해서는 구직자가 사전에 얻을 수 있는 정보제공이 필요하며 인사담당 직원의 역할도 중요하다. 지원자를 어디서 모집하느냐에 따라 기관의 내부모집과 외부모집으로 나뉜다.

(4) 선발

직원선발에서는 조직의 요구와 기대 그리고 채용될 사람의 요구가 중요하다. 인사방침과 충원계획, 직무분석 등이 구체화되면 선발기준을 만든다. 구체적으로는 서류전형, 필기시험, 면접시험, 건강검진 등의 복수의 결과를 거쳐 종합적으로 판단할 필요가 있다. 직원선발의 방법으로 시험과정은 객관도, 타당도, 신뢰도가 있어야 한다. 표준화된 시험방법으로는 서류전형, 필기시험, 면접시험 등이 있으며, 다음과 같이 설명된다(신복기 외, 2021; 최성재 · 남기민, 2020).

① 서류전형

이력서 및 각종 지원서류 등과 같은 입사원서를 통해 지원자의 개인적 성장과정, 학력, 근무경력 등의 개인적 정보를 확인할 수 있다.

② 필기시험

지원자의 능력, 성격, 흥미 등에 대한 자료 확보를 위해 활용한다. 또는 지원자로 하여금 직무의 일부를 수행 가능하게 하는 실무능력 검사도 병행할 수 있다.

③ 면접시험

대인서비스를 제공하는 복지조직에서는 매우 중요한 방법으로 지원자의 지식, 기술, 능력을 평가하는 목적이 있다.

(5) 임용(지명)

사회복지조직에서 직원의 임명은 관리자에게 조직을 해석하고 설명할 기회를 제공한다. 직원에게 조직의 목표, 조직구성, 조직의 직원들, 이사회 그리고 환경으로서의 지역사회에 관한 정보가 제공되어야 한다. 새로운 직원에게 구체적인 직무에 대해 설명하고, 능력과 경력에 걸맞은 보수, 근무조건, 휴가, 복무규정 등을 알 수 있도록 계약서를 체결하는 절차이다.

(6) 오리엔테이션(신입직원 훈련)

신입직원에 대해서 개별적 혹은 집단적으로 임용과정에서 개괄적으로 제시된 조직(기관)의 목표, 부서의 서비스, 업무, 보수 및 근로조건 등에 대하여 소개하는 과정이다.

(7) 평가

직원에 대한 평가는 직무수행평가를 통하여 이루어지며, 평가결과는 승진이나 임금의 기초자료로 활용된다. 직무보수 교육이나 업무개선의 필요성을 획득하는 과정으로 직무수행과 관련된 구체적 내용, 조직 내외의 대인관계에 관한 평가가 포함된다.

(8) 승진

직무수행의 결과를 평가하고 그에 상응하여 임금이나 직위를 상승시키는 과정이다. 건전한 행정은 승진의 기준과 절차를 명확하게 규정해야 한다. 승진의 고려 요소는 근무연한, 업무수행 능력, 근무성적평정, 면접시험, 교육훈련 성적, 상벌사항 등이 해당된다.

(9) 배치와 이동

인사이동은 직원 개인의 경력을 개발하고 능력이나 기술 등 인재의 가치를 향상시킬 목적으로 실시한다. '경력개발'이란 개인의 의지와 희망, 조직을 어떻게 조화시킬 것인가의 문제이다. 최근 '경력컨설팅'이라는 시스템을 통해 개인 종사자의 경력에 대하여 기업 내에서 컨설팅을 하여 개인의 희망과 기업의 욕구를 매칭하기도 한다. 사회복지조직은 전문성이 강하고 이동범위가 한정되어 있다. 또한 직종을 한정하여 채용하는 경우가 많아서 과업의 범위가 제한되고 배치전환과 이동이 서비스 실천내용의 변화를 수반하므로 영리기업에 비하여 조직 내부에서 직원의 유동성이 낮다.

이동은 경영적 필요성에 의해 이루어지지만, 직원의 사정이나 희망을 스스로 통보하려 '자율신고제도'로 직원 사정과 조직 인사정책을 조화시킬 수도 있으며, '사내공모제'도 가능하다. 예를 들어, 신규 프로젝트 사업을 시작할 때, 기관 내에 모집공고와 같은 형식으로 자유롭게 응모한다. 근무지 이동으로 거주지 변경이 예상될 경우, 여러 가지 사정으로 불가능하여 처우가 다소 낮아지더라도 한정하여 선택하는 '근무지한정 직원제도'도 있다.

2. 직원능력개발

1) 직원능력개발의 목적

직원능력개발은 직원의 능력을 높일 수 있도록 고안된 조직 내 활동이다. 직원개발의 1차 목적은 직원의 지식과 기술 및 전문적 태도를 향상시켜 사회복지조직이 제공하는 서비스 효과성을 높이려는 데 있다. 2차 목적은 토론, 감정공유, 함께 활동하는 등 직원들 간의 상호작용을 통한 이해와 연대감을 높임으로써 조직효과성을 향상하는 데 있다(생각의 마을, 2023; 최성재 · 남기민, 2020).

2) 직원능력개발의 종류

직원능력개발은 크게 신규 채용자 훈련, 일반직원 훈련, 감독자 훈련, 관리자 훈련으로 구분할 수 있다(최성재 · 남기민, 2020).

(1) 신규 채용자 훈련

신규채용자 훈련은 적응훈련, 기초훈련, 오리엔테이션(orientation)으로 조직과 서비스 및 지역사회를 직원에 소개하는 것을 말한다. 보통 조직의 역사, 서비스, 기본정책, 규정, 절차, 조직구조, 급여, 근두시간, 휴가 및 병가, 사무실 위치와 배치, 특별급여, 승진, 봉급인상 등을 소개한다.

(2) 일반직원 훈련

새로운 기술이나 기법 등의 습득을 통해 일반직원들의 직무수행 능력 향상을 목적으로 수행되는 교육훈련을 의미한다. 기존 직원에 대하여 업무수행능력을 개선시키거나 고취시키는 보수훈련으로서, 주로 업무에 필요한 새로운 기법의 습득과 가치관, 태도 변화를 위한 교육 프로그램 등이 있다.

(3) 감독자 훈련

감독자 훈련은 슈퍼바이저, 즉 1인 이상의 부하를 통솔·감독하는 일선의 지도감독자인 계장이나 과장의 훈련을 말한다. 훈련 내용은 업무의 전체 분야로서 사기진작, 리더십, 의사전달, 인간관계, 인사관리 등이며, 훈련방법은 강의, 회의, 토의방법, 사례발표(개인별, 팀별)가 있으나 회의(conference)가 가장 많이 활용되고 있다.

(4) 관리자 훈련

관리자 훈련은 감독자보다 직위가 높은 중·고급관리자에 대한 훈련이다. 교육내용은 정책 수립과 리더십 관련 교육으로서, 훈련방법은 사례발표, 회의, 토의, 신디케이트[1])가 있다.

---

1) 신디케이트(syndicate)는 분임 토의로서 10인 정도의 소수가 한 조를 이루어 일정한 결론에 도달할 때까지 계속 토의를 진행하는 방법이다(나눔의 집, 2022).

3) 직원능력개발 방법

직원능력개발은 다양한 방법으로 이루어질 수 있으며, 보편적으로 활용되는 방법은 다음과 같다(생각의 마을, 2023; 최성재 · 남기민, 2020).

(1) 강의

강의는 일정한 공간에 조직원들을 모이게 하여 상급자나 전문 외부 강사를 동원하여 전문지식과 기술 및 태도를 학습하게 하는 방법을 말한다. 강의가 끝난 후에는 질문과 토론할 시간을 허락해 주는 것이 바람직하다. 그러나 강사가 유능하지 못하거나 직원이 성의가 없을 경우 강의의 효과가 떨어질 수 있다.

(2) 회의

회의(conference)는 특정 주제에 대해 토의 및 논의가 이루어지는 공식적 모임으로 집단을 대상으로 한 명 또는 그 이상의 연사들이 각자의 견해를 발표하고 참석자들과의 상호의견 및 정보교환을 강조한다.

(3) 포럼

포럼(forum)은 2명 이상의 토론자들이 발언과 함께 질문이 이어지는 심포지엄 방식과 유사하지만 토론자 간이나 청중과 토론자 사이에 의견 교환과 합의가 이루어지는 방식이다. 직원 모두가 발언할 기회를 공정하게 부여해야 한다.

(4) 패널토의

패널토의(panel discussion)는 참가자 대표 또는 강사를 3~5명 정도 선정하여 사회자의 진행에 따라 특정 문제를 중심으로 좌담회 형식으로 토론 후 청중의 의견을 교환하는 방식이다.

(5) 계속교육(보수교육)

계속교육은 신입직원으로 채용된 후 전문성을 강화하기 위하여 재직기간 중 직무연수를 하게 하는 방식이다. 지속적이고 새로운 전문지식 습득 방법 중 하나로 직무연수 방식으로 제공된다. 지역사회의 필요 및 구성원의 욕구에 따라 융통성 있게 실시할 수 있다.

(6) 슈퍼비전

슈퍼비전(supervision)은 실제 직무를 수행하면서 직장 상사로부터 직무에 관한 지도감독을 받는 것을 의미하며, 특히 사회복지조직의 직원개발에서 중요한 역할을 차지하고 있다. 사회복지조직에서 활동하고 있는 직원들이 전문성과 능력을 최대한 발휘할 수 있도록 교육, 지도, 원조하는 것을 의미하며, 정신건강사회복지, 의료사회복지, 사례관리 영역에서 활발히 이루어지는 방법이다.

(7) 순환보직

순환보직(rotation)은 직장 내의 다양한 업무를 수행할 수 있는 능력 개발을 위해 다른 부서로 발령을 내는 것이다. 여러 보직을 맡으면서 경험을 넓힐 수 있는 장점이 있지만, 순환보직으로 인한 잦은 인사이동 등은 업무수행의 전문성을 저하시키고 행정의 일관성을 해칠 우려가 있다.

(8) 사내훈련

사내훈련(on the job training)은 직장 내에서 현장의 상사에게 개별지도를 받는 방식이다. 직장훈련, 현장훈련, 현장실무 교육이라고도 한다. 일상업무를 수행하면서 선임자가 후임자에게 업무수행의 지식, 기술을 학습 · 훈련하게 하는 것이다.

(9) 사례발표

사례발표는 다수의 구성원들 앞에서 사례(case)를 발표하고 가능한 개입 대안들에 대한 평가 및 토의로 이루어지는 직원개발의 일반적인 방법이다. 사례발표는 분석적 사고능력과 문제해결능력 개발에 도움을 줄 수 있는 반면, 사례선정이 잘못될 경우 참여자들의 무관심으로 인해 효과적이지 못할 수 있다.

(10) 역할연기

역할연기는 어떤 사례를 여러 직원들 앞에서 2인 또는 그 이상의 직원들이 실제로 연기한 후 여러 직원들이 이 연기를 평가하고 토론한 후 사회자가 결론적인 설명을 하는 것이다. 이 방법은 인간관계 훈련에 효과적일 수 있으나 역할연기를 위해 사전 준비가 많이 요구된다는 단점이 있다.

3. 슈퍼비전

1) 슈퍼비전의 개념

슈퍼비전의 개념은 라틴어의 '*super*(over, 위에서)'와 '*videre*(watch, 지켜보다)'의 합성에서 유래했으며, 그대로 번역하면 '타인의 직무에 대해 책임성을 유지하면서 지켜보는 감독자의 직무'이다. 사회복지 영역에서의 슈퍼비전이란 사회복지기관의 이용자들에게 최대한 효과적이고 전문적인 양질의 서비스를 제공하고, 직원 및 기관이 책무성을 실현할 수 있도록 보장하는 감독자의 직무를 의미한다. 이러한 책임을 적용하기 위해서 슈퍼바이저(supervisor)는 긍정적 관계의 상황 속에서 슈퍼바이지(supervisee)와 상호작용함으로써 행정적, 교육적 그리고 지지적 기능을 수행해야 한다(나눔의 집, 2023; 전해황 외, 2021). 슈퍼비전은 개별 또는 집단으로 진행하게 되며, 방법에는 사례자문, 공동작업, 직접 관찰, 녹화 또는 녹음, 온라인 방식, 역할극, 시범, 과제부여 및 보고 등이 있다. 슈퍼바이저는 슈퍼바이지의 발달수준, 목적 등을 고려하여 적절한 방법을 선택하여야 한다(나눔의 집, 2022; 이성남, 2018).

2) 슈퍼비전의 기능

슈퍼비전은 사회복지기관의 종사자가 업무를 수행하는 데 지식과 기능을 최대로 활용하고 그 능력을 향상시켜 효과를 높이기 위하여 원조하고 지도하는 일이다. 슈퍼비전의 목표는 클라이언트에게 효과적이고 질 높은 서비스를 제공하여 기관의 책임성을 높이는 데 있다. 따라서 슈퍼비전은 행정적 기능과 교육적 기능, 그리고 사회복지사의 의욕과 동기를 높이는 지지적 기능을 중요시 한다(김광래, 2020; 생각의 마을, 2023).

(1) 행정적 기능

행정적 슈퍼비전은 슈퍼바이저가 기관의 관리자로서 하급자에게 규정과 절차에 맞게 지시하고 이들을 지도하며 업무의 효과성을 높이기 위한 행정적 지원 역할을 의미한다. 슈퍼바이저는 특정한 클라이언트의 사례를 위임하고, 사회복지사의 사례관리와 서비스 제공을 감독하고 평가한다. 기관 관리자와 사회복지사의 의사소통을 촉진하는 역할과 함께 전반적인 기관 활동에 대한 행정적 조정과 통제의 임무를 수행한다.

(2) 교육적 기능

교육적 슈퍼비전은 사회복지사에게 업무수행을 위해 무엇이 필요한지를 알게 하고 이것을 배우도록 돕는 것, 즉 업무와 관련된 지식과 기술에 대해 교육하는 데 초점을 두는 활동이다. 아직 업무에 익숙하지 않은 신입 사회복지사에게 업무에 필요한 지식과 기술을 제공한다. 슈퍼바이저는 기관의 기본 가치, 임무, 목적에 대한 교육과 함께 다양한 서비스 실천이론과 모델에 대한 교육을 통해 사회복지사의 문제해결능력과 실천기술의 향상을 도모한다(생각의 마을, 2023; 전해황 외, 2021).

(3) 지지적 기능

지지적 슈퍼비전의 핵심은 사회복지사의 개별적 욕구에 관심을 가지고 사회복지사 스스로 업무를 수행할 수 있도록 용기를 북돋워 주고 지지해 주는 것이다. 슈퍼바이저는 슈퍼바이지들이 받는 스트레스와 긴장을 예방하거나 완화시킬 수 있는 방법으로 대처할 수 있게 도와주어야 할 책임이 있다. 지지적 슈퍼비전의 목적은 단지 부정적 감정의 감소나 제거에 있는 것이 아니라 완전한 정서적 건강과 인간의 목적 성취 능력의 최대화에 있다. 이런 의미에서 지지적 슈퍼비전의 책임을 이행하는 슈퍼바이저는 안정감을 주고 좀 더 긍정적인 생각과 유쾌함을 주도록 노력해야 한다(강종수, 2019). 또 단순히 실패를 막는 역할이 아닌 강점을 강화하고 동기를 부여함으로써 사회복지사가 최선의 노력을 도출해 낼 수 있는 태도와 감정을 발달시키는 것이 중요하다. 지지적 슈퍼비전의 내용은 다음과 같다(전해황 외, 2021).

① 긴장관리

미해결의 긴장과 갈등은 사회복지사의 존엄성과 조직의 안정 모두에 유해한 영향을 미친다. 스트레스는 업무수행 기준과 조직목표의 모호성, 서비스와 욕구 간 조화의 불확실성, 조직과 클라이언트의 획득 가능 자원의 불충분성과 관련될 수 있다. 갈등은 대개 클라이언트, 기관, 전문직의 모순되는 요구와 관련된다.

② 피드백

개인적 피드백은 슈퍼바이지의 태도와 행동을 달라지게 할 수도 있다. 개인적 피드백은 대개 슈퍼바이지의 일에 초점을 두며, 이 같은 피드백은 슈퍼바이지가 효과적으로 기능을 수행하고 기관에 대한 헌신성에 필요한 심리적이고 대인관계적인 자원을 보충하도록 돕는다. 피드백에는 잘한 일에 대한 칭찬뿐 아니라 실수나 부적절한 업무행동에 대한 건설적인 비판적 피드백도 포함한다.

③ 상호존중

상호 인간관계를 발전시키고 유지하는 데 기여하는 필수요인은 신뢰, 배려, 개방성 등이다.

④ 사기진작

슈퍼바이지가 하는 업무와 중요한 기관자원으로서의 그들의 역할과 공헌에 대해 긍정적 감정을 육성할 수 있도록 슈퍼바이지의 사기를 고양시킨다.

⑤ 상호의존

조직이 더 복잡해지고 전문화될수록 상호의존은 더욱 중요해진다. 기관은 목표를 달성하고 클라이언트의 욕구를 채워주고, 사회복지사는 개인의 역량을 초월하는 성과를 창출할 수 있도록 자원을 한 곳으로 집중시키기 위해 함께 일할 수 있어야 한다.

행정적, 교육적, 지지적 슈퍼비전을 비교·요약하면 다음과 같다.

〈표 8-2〉 행정적·교육적·지지적 슈퍼비전 비교

구 분	행정적 슈퍼비전	교육적 슈퍼비전	지지적 슈퍼비전
내용 측면	업무에 필요한 자원접근이 가능하도록 조직적 구조 제공	업무수행에 필요한 기술과 지식 제공	효과적 업무수행을 위한 정서적 에너지 제공
효과성 측면	활용 가능한 자원과 조직의 구조적 효과성 증진	향상된 지식과 기술로 사회복지사의 효과성 증진	과업 수행을 강화하는 사기 증진, 스트레스 감소, 사회복지사의 효과성 증진
영역 측면	힘, 위치, 보상, 권위	전문가로서의 힘	자아 지지
사회복지사 역할모델 측면	효율적 사회복지사	유능한 사회복지사	열의 있고 이해심 있는 사회복지사

출처 : 최성재·남기민(2020), p. 442 재구성.

사회복지 분야에서 슈퍼비전이 강조되는 이유는 복지에서 '유일하게 올바른 해결'이란 존재하지 않기 때문이다. 동일한 사례라 하더라도 경제상황이나 인간관계, 상태 등에 따라 지원 내용이 달라진다. 다양한 상황에 대한 대처능력과 사회복지사의 질 높은 업무수행을 위해 업무지원(행정적), 구체적 사례에 대한 새로운 기술과 방법(교육적), 심리적 지지(지지적), 때로는 자조집단적 슈퍼비전이 필수적이다.

3) 슈퍼바이저의 자질

슈퍼바이저는 다음과 같은 자질을 갖추어야 한다(생각의 마을, 2023).

① 풍부한 지식
슈퍼바이저는 서비스에 대한 전문적 지식, 태도, 실천기술뿐만 아니라 조직에 대한 종합적인 지식(지식, 태도, 실천, 기술)을 갖추어야 한다.

② 실천기술과 경험 구비
슈퍼바이저는 스스로 클라이언트에 대한 문제해결의 경험과 기술을 갖추고 있어야 한다. 즉, 사회복지의 일반적 실천에 대한 능력과 특별한 실천방법에 대한 능력을 갖추고 있어야 한다.

③ 접근 용이성
슈퍼비전에 대한 사명감을 바탕으로 개방적 접근을 허용해야 한다. 위기상황 및 필요시에 하급자가 쉽게 접근하여 질문하고 그에 관한 지도를 받을 수 있도록 기회를 마련해야 한다.

④ 헌신적인 사명감
슈퍼바이저가 하급자에게 진정성 있는 슈퍼비전을 제공해 주고 지속적인 관심을 가져야 하며, 이는 하급자에게 신뢰감을 준다.

⑤ 솔직한 태도
자신의 능력에 대한 솔직한 태도를 가지고 슈퍼바이지에 대한 칭찬과 인정을 유지해야 한다. 하급자의 질문이나 문제에 답을 제시할 수 없을 때에는 자신의 입장을 밝히고 실수했을 때에도 솔직히 인정할 수 있어야 한다.

⑥ 긍정적인 보상

사람은 인정받고 칭찬받기를 갈망하므로 감사와 칭찬의 태도를 가지고 하급자에게 동기를 부여한다.

4) 슈퍼비전 모형

사회복지조직에 따라 다양한 형태의 슈퍼비전 모형이 나타날 수 있는데, 대표적으로 Watson의 모형과 Coulshed의 모형을 살펴보면 다음과 같다(생각의 마을, 2023).

(1) Watson의 모형

Watson은 다음과 같이 여섯 가지 유형의 슈퍼비전 모형을 제시하였다(생각의 마을, 2023; 이성남, 2018).

① **개인교습(교사)모델**(tutorial model) : 슈퍼바이저와 슈퍼바이지가 마치 개인 교사와 학생의 관계처럼 1 : 1의 관계를 통해 슈퍼비전을 주고받는 경우이다.

② **케이스 상담**(case consultation) : 업무자(사회복지사)와 상담인의 체계로서 형성되는데, 케이스에 대해 1 : 1 관계로 혹은 여러 사람들을 포함시켜 담당을 해준다.

③ **슈퍼비전 집단**(supervisory group) : 한 명의 슈퍼바이저와 한 집단의 슈퍼바이지들로 구성되며, 개인교습 모델의 확대된 형태이다.

④ **동료집단 슈퍼비전**(peer group supervision) : 특정한 슈퍼바이저가 지정되지 않으며, 동료 사회복지사가 동등한 자격으로 참여하는 형태이다.

⑤ **직렬 슈퍼비전**(tandem supervision) : 일종의 동료집단 슈퍼비전으로 두 명의 사회복지사가 동등한 자격으로 서로에게 슈퍼비전을 제공한다(예 지역조직팀장과 사례관리팀장의 상호 슈퍼비전).

⑥ **팀 슈퍼비전**(team supervision) : 가능한 한 다양한 성격을 가진 구성원들로

팀을 이루도록 의도한다. 구성원들에 의해서 어젠다(agenda)가 사전에 제안되고, 한 사례에 대한 결정은 구성원 간의 동등한 입장에서의 동료 상호작용(peer interaction)을 통해서 전달되는 형태이다.

(2) Coulshed의 모형

① **개인 슈퍼비전 모형/ 집단 슈퍼비전 모형** : 슈퍼바이저 1인이 몇 명에게 슈퍼비전을 주는가에 따라 구분한다. 즉, 1대 1의 관계 혹은 1대 다수의 관계로 구분한다.

② **직접 슈퍼비전 모형/ 간접 슈퍼비전 모형** : 직접 슈퍼바이저를 만나는 것과 기록이나 실험을 통해 간접적으로 슈퍼비전을 주는 것으로 구분한다.

③ **공식적 슈퍼비전 모형/ 비공식적 슈퍼비전 모형** : 슈퍼비전이 공식화되고 체계화되어 있는가 혹은 토의할 사항에 대한 사전 준비 없이 이루어지느냐에 따라 분류한다.

4. 동기부여

1) 동기부여의 과정이론

동기(motivation)라는 말은 '움직인다(to move)'라는 의미를 지닌 라틴어의 '*movere*'에서 유래된 것이다. 동기부여란 목표를 달성하기 위한 개인의 노력의 강도, 방향성 및 지속성을 설명하는 과정을 의미한다. 과정이론은 행동을 일으키는 요인에 관심을 가질 뿐만 아니라 행동형태의 과정, 방향, 선택에도 관심을 가지는 이론이다. 동기부여의 수준은 사람이나 시간에 따라 달라진다. 일반적으로 동기부여는 욕구-충동-목표-만족-욕구의 순환으로 이루어진다(신복기 외, 2021; 최성재 · 남기민, 2020).

동기부여 과정을 구체화시켜 보면, 동기는 개인의 욕구에서 발생하고, 그 강

도는 욕구의 결핍도에 의해 좌우된다. 발생된 동기는 욕구를 충족시키기 위한 목표지향적 행동으로 전환되는데, 이 과정에서 직무구조 리더십 등의 환경변수가 작용하여 개인의 행동을 자극하게 된다. 그리고 행동에 의한 노력의 결과로 목표에 도달하거나 소기의 성과를 올리게 되면, 이에 대한 보상과 인정이 만족감을 주거나 벌이나 실패가 좌절을 유발하면서 또 다른 욕구와 충동을 야기할 수 있다(신복기 외, 2021). 이러한 과정을 도식화하면 다음 |그림 8-2|와 같다.

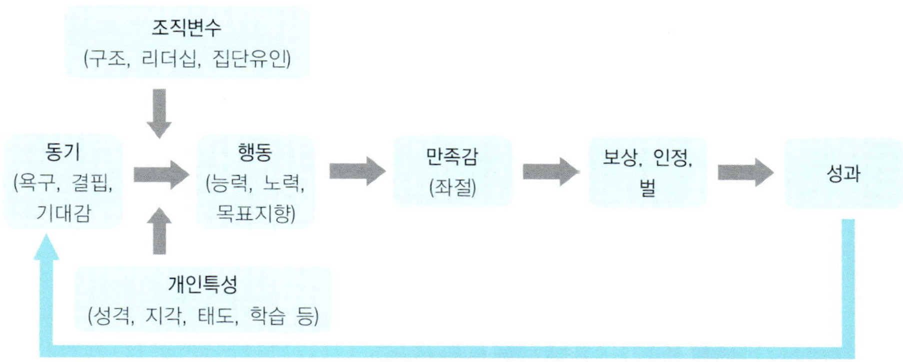

|그림 8-2| 동기부여의 과정

출처 : 신복기 외(2021), p. 238.

동기부여의 과정이론은 조직구성원에게 어떠한 방법으로 욕구를 충족시켜 줄지 그리고 여러 가지 대안 중 어떤 특정 대안을 선택할지에 초점을 둔 이론이다. 과정이론의 대표적인 이론으로 Adams의 형평성 이론, Vroom의 기대이론이 있다(생각의 마을, 2023).

(1) Adams의 형평성 이론

Adams는 자신이 기울인 노력이나 공헌에 비해 보상의 크기를 준거인물인 타인과 비교하여 공정하지 못하다고 인지하면 그 차이를 줄이는 방향으로 동기가 생긴다고 보았다. 투입된 노력에 비해 보상이 과하다고 인지할 경우에는 심적 부담감을 느끼고, 보상이 작다고 인지할 경우에는 불평불만을 느끼기 때문이다.

(2) Vroom의 기대이론

Vroom의 기대이론은 VIE 이론이라고도 부른다. 동기부여는 결과의 보상에 부여하는 가치인 유의성(Valence), 성과 달성 시 바람직한 보상이 주어지리라고 믿는 정도인 수단성(Instrumentality), 자신의 노력이 성과를 달성하리라는 기대감(Expectancy)에 의해 영향을 받는다.

2) 동기부여 내용이론

동기부여 내용이론은 개인을 동기부여하는 요인들이 무엇인지에 대해 설명하고 있다. 사람들의 욕구와 상대적인 강도, 그 욕구를 충족시키기 위해 추구하는 목표 등을 규명하는 데 관심을 가진다(강종수, 2019; 신복기 외, 2021; 최성재 · 남기민, 2020).

(1) Maslow의 욕구단계이론(서열체계론)

심리학자 Maslow에 의해 제기된 이론이다. 인간의 욕구를 가장 낮은 것으로부터 가장 높은 것으로 올라가는 계층의 형태로 보고 어떤 욕구가 만족되면 그 욕구는 더 이상 동기유발 요인이 되지 않는다고 주장하였다(Maslow, 1943).

Maslow의 기본적인 욕구의 내용은 다음과 같다.

① **생리적 욕구** : 휴식, 수면, 음식, 물 등과 같은 기본적인 욕구로 본능과 유사

② **안전의 욕구** : 질서, 예측 가능한 환경, 불안, 공포로부터의 해방에 대한 욕구

③ **사랑의 욕구** : 타인, 배우자, 친구, 가족 등과 원만한 관계의 준거집단 소속 욕구

④ **존중의 욕구** : 자기존중의 욕구와 타인들의 존중받으려는 욕구로 구분, 자기존중은 성취나 능력, 독립에 대한 욕구를 내포, 타인에 대한 욕구는

위신, 지위, 인정, 관심의 욕구

⑤ **자아실현의 욕구** : 본인 스스로 성취할 수 있는 모든 것을 실현하기 위한 욕구(자아개발, 잠재력 실현)

(2) Alderfer의 ERG 이론

Maslow의 욕구단계설을 발전시켜 다섯 단계의 차원을 존재욕구, 관계욕구, 성장욕구의 세 가지 차원으로 축약하고, 각 욕구에 대한 첫 글자들을 따라 ERG라 명칭하였다. ERG이론에 따르면, 한 가지 이상의 욕구가 동시에 작용할 수 있으며 욕구들은 복합적 성격을 지닌다. 또한 Maslow의 욕구충족의 진행적 관점에서 벗어나, 어느 단계에서 욕구가 충족되지 않으면 하위단계의 욕구로 퇴행할 수 있음을 강조한다. 이 경우 욕구좌절(needs frustration), 욕구강조(needs strength)의 과정을 거쳐 욕구만족(needs satisfaction)으로 진행되는데, 즉 상위에 있는 욕구를 충족시키지 못할 경우 하위 욕구가 더욱 커지게 되고, 이를 충족시키고자 하는 욕구가 더욱 강해진다는 것이다(신복기 외, 2021; 최성재 · 남기민, 2020).

① **존재욕구**(Existence needs) : 배고픔, 갈증과 같은 생리적, 물리적 욕구(생리적 욕구와 안전의 욕구)

② **관계욕구**(Relatedness needs) : 직무 내외적 상호 인간관계에 관련된 모든 욕구를 포함(사랑의 욕구와 존중의 욕구의 일부)

③ **성장욕구**(Growth needs) : 개인과 직무에 대한 계속적 성장과 발달에 대한 욕망, 잠재능력의 개발 및 확장과 이에 따른 개인적 성장과 관련된 욕구(존중의 욕구 및 자아실현의 욕구)

(3) Herzberg의 동기위생이론

미국의 심리학자인 Herzberg가 직원들을 면담하며 직무만족에 영향을 주는 요소를 정리해 만든 이론으로 2요인 이론이라고도 불린다. 일은 인간의 기본적인 두 가지 욕구를 만족시켜야 하는데, 이는 심리적 성장과 만족을 성취하려는 욕구와 고통을 피하려는 욕구이다(최성재 · 남기민, 2020).

① **동기요인**(만족요인) : 직무에 만족을 느끼게 하는 요인으로 적극적 동기부여라고 할 수 있다. 위생요인보다 높은 수준의 욕구라고 할 수 있으며, 적극적인 면에서 진정한 동기부여가 되는 일의 내용과 심리적 만족, 성장 가능성 등과 관련이 있다(예 성취감, 인정, 책임감, 지식의 신장 등과 같은 직무 내적 요인).

② **위생요인**(불만족 요인) : 불만족으로 인한 고통을 의미하는 것으로 이 고통은 작업환경 속의 위생적(hygiene) 문제들이 원인이 된다. 즉, 결핍되어 불만의 원인이 될 경우 근무 의욕에 영향을 미치는 위생적 요인들이 소극적인 동기부여의 요소가 될 수 있다(예 기관정책, 감독, 인간관계, 작업조건, 적절한 봉급과 같은 직무 외적 요인).

Herzberg는 직원들의 불만 요인을 제거함으로써 근무의욕을 가질 수 있는 예방적(위생적) 조건을 구비한 후 동기부여를 하는 것이 바람직하다고 보았다(강종수, 2019; 김경도 외, 2021).

(4) McClelland의 성취동기이론

Maslow와 Alderfer의 이론이 일반적인 사람의 욕구에 초점을 둔 이론이라면 McClelland의 성취동기이론은 조직에 속한 사람의 욕구에 초점을 맞춘 이론이다. McClelland 성취동기이론은 조직 내에서 사람은 성취욕구, 권력욕구, 친화욕구를 가진다고 설명한다(강종수, 2019; 생각의 마을, 2023).

① **성취욕구**(need for achievement) : 높은 기준을 설정하고 이를 달성하고자 하는 욕구이다. 성취욕구란 어려운 일을 성취하려는 것, 물질 · 인간 · 사상을 지배하고 조종하고 관리하려는 것, 그러한 일을 신속히 그리고 독자적으로 해내려는 것, 스스로의 능력을 성공적으로 발휘함으로써 자긍심을 높이려는 것 등에 관한 욕구라고 규정하고 있으며, 성취욕구가 강한 사람은 성공에 대한 강한 욕구를 가지고 있다. 또 그들은 책임을 적극적으로 수용하고, 행동에 대한 즉각적인 피드백을 선호한다.

② **권력욕구**(need for power) : 다른 사람에게 영향력을 미치고 통제하려는 욕구이다. 높은 권력욕구를 가지고 있는 사람은 리더가 되어 남을 통제하는 위치에 서는 것을 선호하며 타인들로 하여금 자기가 바라는 대로 행동하도록 강요하는 경향이 크다.

③ **친화욕구**(need for affilation) : 대인관계에서 밀접하고 친밀한 관계를 맺고자 하는 욕구이다. 친화욕구가 높은 사람은 다른 사람들과 좋은 관계를 유지하려고 노력하며 타인들에게 친절하고 동정심이 많고 타인을 도우며 즐겁게 살려고 하는 경향이 크다.

성취동기이론에서는 사람들은 세 가지 주요 동기 중 하나를 가지고 있으며, 이런 동기 유발 요인들은 선천적으로 타고나는 것이 아니라 후천적으로 교육된다고 하였다.

(5) McGregor의 X · Y이론

McGregor는 『기업의 인간적 측면(The Human Side of Enterprise, 1960)』이라는 저서를 통해 X · Y이론을 주장하였다. 그는 과학적 관리론이 주장하는 인간관은 X이론에 근거한다고 보았다. 과학적 관리론에서는 인간의 생리적 욕구나 안전욕구와 같은 저차원적 욕구만 충족되면 생산성이 향상된다고 가정한다. 이와 달리 인간관계론적 인간관은 Y이론에 근거한다. 인간관계론에서는 작업자들도 사회적 욕구, 자존욕구, 자아실현욕구와 같은 고차원의 욕구를 가지고 있으며, 이러한 욕구가 충족되어야 인간다운 삶이 실현되고 생산성도 향상된다고 주장한다(강종수, 2019; 한봉익, 1976).

① X이론

인간은 작업을 통해서는 만족을 느낄 수 없고, 가능한 한 작업을 피하려고 하며 야망이나 독창성이 거의 없다고 보는 이론이다. 따라서 기업목표를 달성하기 위해서는 강제로 명령을 내리거나 처벌하는 등의 적극적인 지도가 필요하다는 것이다. X이론의 기본 가정은 다음과 같다.

㉠ 인간은 일을 싫어하고 회피하려 한다.

㉡ 인간은 명령받기 좋아하고 안전을 추구한다.

㉢ 인간은 창의성이 없다.

㉣ 인간은 지시받기 좋아하고, 책임을 회피하려는 경향이 있으며, 안전을 추구한다.

② Y이론

Y이론은 X이론과는 반대로 사람을 긍정적으로 파악하여 사람은 일을 즐기고 조건에 따라서 자기만족의 근원이 된다고 보는 이론이다. 따라서 이 이론에서는 일을 할 때 강제적인 분위기보다는 협력적인 분위기가 필요하다는 것이다. Y이론의 기본 가정은 다음과 같다.

㉠ 인간에게 일하는 것은 놀이나 휴식처럼 자연스러운 것이다

㉡ 인간에게 통제, 처벌, 위협 등은 인간을 통제하는 유일한 방식이 아니며 인간은 스스로 목표 달성을 위해 결정하고 행동할 수 있는 존재다.

㉢ 인간은 책임을 수용한다.

㉣ 인간은 창조력을 가지고 있다.

㉤ 인간은 자기지시 능력을 가지고 있다.

McGregor는 이 이론을 통해 조직에 있어서 인적자원의 통제근거를 밝혔는데, 경영자에게 X이론보다는 Y이론이 더욱 적절한 관리철학이며, 조직에 있어서 어떤 문제가 발생하면 Y이론의 관점에서 통제활동을 조정해야 한다고 주장했다.

1급 필수 요약

1. 인적자원 관리

- **인적자원 관리의 과정** : 인사방침 수립 - 모집 - 선발 - 임용 - 오리엔테이션 - 평가 - 승진
- **직무기술서** : 직무 자체를 기술한 것
- **직무명세서** : 직무수행자의 자격요건과 관련된 사항을 기술한 것

2. 직원능력개발

- **직원능력개발 종류** : 신규 채용자 훈련, 일반직원 훈련, 감독자 훈련, 관리자 훈련
- **직원능력개발 방법** : 강의, 회의, 포럼, 패널토의, 보수교육, 슈퍼비전, 순환보직, 사내훈련, 사례발표, 역할연기

3. 슈퍼비전

- **슈퍼비전의 기능**
  - 행정적 기능 : 직원채용, 선발, 임명, 업무 위임, 감독/ 평가
  - 교육적 기능 : 기관의 기본 가치, 임무 및 목적에 대한 교육, 서비스 실천이론과 모델에 대한 교육을 통해 사회복지사의 문제해결능력과 실천기술 향상
  - 지지적 기능 : 사회복지사의 개별 욕구에 관심, 동기부여와 사기 진작
- **슈퍼바이저의 자질** : 풍부한 지식, 실천기술과 경험, 접근 용이성, 헌신적인 사명감, 솔직한 태도, 긍정적 보상(칭찬과 인정)
- **슈퍼비전의 모형**
  - Watson의 모형 : 개인교습모델, 케이스 상담, 슈퍼비전 집단, 동료집단 슈퍼비전, 직렬 슈퍼비전, 팀 슈퍼비전
  - Coulshed의 모형 : 개인/ 집단, 직접/ 간접, 공식적/ 비공식적 모형

4. 동기부여

- **동기부여의 과정이론**
  - Adams의 형평성 이론 : 투입, 보상, 준거인물, 형평성
  - Vroom의 기대이론(VIE 이론) : 유의성, 수단성, 기대감
- **동기부여의 내용이론**
  - Maslow의 욕구이론 : 생리적 욕구, 안전의 욕구, 사랑의 욕구, 존중의 욕구, 자아실현의 욕구
  - Alderfer의 ERG이론 : 존재욕구, 관계욕구, 성장욕구
  - Herzberg의 동기위생이론 : 동기요인, 위생요인
  - McClelland의 성취동기이론 : 성취욕구, 권력욕구, 친화욕구
  - McGregor의 X · Y이론

CHAPTER 09

사회복지조직의 재정관리

1. 사회복지 재정관리의 개념과 유형
2. 예산수립과 관리
3. 예산수립의 절차 및 내용
4. 회계감사

09 CHAPTER 사회복지조직의 재정관리

사회복지조직은 전체 예산 중에서 정부보조금이나 민간후원금 기부금이 차지하는 비중이 크기 때문에 투명한 예산관리에 대한 책임이 크다. 사회복지기관의 재정관리는 기관운영에 필요한 재정을 계획, 집행하고 관리하는 과정이다. 재정이 없으면 기관이 존재할 수도 없고 또 클라이언트를 위한 서비스의 공급도 불가능하다. 따라서 조직의 목표달성을 위해 필요한 재정자원을 합리적이고 계획적으로 동원, 배분하고, 효율적으로 사용 · 관리하는 재정관리가 중요하다. 사회복지 행정가는 주어진 예산을 보다 효율적으로 활용하기 위하여 예산편성, 예산집행, 회계절차 등의 재정관리 활동에 대한 기본적인 지식과 기술을 지녀야 한다(생각의 마을, 2023; 신복기 외, 2021).

1. 사회복지 재정관리의 개념과 유형

1) 사회복지 재정관리의 개념

사회복지 재정관리는 국가 · 지방자치단체, 사회복지기관 등 조직이 목표달성을 위해 필요한 재정자원을 합리적 · 계획적으로 동원, 배분하고 효율적으로 사용 · 관리하는 과정이다. 예산수립, 예산집행(예산상의 수입 · 지출 활동 관리), 회계(수입과 지출 사항에 대한 기록 및 정리), 재정평가(재정관리의 전반적인 과정 평가)로 이루어진다(최성재 · 남기민, 2020).

사회복지행정에서의 재정관리는 조직의 목표 달성을 촉진하고, 법률과 전문직의 윤리 및 지역사회의 수준과 일치하는 방향에서 이루어진다. 사회복지조직의 재정자원은 일반 조직에서와 마찬가지로 가장 중요한 자원이 되며, 재정자원의 획득은 사회복지조직의 총제적 활동에 영향을 미친다. 따라서 재정관리란, 조직이 목표관리에 필요한 재정자원을 합리적이고 계획적으로 동원, 배분하고, 효율적으로 사용 · 관리하는 과정을 의미한다. 재정관리의 중요성은 다음과 같다(최칠성 외, 2022).

① 사회복지조직은 자원 의존적인 특성이 있으므로, 운영에 있어서 재원확보와 조달이 중요하다.

② 사회복지조직 재원의 투명하고 책임성 있는 재정운영은 사회복지조직에 대한 공신력을 향상시킨다.

③ 예산이 결정되어야 기관의 기획과 평가에 대한 노력이 실행될 수 있기 때문에 재정관리는 기관의 기획과정과 평가과정에서 중요한 영향력을 가진다.

2) 사회복지조직 재정의 유형

사회복지조직이 조직의 목표달성을 위해 사회복지정책을 사회서비스로 전환하는 데에는 많은 비용을 필요로 한다. 즉, 사회복지정책의 효과적 수행을 위해서는 다양한 재정자원의 확보가 우선적으로 필요하다. 사회복지재정의 재원은 정부보조금, 민간재정, 위탁비, 서비스 이용료를 들 수 있다(생각의 마을, 2023).

(1) 정부보조금

사회복지조직의 중요한 재원으로 정부보조금과 민간보조금이 있는데, 정부보조금이 많은 비중을 차지하고 있다. 정부보조금은 지속적이고 안정적이라는 장점이 있지만, 정부가 사업내용 제한 그리고 강제적인 재정보고를 요구하므로 사회복지조직은 업무량이 많아지고, 재량권을 제한받는 등의 외적 통제를 받는다. 오늘날 정부보조금이 빠르게 증가됨에 따라 정부보조금의 중복수급이나 부정수급, 자치단체의 정부보조금 집행 실적의 부진, 정부보조금 집행 잔액과 이자수익 미반납 과다, 자치단체의 정부보조금 명시이월[1] 과다 등의 문제가 발생하고 있다. 또한 정부보조금과 관련된 정부 간 재정관계가 제대로 재정립되지 못하여 복지재정의 과잉대응을 하거나 과소대응을 하는 비효율성이 누적되고 있다는 문제도 지적되고 있다(최순영 외, 2014; 최칠성 외, 2022).

공공재정으로서 사회복지행정 및 사회복지활동을 위한 재원은 정부의 일률적 보조금, 그랜트(grant)라 불리는 선택적 보조금, 정부로부터 받는 사회복지서비스 이용자의 소득별 부담으로서의 수입자부담금 등이 있다.

정부보조금의 주요 내용을 살펴보면, 인건비 지원, 관리운영비 지원(사회복지시설의 유형에 따라 관리운영비의 지원율 차등), 기능보강사업비 지원으로 시설의 신축이나 증축 및 개·보수비 지원 등이 있다. 정부보조금의 특징은 조직 운영에 있어 안정적이라고 할 수 있는 설립 초기에 승인된다. 점증주의 예산 방식으로 인해 지속적으로 지원될 가능성이 높다. 그러나 국가예산은 엄격한 통제하에 있어 엄격한 감독을 받기 때문에 재량권이 축소되어 서비스의 질에 부정적인 영향을 미칠 수 있다. 또한 관리가 복잡하고 예산 배정이 지연되는 경우 현금 유동성의 문제가 발생한다.

(2) 민간재정

민간재정에는 사회복지사업에 기부되는 기부금, 사회복지법인 및 사회복지사업 실시를 목적으로 설립되는 비영리법인 설립기부금, 지역 공동모금의 배분, 사회복지법인이 운영하는 자체수입금, 외원단체 원조금, 민간단체 지원금, 후원금 등 다양하다. 민간 비영리조직의 후원금은 시기나 사회적 환경 등에

1) 세출을 연도 내에 지출을 할 수 없을 것으로 예견되는 예산을 다음 연도에 이월하여 사용하겠다는 취지를 명백히 하여 미리 국회의 의결을 거쳐 다음 연도에 이월하는 제도를 말한다(시사경제용어사전, 2023).

변동하는 재정원이다.

민간재정에서 기부금(contributions)이란 개인이나 단체가 사회복지기관이나 기관의 프로그램에 조건 없이 받은 금품 또는 기타의 자산으로, 후원금이라고도 한다(현금, 현물 등). 기부금은 개인이나 사적인 기여로 사회복지조직 대부분은 후원자들의 자발적인 기부금을 확보하기 위해 많은 노력을 하고 있다. 최근에는 기부금에 대한 세제 혜택의 확대, 조직의 노력 여하에 따라 기부금 정도가 달라지기 때문에 행사, 전화, 개인방문, 모금 캠페인 등 다양한 방법을 동원하여 홍보를 하고 있다(생각의 마을, 2023; 최성재 · 남기민, 2020).

(3) 위탁비

본래는 국가 또는 지방자치단체가 행해야 할 사업을 민간 사회복지시설에서 실시하고 있는 경우로서, 그 대가로 기관이나 시설에 지불하는 비용을 위탁비라 한다(생각의 마을, 2023).

(4) 서비스 이용료

서비스 이용료는 클라이언트가 제공받은 서비스에 대한 비용을 지불하는 것으로 전체 비용을 지불할 수도 있고 일부를 지불할 수도 있다. 서비스 이용료의 종류는 다음과 같다(최칠성 외, 2022).

① **참가비**(participation fees) : 사회복지기관의 프로그램에 참여할 때 지불하는 일정액

② **고정이용료**(fixed fees) : 특정 프로그램을 이용할 수 있는 권리를 구입하는 비용

③ **슬라이딩 스케일 이용료**(sliding-scale fees) : 클라이언트의 지불능력을 고려한 이용료로 일정 소득 이하의 클라이언트는 이용료를 면제해 주고, 그 이상의 소득을 가진 클라이언트에게는 누진적 이용료를 부과하는 것

④ **공평 부담이용료**(fair fees) : 전체 비용을 참가자 수로 나눈 이용료(예 주말

여행경비 총액을 참가자 수로 공평하게 나누어 개인 이용료를 책정하는 방식)

⑤ **3자 지불 이용료**(third party fees) : 미국의 Medicare나 Medicaid, 우리나라의 장기요양보험(건강보험공단) 등과 같은 제3자가 사회복지기관의 서비스 이용료를 대신 지불하는 방식

2. 예산수립과 관리

1) 예산의 개념

예산(budget)이라는 용어는 프랑스어인 '*bougette*'(부제트-가방 또는 주머니)라는 말에서 유래되었다. 이는 영국의 재무장관이 재정에 관한 여러 가지 서류를 넣고 다니던 가방에서 예산안을 끄집어내어 의회에 제출하는 동작을 서술하는 것에서 유래된 말이다(최성재 · 남기민, 2020). 대부분의 사람들은 의식적이든 무의식적이든 예산작업을 하고 있다. 예산은 한정된 자원을 배분하는 의사결정 과정이며, 조직 목표 달성의 계획을 수치로 표현한다. 예산은 정부가 1월 1일부터 12월 31일까지의 회계연도 동안 조세 등을 통해 거두어들이는 수입과 정부 정책 및 사업에 필요한 지출 계획을 포괄한다. 이는 일정 기간 내에 소요자원과 가용자원을 추계하여 수치로 나타낸 재정 계획서를 의미한다(이규선, 2020; 최성재 · 남기민, 2020; 최일진, 2017).

2) 예산수립의 성격

예산수립은 1년간의 수입과 지출의 재정계획을 수립하는 것이다. 예산수립의 성격을 정리해 보면, 다음과 같다(최성재 · 남기민, 2020).

① 예산수립은 정치적 과정이다. 예산은 자원배분이 초점이 되고 자원배분에 대한 의사결정은 정치적으로 이루어진다.

② 프로그램 사업기획의 과정이다. 조직의 목표달성을 위한 사업 수행을 위한 것이고 사업기획 절차와 병행 · 통합된다.
③ 프로그램 사업관리의 과정이다. 관리자가 조직 단위의 활동과 그 책임자 및 시행일정을 검토한다.
④ 회계절차다. 예산서는 회계 담당자가 자금의 내적 · 외적 흐름을 통제하고 재정활동을 승인하는 근거가 된다.
⑤ 인간적인 과정이다. 클라이언트 예산을 집행하는 조직성원과 지역사회 성원들에게 큰 영향을 미친다.
⑥ 미래를 변화시키는 과정이다. 장래의 활동계획에 대한 재정계획이므로 미래의 목표를 새로 설정할 수 있고 이에 따른 새로운 활동을 한다.

3) 예산제도의 유형(예산모형)

공식화된 예산관리의 접근방법 또는 모형을 예산제도라 한다. 중요한 예산제도의 유형에는 품목별 예산제도, 성과주의 예산제도, 기획예산제도, 영기준 예산제도 등이 있다(생각의 마을, 2023: 심의영, 2021; 최성재 · 남기민, 2020).

(1) 품목별 예산제도

품목별 예산제도(LIB : Line-Item Budgeting)은 단순하고 간편하여 정부와 비영리조직에서 예산모형 중 가장 일반적으로 사용하고 있는 모형이다. 대개 1회계연도를 기준으로 작성한다. 품목별 예산을 항목별 예산이라고도 한다. 품목별 예산은 다가오는 해의 계획된 총비용을 보여주기 위해 사용되는 기관의 총영역과 돈의 액수를 목록화한 것이다. 구체적인 대상품목은 목적이나 이유보다는 그 자체의 성격별로 구분한다. 예를 들어, 급료는 봉급, 수당, 일급 등을 의미하고, 소모품은 의약품, 식품, 음료, 사무용품 등이 해당된다.

품목별 예산제도는 점증주의적 특성을 지닌다. 점증주의는 예산을 이전의 예산으로부터 점증적으로만 달라지게 하는 원리이다. 예를 들어, 올해 예산 중

사례관리사업에 100만 원을 책정했다면 다음 해에는 이 기준보다 20%를 증액시켜 120만 원으로 배정하는 것이 점증주의 예산편성이다(생각의 마을, 2023).

〈표 9-1〉 품목별 예산제도의 예

(단위 : 원)

지출항목	2022년도 예산	2023년도 예산	
		제 출	승 인
급 여	85,460,000	96,500,000	90,000,000
건물 임대료	6,155,000	7,000,000	7,000,000
프로그램 운영비	9,135,000	10,100,000	9,800,000
소모품비	3,650,000	4,000,000	3,900,000
복리후생비	4,653,000	5,000,000	4,700,000
총 계	109,053,000	122,600,000	115,400,000

출처 : 생각의 마을(2023), p. 223.

(2) 성과주의 예산제도

성과주의 예산제도(PB : Performance Budget)는 성과를 중심으로 예산을 운용하여 투입보다 산출에 초점을 맞추기 위해 예산을 항목별이 아닌 정부 조직별 혹은 사업 활동별로 편성하는 결과중심적 제도이다. 다른 말로 기능주의 예산(functional budget)이라고도 부르며, 공공부문에서 제공하는 서비스나 재화 등에 대한 목표를 설정하고 이와 관련하여 실행계획을 수립한 후 계획의 실행 과정 및 결과에 대하여 성과를 측정하고 평가하는 과정에 예산을 연계하는 제도이다(심의영, 2021). 즉, 성과주의 예산모형은 1회당 얼마의 비용을 들여 몇 명에게 서비스를 제공할 것인가의 산출에 초점을 둔 모형이다.

성과주의 예산에서는 각 사업별 업무단위를 측정하여 업구를 양적으로 표시하고 그 원가를 기준으로 예산을 편성한다. 그리고 정부사업의 성과와 그 수행결과를 평가할 수 있도록 미리 성과표준을 결정하고 그에 따라 성과분석과 내부통제를 할 수 있게 한다. 성과주의 예산이 효과적으로 운영되기 위해서는 다음과 같은 조건을 필요로 한다(정택문 · 정강원, 2020).

① 업무계획 수립에서 정부의 각 기관은 중앙예산기관과 긴밀히 협조해야 한다.
② 사업계획과 정부조직의 배열은 조화를 이루어야 한다.
③ 개별적인 사업은 업무측정의 단위로 표시되어야 한다.
④ 회계연도 전체를 통해 사업진척 상황을 파악할 수 있는 보고제도가 마련되어야 한다.
⑤ 사업별 및 사업단위별로 지출을 통제하는 재정체계가 구분되어야 한다.

〈표 9-2〉 성과주의 예산모형 예시

(단위 : 원)

예산항목*	2022년도 예산	2023년도 예산	
		제 출	승 인
아동 급식 프로그램	25,000,000	36,000,000	32,400,000
목표 클라이언트 수	50(명)	60(명)	60(명)
단위비용			
클라이언트당	500,000	600,000	540,000
급식당	2,500	3,000	2,700
부모 교육 프로그램	8,000,000	9,600,000	9,600,000
목표 클라이언트 수	100(명)	120(명)	120(명)
단위비용			
클라이언트당	80,000	80,000	80,000
시간당	8,000	8,000	8,000
⋮	⋮	⋮	⋮

* 예산항목의 일부만 표시

(3) 기획예산제도

기획예산제도(PPBS : Planning Programming Budgeting System)는 예산과 계획기능의 연계를 강조하는 제도이다. 이 제도는 장기적인 사업계획을 세우고 실천하기 위한 당해 연도의 프로그램 계획과 이를 뒷받침하는 예산을 통합하여 수립하는 예산체계이다(생각의 마을, 2023). 기획예산제도에서 의사결정은 중앙집권적이며, 점증적인 것이 아니라 목표달성지향적이다. 예산편성 이전의 계획단계가 예산과정에 중요한 영향을 미친다.

기획예산은 자원을 요청하는 사회복지조직이 그 목표를 성취하기 위해 드는 비용을 계산한 것으로, 자원을 제공해 주는 기관들에게 가장 유용한 정보를 담고 있다. 그러나 사회복지조직의 목표의 불확실성, 개입기술의 불확정성, 성과평가의 어려움 때문에 프로그램 계획예산이 널리 사용되기에는 한계가 있다. 또한 이러한 작업을 위해서는 많은 시간과 비용이 요구된다(생각의 마을, 2023).

〈표 9-3〉 기획예산제도 모형의 예

(단위 : 원)

예상항목	2022년도 예산	2023년도 예산	
		제 출	승 인
아동 급식 프로그램 3,000,000의 총비용으로 300명의 지역아동센터이용 아동의 식생활 개선	....	3,000,000	3,000,000
사회교육 프로그램 24,000,000원의 총비용으로 500명의 어르신의 심리·정서적 안정 도모 및 사회적 기능 강화	....	24,000,000	24,000,000
자원봉사자 교통비 지급 1,200,000원의 총비용으로 자원봉사자 400명의 지역사회 봉사활동 지원	....	1,200,000	1,200,000

출처 : 생각의 마을(2023), p. 226.

(4) 영기준 예산제도

영기준 예산제도(ZBB : Zero-Base Budgeting)는 전년도 사업이나 관행에 구애받지 않고 매년 영(zero)의 수준 또는 백지수준에서 새로이 예산을 결정하는 제도이다. 이 제도는 전년도 예산을 기준으로 하여 점증적으로 예산액을 결정하는 데에서 생기는 폐단을 시정하기 위해 개발한 것이다. 전년도와 유사한 사업이라도 그 사업의 목적, 방법, 효과, 경비 등을 '영의 수준에서' 또는 '처음

입안한다는 생각으로' 검토하여 우선순위와 예산액을 책정한다. 영기준 예산 모형은 미리 정한 사업기간이 종료되면 별도의 조치를 취하지 않는 한, 자동적으로 폐지된다는 점에서 일몰법(sunset low)과 관련이 깊다. 다음은 품목별 예산제도, 성과주의 예산제도, 기획예산제도, 영기준 예산제도의 특징을 비교한 내용이다(생각의 마을, 2023).

〈표 9-4〉 예산수립 모형의 특징 비교

모 형	특 징
품목별 예산제도 (LIB)	• 전년도 예산이 주요 근거가 됨(증분주의) • 회계 계정별, 구입품목별로 편성 • 통제기능 • 회계자에 유리(재무과)
성과주의 예산제도 (PB)	• 효율성 중시 • 관리기능 • 관리자에 유리(사업부서)
기획예산제도 (PPBS)	• 장기적 계획을 전제 • 목표 달성을 강조 • 계획기능 • 의사결정의 중앙집권화 • 계획자에 유리
영기준 예산제도 (ZBB)	• 목표달성을 위한 다양한 사업 고려 • 사업의 비교평가에 기초한 우선순위로 사업을 선택 • 성과(결과)의 한계 증가량에 관심 • 의사결정기능 • 예산의 절약과 프로그램의 쇄신 기여 • 클라이언트에 유리

출처 : 생각의 마을(2023), p. 228 재구성.

3. 예산수립의 절차 및 내용

사회복지조직에서 예산은 수입 · 지출의 예정적 계산으로서 정해진 기간에 예상되는 수입과 의도한 사용을 목록화하는 중요한 도구이다. 조직의 목표를 금전적으로 표시하고, 일정 기간 동안의 재정활동에 대한 감시장치를 제공한다.

예산의 성공과 실패는 조직 관리자의 관여에 달려있다. 그러므로 모든 관리자는 그들의 조직 운영에 대하여 목표를 가지고, 예산체계와 관련해서 목표를 공식화하고 이해하여 직원의 활동을 모니터하는 과정을 거친다(김제선, 2021; 신복기 외, 2021).

1) 예산의 편성

예산편성은 예산총계주의 원칙에 따라 1회계연도의 모든 수입은 세입으로 하고 모든 지출은 세출로 하되, 세입과 세출은 모두 예산에 계상하여야 한다.

예산편성의 주요 기능은 조직을 운영하는 기능으로 법적 기능(사회복지시설 운영자에 대하여 예산의 집행권한을 부여), 재정적 기능, 행정적 기능을 가진다. 최근에는 관리기능과 기획기능이 강조되고 있다. 예산편성의 주요 기능은 다음과 같다(기획재정부, 2023).

① **관리** : 효율적으로 목표 달성을 하는 과정으로 최소한의 예산으로 신속하게 목표를 달성하는 기능을 가진다.

② **통제** : 계획된 목적에 예산을 사용하도록 개입하는 과정으로 계획된 목적 이외에는 사용할 수 없게 한다.

③ **기획** : 미래지향적인 목표 설정 과정으로서 장기적 · 단기적 계획을 모두 포함한다.

또한 예산을 편성하는 것은 1년간의 수입과 지출에 대한 재정계획이며, 정치적 의사결정 과정을 가지게 된다. 동시에 조직단위의 사업책임과 같은 사업관리와 기획의 과정이 되며, 클라이언트와 직원, 지역사회 구성원에게도 영향을 끼치게 되는 인간적 과정이고, 미래를 변화시키는 과정을 모두 포함한다고 볼 수 있다.

2) 예산수립 과정

(1) 국가의 예산수립

사회복지 예산은 국가 예산의 중요한 영역을 차지하며, 국가 예산의 영향을 받고 있다. 그러므로 국가 예산과 복지기관의 예산편성 과정을 동시에 고찰하여야 한다(신복기 외, 2021).

국가 예산의 주무부처인 기획예산처는 매년 3월
정책 기본 방향에 의한 예산편성지침을 각 부처에게 시달

↓

각 부처는 3월부터 6월 초순까지 편성지침에 따라
예산 요구서를 작성하여 기획예산처에 전달

↓

요구 내용을 분석하여 정부 예산안을 편성
(장관협의회나 당정 협의회, 자문회의를 열기도 함)

↓

예산 편성이 확정되면 대통령에게 보고, 국무회의의 의결을 거쳐서
9월 말에서 10월 초 사이에 정부 예산을 확정하고, 이 예산이 국회로 넘어가
국회 예산결산위원회와 본회의의 심의 및 의결을 거쳐 확정되면
대통령이 공포하여 법적 효력을 가짐

| 그림 9-1 | 국가 예산수립 절차

출처 : 신복기 외(2021), p. 261 재구성.

(2) 사회복지조직의 예산수립

사회복지법인 및 사회복지시설의 경우 원활한 조직 운영을 위해 정기적으로 예산을 수립하여야 한다. 일반적으로 예산수립을 위해 다음 해 예산편성에 관한 지침을 각 업무부서로 보내면 해당 부서에서 편성지침에 따라 예산요구서를 작성하여 기획예산을 담당 부서에 제출한다. 기획예산 담당 부서는 해당 업무부서의 장과 협의 후 조정을 하고 자문위원과의 협의를 통해 예산협의를 한다. 기관장 협의를 거쳐 실무부서 예산안이 결정되고, 최종 예산안은 이사회의 의결을 거쳐 확정된다. 사회복지 법인 및 사회복지시설 예산편성 절차는 〈표 9-5〉와 같다(신복기 외, 2021).

〈표 9-5〉 사회복지법인 및 사회복지시설 예산편성 절차

주요 내용	주 체	일 정
시·군·구에서 법인 또는 시설에 특히 필요하다고 인정하는 사항에 관해 예산편성지침 통보 가능	법인 또는 시설 소재지 관할 시장·군수·구청장	회계연도 개시 2개월 전까지
▼		
법인은 법인과 법인 산하 시설의 예산편성지침을 결정	법인 대표이사	회계연도 개시 1개월 전까지
▼		
회계별 예산(법인회계, 시설회계, 수익사업회계) 편성	법인 대표이사 및 시설의 장	회계연도 개시 전까지
▼		
시설회계 예산안에 대한 시설 시운영위원회 보고 • 법인이 설치·운영하는 시설의 경우에도 시설회계는 법인 이사회 의결 전 시설 운영위원회에 보고 필요 • 법인회계 및 수익사업회계에 대해서는 불필요	시설의 장	예산안 편성 완료 시
▼		
법인의 회계별 예산(법인회계, 시설회계, 수익사업회계)안에 대한 이사회 의결, 예산안 확정 • 법인이 설치·운영하는 시설의 시설회계도 포함 • 법인이 아닌 경우에는 시설 운영위원회 보고로 예산안이 확정됨	법인 이사회	예산안 편성 완료 시
▼		
확정된 예산안을 시장·군수·구청장에 제출 • 법인은 법인의 회계별 예산(법인 회계, 시설회계, 수익사업회계)을 법인 소재지를 관할하는 시장·군수·구청장에 제출하고, 시설의 장(법인이 운영하는 시설도 포함)은 해당 시설의 시설회계를 시설 소재지 관할 시장·군수·구청장에 제출	법인 대표이사 및 시설의 장	회계연도 개시 5일 전까지
▼		
법인과 시설의 회계별 세입·세출명세서를 시·군·구, 법인, 시설의 게시판과 인터넷 홈페이지에 20일 이상 공고 • 게시판 공고는 「신문 등의 진흥에 관한 법률」 제2조 제1호에 따른 신문 또는 「잡지 등 정기간행물의 진흥에 관한 법률」 제2조 제1호에 따른 정기간행물에 게재로 갈음 가능	시장·군수·구청장, 법인 대표이사, 시설의 장	예산안 제출 20일 이내

출처 : 보건복지부(2023), p. 132.

3) 예산안의 내용

예산안은 조직의 목적을 실현하기 위해 필요한 경비를 계상해 내어 작성한 계획이다. 작성된 예산안을 보고 외부에서 조직 혹은 프로그램에 대하여 자원 할당의 근거를 평가한다. 예산안에 요구되는 사항은 다음과 같다(신복기 외, 2021; 최성재 · 남기민, 2020).

(1) 예산안의 구성

프로그램의 목적에 대한 개괄적인 설명과 서비스에 대한 정의, 프로그램의 직접적 수혜자, 서비스 활용수준에 관한 추정치, 프로그램에 드는 비용과 그에 따른 자금 등으로 구성한다.

사회복지조직의 예산은 수입과 지출로 구성되며, 수입의 종류는 정부 보조금과 지방자치단체 보조금, 기업체 지원금 등의 보조금(지원금), 법인지원금 등의 법인부담금, 프로그램 수입금, 사업후원금, 결연후원금 등의 후원금으로 구성되어 있다(기획재정부, 2023).

(2) 예산에 첨부할 서류

① **예산총칙** : 예산 전반에 대한 총체적인 규정
② **세입 · 세출명세서**
③ **추정대차대조표** : 기업이 현재 보유하고 있는 재무상태를 추정하여 나타낸 회계보고
④ **추정수지계산서** : 기업의 수입과 지출 내역을 추정하여 표로 정리한 문서
⑤ **임 · 직원보수일람표** : 사회복지법인 및 사회복지시설 재무 · 회계 규칙에 의한 임 · 직원보수일람표 행정서
⑥ **회의록** : 해당 예산을 의결한 이사회 회의록 또는 해당 예산을 보고받은 시설운영 위원회 회의록

* 소규모시설(국가 · 지방자치단체 · 법인 이외의 자가 설치, 운영하는 시설 중

거주자 정원이나 일평균 이용자가 20인 이하인 시설)인 경우 : ②, ⑥만 첨부 가능

예산은 세입(모든 수입)과 세출(모든 지출)로 구성되며, 세입과 세출은 모두 예산에 계상되어야 한다. 세입은 주로 사업수익, 보조금, 후원금 등으로 구성되고, 세출은 사무비, 재산조성비, 사업비 등으로 구성된다(강종수, 2019). 세입 · 세출 총괄표, 세입 명세서, 세출 명세서는 〈표 9−6〉, 〈표 9−7〉, 〈표 9−8〉과 같다.

〈표 9−6〉 세입 · 세출 총괄표

(단위 : 천 원)

세 입				세 출			
구 분	2022년 예산 (A)	2023년 예산 (B)	증감 (B-A)	구 분	2022년 예산 (A)	2023년 예산 (B)	증감 (B-A)
계	405,500	422,000	16,500	계	405,000	422,000	16,500
이월금	46,000	41,000	-5000	인건비	270,000	290,000	△20,000
사업수입	400	400	0	운영비	35,000	37,000	△2,000
보조금	341,000	360,000	△19,000	업무추진비	1,000	1,000	0
후원금	8,600	9,600	△1,000	재산조성비	4,000	2,000	-2,000
전입금	3,000	5,000	△2,000	사업비	55,000	57,000	△2,000
잡수입	6,500	6,00	-500	잡지출	500	500	0
				예비비	40,000	34,500	-5,500

출처 : 신복기 외(2021), p. 266.

〈표 9-7〉 세입 명세서

(단위 : 천 원)

관	항	목	2022년 예산 (A)	2023년 예산 (B)	증감 (B-A)	2023년 예산 산출내역
…	…	…	…	…	…	…
03 보조금	계		341,000	360,000	△19,000	
	31 보조금	311 국고보조금	161,000	170,000	△9,000	운영비 보조금
		312 시보조금	180,000	190,000	△10,000	운영비 보조금
…	…	…	…	…	…	…

출처 : 신복기 외(2021), p. 266.

〈표 9-8〉 세출 명세서

(단위 : 천 원)

관	항	목	2022년 예산 (A)	2023년 예산 (B)	증감 (B-A)	2023년 예산 산출내역
…	…	…	…	…	…	…
03 사업비	계		55,000	57,000	2,000	
	31 사업비	311 교육사업비	3,500	4,000	…	인형극을 통한 효행교육 프로그램 1,000,000원X4회=4,000,000원
		312 인식개선사업비	8,000	10,000	…	노인인식개선 캠페인 1,000,000원X10월=10,000,000원
		313 ○○ 사업비	…	…	…	…
		314 ○○ 사업비	…	…	…	…
		315 ○○ 사업비	…	…	…	…
…	…	…	…	…	…	

출처 : 신복기 외(2021), p. 266.

예산은 보건복지부의 「사회복지법인 및 사회복지시설 재무 · 회계 규칙」에 따라 세입예산과 세출예산으로 구분해 편성하고 과목구분은 관, 항, 목으로 구분한다. 각 지방자치단체는 세입 및 세출예산과목의 세부내역에 대하여 관련 규정 등에 위배되지 않게 별도의 지침으로 정하는 것을 원칙으로 한다. 관은 기능별, 조직별, 사업 목적별 분류기준으로 활용되고 항은 경상예산별, 사업예산별, 채무상환, 예비비 등, 그리고 목은 사업의 성질별 및 사업내용별 구분하는 기준으로 활용된다(강종수, 2019).

4) 예산수립의 단계

사회복지조직에서 예산은 조직의 특정 목표를 달성하기 위해 필요한 비용을 추정하는 과정이다. 예산편성 과정은 다음과 같은 단계로 진행된다(최성재 · 남기민, 2020).

첫 번째 단계는 특정 목표의 설정이다. 조직의 목표를 달성하기 위해 예산은 핵심적인 수단이 된다. 예산을 통해 기존 목표를 재검토하고 필요하다면 새로운 목표를 설정해야 한다. 특히 예산편성에 있어서 행정가와 예산편성 담당자들은 조직의 특수한 요구와 목표를 검토하는 것이 중요하다. 의미 있는 목표 설정을 위해서는 조직의 기본정책과 사무 절차를 재검토하고, 설정한 기간 동안의 목표를 가능한 한 구체적으로 명시하여야 한다.

두 번째 단계는 사실의 확인이다. 예산수립을 위해서는 조직의 현재 및 과거의 운영에 관한 기본 정보를 수집하고 검토해야 한다. 여기에는 조직의 전체, 부서별 및 개인별 업무와 프로그램 실적, 프로그램 평가, 조직내 · 외의 가용자원, 재정사항 등에 대한 정보가 포함되어야 한다.

세 번째 단계는 운영대안의 고려이다. 정보가 수집되었으면, 수집된 정보를 기초로 조직의 목표 달성을 위해 당해 연도의 가용자금을 활용하게 하는 대안을 검토해야 한다. 기존의 운영방법과 프로그램의 효율성 및 효과성뿐만 아니라 새로운 대안의 효율성과 효과성을 검토하는 것도 중요하다.

네 번째 단계는 조직활동의 우선순위를 결정하는 것이다. 운영대안들을 검토한 후에는 조직의 정책과 목표를 연결시켜서 우선순위를 선정해야 한다. 즉, 조직의 장·단기적 목표와의 관련성, 조직으로서의 필요성, 시급성, 효율성, 효과성, 재정가용성 등을 비교·검토하여 우선순위를 결정하게 된다.

다섯 번째 단계는 우선순위에 따른 예산안을 잠정적으로 확정하는 것이다. 우선순위에 따라 지출예산을 프로그램 단위, 기능단위에 배정하고, 다양한 수입원에 대한 정보를 수집하여 재정자원의 동원 가능성을 검토하여 지출예산을 잠정적으로 확정한다.

여섯 번째 단계는 재정원천과의 접촉 및 확인이다. 재정원천으로부터의 수입이 불확실하면 아무리 좋은 프로그램 계획을 세웠다 하더라도 예산계획을 확정할 수 없다. 따라서 잠정적으로 예산안이 확정되었으면, 가능성이 있는 재정원천과 접촉하여 수입을 확인해야 한다.

일곱 번째 단계는 예산안 수정 및 확정이다. 전 단계에서 수입의 확인이 이루어지면, 최종적으로 수입 및 지출 예산을 수정하여 예산안을 확정한다.

5) 예산집행과 통제

(1) 예산집행

예산집행은 예산을 면밀하게 편성하여 편성한 대로 행해지고 있는지를 확인하고 필요에 따라 지도 조정하는 일을 말한다. 예산집행을 다른 말로 예산통제라고도 한다. 예산을 집행할 때에는 원칙을 준수해야 한다. 하지만 계획된 대로 집행하려는 것을 가로막는 천재지변, 국제적 경제 상황의 급변, 국회 또는 지방자치단체의 사정 등으로 인하여 부득이 예산을 변동해야 하거나, 예비적 조치를 취하게 될 경우 예산집행의 신축적 제도를 일부 도입하여 운용하고 있다(생각의 마을, 2023).

(2) Lohmann의 예산집행(예산통제)의 원칙

사회복지조직에서 예산통제의 원칙과 예산집행 통제기제를 살펴보면 다음과 같다(생각의 마을, 2023).

먼저 개별화의 원칙은 재정통제 체계는 개별기관 그 자체의 계약조건, 요구사항 및 기대사항에 맞게 고안되어야 한다는 원칙이다.

강제의 원칙은 강제성이 없는 규칙은 효과성이 없기 때문에 강제성을 띠는 명시적인 규정이 있어야 한다는 원칙이다. 강제성은 때로는 개별성을 무시할 수 있으나 규칙의 동일한 적용을 통한 공평성과 활동을 공식화한다.

예외의 원칙은 반드시 예외상황을 고려하여야 하고, 예외적 상황에 적용되는 규칙을 명시한다는 원칙이다.

보고의 원칙은 재정 관련 행위에 대한 공식적인 감시와 통제를 위해 보고를 한다는 원칙이다. 예산남용, 개인적 유용, 항목변경 등이 있는데도 보고를 하지 않으면 재정활동에 큰 문제가 생길 수 있다.

개정의 원칙은 일정한 기간 동안만 적용하도록 제한되어 있거나 적용 시 부작용이 나타날 경우를 대비하여 일정한 기간이 지난 후에는 규칙을 새로 개정할 수 있어야 한다는 원칙이다(여비, 연료비 등은 물가 상승과 연계하고 일정 기간마다 개정).

효율성의 원칙은 통제에는 시간과 비용이 많이 드는 경우가 있으므로 비용과 노력을 최소화하는 정도에서 이루어져야 한다는 원칙이다. 보고서의 수를 많게 하거나 인원을 새로 증가시키는 것은 비효율적이므로 효율성에 항상 유의한다.

의미의 원칙은 효과적인 통제가 되기 위해서 규칙, 기준, 의사소통 및 계약 등은 관계되는 모든 사람들이 잘 이해할 수 있도록 전달되어야 한다는 원칙이다. 규칙은 명확하게 쓰여지고, 통제자료는 쉽게 얻을 수 있어야 하며, 절차의 분류와 해석을 위한 것도 명확히 쓰여져야 한다.

환류의 원칙은 발생할 수 있는 여러 가지의 부작용 및 장단점 등을 관련자들로부터 들을 수 있기 때문에 그 개정과 개선의 기초가 되어야 한다는 원칙이다.

생산성의 원칙은 재정통제는 서비스가 효과적이고 효율적으로 전달되도록 하기 위한 수단이므로, 이로 인하여 생산성에 장애와 갈등이 발생하지 않도록 유의해야 한다는 원칙이다.

(3) 예산집행 통제기제

예산집행을 통제하는 기제에는 여러 가지가 있다. 주로 많이 활용하는 기제를 살펴보면 다음과 같다(최성재 · 남기민, 2020).

① **분기별 할당** : 수입예산이 계획대로 들어오지 않고 또는 집중되어 들어오는 경우가 있는 반면, 지출은 어떤 시기에 집중되는 경우가 있다. 이러한 경우 수입과 지출을 분기별로 조정하여 균형을 유지할 필요가 있다. 비용의 지출도 매월 또는 분기별로 동일하지 않고 어떤 시기에 집중될 수 있다.

② **지출의 사전승인** : 일정액 이상의 지출을 할 경우 최고 행정책임자 또는 중간 행정책임자의 사전승인을 받도록 하는 것이 일반적이다. 이는 수입과 지출의 균형을 유지하는 데 도움을 준다.

③ **자금지출의 취소** : 재정원천으로부터의 수입이 인가되지 않거나 삭감정책에 의하여 예상된 수입액이 입금되지 않을 경우에는 자금지출을 잠정적 또는 최종적으로 취소할 수밖에 없다.

④ **정기적 재정현황 보고서 제도** : 행정책임자는 월별, 분기별로 재정현황을 보고받아 검토하여야 한다. 보고서의 내용에는 수입지출 현황, 변제비용, 인원당 비용, 기능별 비용, 서비스 단위 비용을 포함한다.

⑤ **대체** : 회계연도 말경에 과도지출 또는 과소지출이 된 경우 서로 메우기 위하여 대체할 필요가 있다.

⑥ **지불연기** : 조직의 내외부로부터의 지불요청에 대하여 의도적으로 적당한

방법을 통해 지불을 연기함으로써 수입예산의 입금 여유를 갖는 것이다. 특히 지불연기로 벌칙이나 벌금이 없는 경우는 지불 요청자의 양해를 얻어 최대한 지불연기를 할 수 있다.

⑦ **차용** : 은행 또는 특별단체로부터 자금을 빌리는 것을 말한다. 수입예산이 확보되지 않을 경우에 불가피한 지출을 위해서는 일반적으로 은행, 사회복지 관련 특별단체 또는 정부의 기금으로부터 장기적 또는 단기적인 대부를 받을 필요가 있는 경우가 있다.

4. 회계감사

1) 회계감사의 개념

회계(accounting)는 재정적 거래를 분류, 기록, 요약하고 결과를 해석하는 기술적 방법으로, 재무회계, 관리회계로 구분할 수 있는데, 재무회계는 내외부 정보 이용자의 경제적 의사결정에 유용하도록 일정 기간 동안의 수입과 지출 사항을 측정 보고하는 것이고, 관리회계는 행정책임자가 행정적 의사결정을 하는 데 필요하도록 재정 관련 자료를 정리하는 것이다(최성재 · 남기민, 2020).

회계감사(會計監査)는 타인이 작성한 회계기록에 대하여 독립적 제3자가 분석적으로 검토하여 그의 적정 여부에 관한 의견을 표명하는 절차를 말한다. 조직의 수입지출의 결과에 관한 사실을 확인 · 검증하고 이에 관한 보고를 하기 위하여 장부 및 기타기록을 체계적으로 검사하는 행위이다. 재정적 거래를 분류, 기록, 요약하고 그 결과를 해석하는 표준화된 기술적 방법이라 볼 수 있다.

2) 주요 회계활동

회계활동은 기록업무, 정리업무, 재정보고서 작성 및 보고 업무를 위주로 한다. 이를 설명하면 다음과 같다(최성재 · 남기민, 2020).

① **기록업무** : 수입과 지출에 관한 다양한 기록장부를 마련하고 회계원칙에 따라 장부에 기록하는 일이다.
② **정리업무** : 장부에 기록된 회계사항을 주기적으로 종결하여 정리하는 업무로, 주기적으로 재정상태를 파악하기 위한 재정보고서 작성을 위해서 필요한 절차이다.
③ **재정보고서 작성 및 보고** : 조직의 재정상태를 파악하기 위하여 정기적으로 월별, 분기별 재정보고서를 작성하여 시설내부 및 이사회에 보고할 필요가 있다. 회계연도 말에는 1년분의 수입지출 현황을 알 수 있는 적절한 양식의 보고서를 작성하여 정부기관 및 이사회에 반드시 보고해야 하고, 재정원천에게도 보고하거나 공개하여 재정자원이 어떻게 사용되었는지를 알려주는 것이 바람직하다.

3) 회계감사의 유형

회계감사의 유형은 다음과 같이 구분된다(생각의 마을, 2023).

(1) 내부감사와 외부감사

내부감사(internal audit)는 조직내부의 종업원이나 감사부서에서 실시하는 감사로 재무 또는 경영정보에 대한 감사(재무제표 감사)도 수행하나, 주로 회사의 회계제도와 내부통제제도의 유효성 및 경영자의 지시사항이나 외부요구사항의 준수 여부 등을 평가하거나(이행감사), 경영의 효율성과 효과에 대한 감사(업무감사)를 수행한다. 외부감사(external audit)는 조직외부의 독립된 감사인이 실시하는 감사이며, 대표적 유형이 공인회계사에 의한 재무제표 감사이다.

공적 사회복지기관에 대한 감사는 정부의 감독관청 및 감사원이 행할 수 있다. 법인에 대한 감사는 법인의 감사, 법인에서 지정한 외부의 회계기관 또는 정부의 감독관청이 행할 수 있다. 사회복지조직의 감사는 당해법인, 외부 회계기관 및 감독관청이 할 수 있다(신복기 외, 2021)

(2) 규정순응감사와 운영회계감사

규정순응감사(compliance audit)는 조직의 재정운영이 적절한 절차에 따라 시행되고 있고 재정이나 다른 보고서들이 적절하게 구비되었는지, 조직에 적용된 각종 규칙과 규제들을 잘 준수하고 있는지를 확인하는 과정이다. 규정순응감사는 규칙과 규제에 대한 순응을 감독함으로써 경제적이고 효율적으로 프로그램이 운영되었는지를 모니터링하는 것이다. 이는 조직이나 프로그램이 규칙과 규제들을 잘 따르면 경제적이고 효율적인 서비스 생산을 할 수 있을 것이라는 가정이 전제되어 있다. 그러나 이와 반대의 경우, 즉 규칙을 잘 순응했지만 생산은 효율적이 되지 않을 수도 있고, 혹은 규칙에만 충실하다 보면 오히려 탄력성을 잃어 생산의 효율성을 저해할 수도 있다.

운영회계감사(operational audit)는 예산과 관련하여 의도했던 프로그램 결과가 달성되었는지, 목표가 어느 정도의 경제성과 효율성으로 성취되었는지 등 규정순응감사의 약점을 보완하는 감사이다. 기능별 예산이 프로그램 예산과 같은 형식으로 되어야 하고 목표 달성을 하였는지 또는 어느 정도의 산출물이 예산비용과 관련하여 발생하였는지를 판단할 수 있다. 운영회계감사는 주로 다음과 같은 사항들을 중점적으로 점검한다.

① **경제성과 효율성** : 예산 부서가 자신들의 자원(인력, 재산, 공간 등)을 경제적이고 효율적인 매너로 관리 활용하고 있는지에 대해 판단한다. 경영정보 시스템이나 행정적 절차 혹은 조직구조 등에서의 부적절함과 같은 비효율성이나 비경제적인 조직활동의 원인들이 어떤 것인가를 분석해 내는 것도 포함한다.

② **프로그램 결과** : 의도된 결과나 급부들이 성취되었는지, 자원제공기관에 의해 의도된 목적들이 달성되었는지, 동일한 성과들을 더 낮은 비용으로 산출할 수 있는 대안들이 고려되었는지 등에 대해 판단한다.

운영회계감사는 폭넓은 지식수준과 기술을 필요로 한다. 프로그램의 비효율성에 대한 원인들을 규정하고 확인하는 작업은 서류들을 대조하고 확인하는 것과는 크게 다르다. 감사를 적절하게 수행하기 위해서는 사회복지 전문직이 감사과정에 적극적으로 참여하는 것이 필수적이다. 사회복지서비스의 규정과 목적, 그것을 실행하는 데 필요한 적절한 개입기술 등에 대한 판단들은 단순한 회계 전문인의 노력으로는 불가능하다.

따라서 사회복지 행정관리자들은 재정관리에 대한 기초적인 지식을 갖추어야 한다. 그래야 운영 감사의 과정들에서 소외되지 않을 수 있다. 참여의 목적은 단순히 전문직의 이해 타산에 근거하는 것이 아니라, 전문직이 대변하는 클라이언트 집단과 사회복지적 목적 추구에 적합한 방향으로 감사나 평가의 과정이 진행되도록 하기 위한 것이다.

4) 사회복지법인 및 사회복지시설 재무 · 회계 규칙[2)]

(1) 총칙

사회복지사업법 제23조 제4항 및 제45조 제2항의 규정에 의하여 사회복지법인의 재무 · 회계 및 후원금관리에 관한 사항을 규정하여 재무회계 및 후원금관리의 명확성 · 공정성 · 투명성을 기함으로써 사회복지법인의 합리적인 운영에 기여함을 목적으로 한다. 이때 회계연도는 정부의 회계연도에 따르며 법인의 수입 및 지출의 발생과 자산 및 부채의 증감 · 변동에 관하여는 그 원인이 되는 사실이 발생한 날을 기준으로 하여 연도소속을 구분한다. 다만, 그 사실이 발생한 날을 정할 수 없는 경우에는 그 사실을 확인한 날을 기준으로 하

2) 보건복지부(2023), 생각의 마을(2023)

여 연도소속을 구분한다. 법인의 회계는 당해 법인의 업무 전반에 관한 회계(이하 "법인회계"라 한다), 당해법인이 설치 · 운영하는 사회복지시설(이하 "시설"이라 한다)에 관한 회계(이하 "시설회계"라 한다)와 법인이 수행하는 수익사업에 관한 회계(이하 "수익사업회계"라 한다)로 구분한다(보건복지부, 2023).

(2) 예산의 편성

① 법인의 대표이사 및 시설의 장은 예산을 편성하여 각각 법인 이사회의 의결 및 사회복지사업법 제36조에 따른 운영위원회에 보고를 거쳐 확정한다.

② 법인이 설치 · 운영하는 시설인 경우에는 시설운영위원회에 보고한 후 법인 이사회의 의결을 거쳐 확정한다.

③ 법인회계, 시설회계 또는 수익사업회계를 구분하여 예산을 편성한다.

④ 법인의 대표이사 및 시설의 장은 제1항에 따라 확정한 예산을 매 회계연도 개시 5일 전까지 관할 시장 · 군수 · 구청장에게 제출(사회복지사업법 제6조의2 제2항에 따른 정보시스템을 활용한 제출을 포함한다)하여야 한다.

⑤ 법인의 대표이사 및 시설의 장은 법인회계와 시설회계의 세입 · 세출 결산보고서를 작성하여 각각 이사회의 의결 및 시설운영위원회에의 보고를 거친 후 다음 연도 3월 31일까지 시장 · 군수 · 구청장에게 제출하여야 한다. 다만, 법인이 설치 · 운영하는 시설인 경우에는 시설운영위원회에 보고한 후 법인 이사회의 의결을 거쳐 제출하여야 한다.

(3) 준예산 및 추가경정예산의 편성

① 준예산

회계연도 개시 전까지 법인의 예산이 성립되지 아니한 때에는 대표이사가 시장 · 군수 · 구청장에게 그 사유를 보고하고 예산이 성립될 때까지 임 · 직원의 보수, 법인 및 시설운영에 직접 사용되는 필수적인 경비, 법령상 지급의무가 있는 경비를 전년도 예산에 준하여 집행할 수 있다.

② 추가경정예산

㉠ 법인의 대표이사는 예산성립 후에 생긴 사유로 인하여 이미 성립된 예산에 변경을 할 필요가 있을 때에는 제10조 및 제11조의 규정에 의한 절차에 준하여 추가경정예산을 편성·확정할 수 있다.

㉡ 대표이사는 추가경정예산이 확정된 날로부터 7일 이내에 이를 시장·군수·구청장에게 제출하여야 한다.

㉢ 법인의 대표이사는 예측할 수 없는 예산 외의 지출 또는 예산의 초과지출에 충당하기 위하여 예비비를 세출예산에 계상할 수 있다.

(4) 예산의 전용과 이월

① 예산의 전용

㉠ 법인의 대표이사는 관·항·목간의 예산을 전용할 수 있다. 다만, 관간의 전용은 이사회의 의결을 거쳐 관할 시장·군수·구청장의 승인을 얻어야 하고, 동일 관내의 항간의 전용은 이사회의 의결을 거쳐야 하며, 예산총칙에서 전용을 제한하고 있거나 예산성립과정에서 이사회에서 삭감한 관·항·목으로는 전용하지 못한다.

㉡ 대표이사는 제1항의 규정에 의하여 예산을 전용한 때에는 관할시장·군수·구청장에게 즉시 보고하여야 한다.

② 예산의 이월

㉠ **세출예산의 이월** : 법인회계와 시설회계의 세출예산 중 경비의 성질상 당해 회계연도 안에 지출을 마치지 못할 것으로 예측되는 경비와 연도 내에 지출원인행위를 하고 불가피한 사유로 연도 내에 지출하지 못한 경비는 이사회의 의결을 거쳐 다음 연도에 이월하여 사용할 수 있다.

㉡ 완성에 수년을 요하는 공사나 제조 그 밖의 특수한 사업을 위하여 2 회계연도 이상에 걸쳐서 그 재원을 조달할 필요가 있는 때에는 회계연도마다 일정액을 예산에 계상하여 특정목적사업을 위한 적립금으로 적립할 수 있다.

(5) 결산과 회계

법인의 대표이사 및 시설의 장은 법인회계와 시설회계의 세입·세출 결산 보고서를 작성하여 이사회의 의결을 거친 후 다음 연도 3월 31일까지 시장·군수·구청장에게 제출하여야 한다. 회계의 방법에 있어서 시설회계는 단식부기에 의한다. 다만, 법인회계와 수익사업회계에 있어서 복식부기의 필요가 있는 경우에는 복식부기에 의한다.

(6) 후원금의 관리

법인의 대표이사와 시설의 장은 아무런 대가 없이 무상으로 받은 금품 기타의 자산(이하 "후원금"이라 한다)의 수입·지출 내용과 관리에 명확성이 확보되도록 하여야 한다. 시설거주자가 받은 개인 결연후원금을 당해인이 정신질환 기타 이에 준하는 사유로 관리능력이 없어 시설의 장이 이를 관리하게 되는 경우에도 이와 같다. 후원금 관리 시 고려할 사항은 다음과 같다.

① 후원금을 받은 때에는 후원금 영수증을 발급한다.
② 후원금은 후원금 전용 계좌로 사용한다.
③ 연 1회 이상 해당 후원금의 수입 및 사용 내용을 통보한다.
④ 후원금 수입 및 사용결과보고서(전산파일 포함)를 관할 시장·군수·구청장에게 제출하여야 한다.
⑤ 후원금을 후원자가 지정한 사용 용도 외의 용도로 사용하지 못한다.
⑥ 후원금은 세입·세출예산에 편성하여 사용하여야 한다.

(7) 감사의 실시

법인의 감사는 당해 법인과 시설에 대하여 매년 1회 이상 감사를 실시하여야 한다. 감사를 한 때는 감사보고서를 작성하여 당해 법인의 이사회에 보고하여야 하며, 재산상황 또는 업무집행에 관하여 부정 또는 불비한 점이 발견된 때에는 시장·군수·구청장에게 보고하여야 한다.

1급 필수 요약

1. 사회복지 재정관리의 개념과 유형

- **재정관리 과정** : 예산수립 – 예산집행 – 회계 – 재정평가
- **사회복지조직 재정의 유형** : 정부보조금, 민간재정, 위탁비, 서비스 이용료

2. 예산수립과 관리

- **예산모형**
  - 품목별 예산모형 : 수입과 지출을 각 항목별로 구체적으로 제시하며 전년도와 대비하여 점증주의적으로 작성
  - 성과주의 예산모형 : 조직 활동을 기능별 또는 프로그램별로 1차로 나눈 다음 세부 프로그램은 단위원가와 업무량을 계산하여 서로 곱한 뒤 필요한 예산 측정
  - 기획예산 모형 : 장기적인 사업계획을 세우고 실천하기 위한 당해 연도의 프로그램 계획과 이를 뒷받침하는 예산을 통합하여 수립
  - 영기준 예산모형 : 전년도 사업이나 관행에 구애받지 않고 영(zero) 상태에서 업무계획을 수립하고, 채택된 프로그램에 관해서만 예산 편성

3. 예산수립의 절차 및 내용

- **예산편성의 주요 기능** : 관리, 통제, 기획
- **Lohmann의 예산집행의 원칙** : 개별화, 강제, 예외, 보고, 개정, 효율성, 의미, 환류, 생산성
- **예산집행 통제기제** : 분기별 할당, 지출의 사전승인, 자금지출의 취소, 정기적 재정현황 보고서 제도, 대체, 지불연기, 차용

4. 회계감사

- **회계감사의 유형** : 내부/ 외부감사, 규정순응감사/ 운영회계감사
- **사회복지법인 및 사회복지시설 재무 · 회계 규칙**
  - 회계의 구분 : 법인회계, 시설회계, 수익사업회계
  - 예산총계주의 원칙 준수 : 세입과 세출은 모두 예산에 계상
  - 수익 활동을 하지 않을 경우 단식부기로 기록
  - 예산의 목적 외 사용 금지
  - 관 · 항간 전용 시 이사회 의결, 운영위원회 보고
  - 후원금 관리 : 관리의 명확성 · 공정성 · 투명성

CHAPTER 10

사회복지조직의 정보관리

1. 정보관리의 개념과 필요성
2. 사회복지조직 정보관리체계의 발달과정과 유형
3. 사회복지조직의 정보관리체계
4. 사회복지조직 정보화의 문제점과 발전방향

10
CHAPTER

사회복지조직의 정보관리

1. 정보관리의 개념과 필요성

1) 정보관리의 개념

정보관리(information management)라는 말은 1970년대 중반 미국의 연방정부 행정 분야에서 주목받으며 일반화되었다. 정보관리는 정보원천관리(information resource) 또는 지식관리(knowledge management)라는 말과 함께 사용된다. 정보관리는 모든 조직의 효과적 운영에 적합한 정보의 획득, 조직, 통제, 전파, 사용 및 저장 등에 관한 원칙을 적용하는 것이다. 즉, 조직이 목표달성을 위해 필요한 각종 형태의 공식적 및 비공식적 자료와 정보를 입수, 수집, 기록, 분석, 전달, 배포, 보관하는 활동에 관한 체계와 절차를 말한다(최성재 · 남기민, 2020).

다시 말하면 정보관리는 전산화를 이용하여 조직의 목표달성에 필요한 여러 가지 형태의 정보를 수집, 기록, 정리, 분석, 전달, 보관하는 활동을 말한다. 사회복지조직의 정보관리는 기본적인 관리업무의 통합뿐만 아니라 사회복지사업의 효과성, 효율성, 조직성과를 보여줌으로써 사회복지서비스의 책임성을 검증하는 것이 그 목적이 될 수 있다.

정보의 전산화는 사회복지조직의 서비스 대상자 및 조직의 관리 · 운영에 관한 자료와 정보를 컴퓨터 체계로 이용할 수 있도록 구축하고 활용하는 것을 말한다. 사회복지조직에 관련된 정보를 전산화하면 다음과 같은 이점이 있다(최성재 · 남기민, 2020).

첫째, 조직의 입·출력 자료 및 정보를 일괄적으로 처리할 수 있다. 즉, 조직의 운영과 관리에 관한 전반적인 자료를 데이터베이스로 구축하게 되면 다양한 정보가 상호 연계되어 일괄적으로 처리할 수 있다.

둘째, 자동화로 인해 업무의 효율성이 증진된다. 자료가 컴퓨터 입력, 처리, 산출되는 체계로 갖추어지면, 손으로 쓰거나 계산하는 절차보다 훨씬 시간이 단축되고 자료가 일괄처리될 수 있어 업무의 효율성이 크게 증진될 수 있다.

셋째, 정보의 체계화가 증진된다. 자료는 단순한 개별적 항목이나 단편적 사항에 불과하지만 자료를 상호 연계하여 분석하고 의미를 부여하면 정보가 된다. 따라서 정보의 전산화는 바로 자료를 정보로 만들고 정보를 체계적으로 만들 수 있는 이점이 있다.

넷째, 사회-기술체계의 상호작용에 이용될 수 있다. 지난 20년 동안 사회복지서비스의 진단 및 개입에 다양한 방법으로 전산화 방법이 활용되었고, 이에 따라 서비스의 효과성과 효율성이 향상되고 있다.

다섯째, 자료분석 능력이 향상된다. 조직의 운영에 필요한 정보 및 자료가 컴퓨터에 입력되어 통계적 모형이나 논리적 모형을 통해 분석함으로써 자료분석의 능력을 획기적으로 높일 수 있다.

여섯째, 개인의 업무처리 능력이 향상된다. 자료의 전산화로 개인의 손이 하던 일을 컴퓨터에서 일괄처리 함으로써 개인의 업무능력이 크게 향상될 수 있다.

2) 사회복지조직의 정보관리체계의 필요성

사회복지 정보화의 목적은 서비스에 정보기술을 접목하여 클라이언트에게 적절하고 효과적인 서비스를 효율적으로 전달해 주는 것이다. 정보관리체계의 필요성은 다음과 같다(생각의 마을, 2023).

(1) 정보화를 통해 조직의 업무 효율성을 증대

정보관리체계를 갖추게 되면서 매일 수입과 지출에 대한 자료를 입력하기만 하면 월별 수입과 지출이 자동으로 계산되어 월말이나 연말에 별도의 시간을 내지 않아도 보고서 작성이 용이해졌다. 따라서 예산과 인력을 절약하고 클라이언트에게 신속하게 서비스를 제공할 수 있게 되었다. 또한 클라이언트의 수급자격 판정에도 여러 분야에 흩어져 있는 문서를 취합하고 분석하는 데 소요되는 시간이 단축되었다. 예를 들어, 사회복지기관 회계관리 공공부문에서 클라이언트의 수급자격을 판정해야 할 경우가 이에 해당된다.

(2) 사회복지서비스의 효과성과 효율성 증대

정보화 프로그램의 활용으로 사회복지사가 의사결정에 필요한 자료를 지원받을 수 있고, 클라이언트에게 적절한 서비스를 제공할 수 있다. 또한 클라이언트의 축적된 자료를 통해서 서비스의 중복이나 누락을 방지하여 비용 효과적 업무수행이 가능해질 수 있다.

(3) 상시적 평가와 모니터링

전자우편, 화상회의, 전자결재를 통해 관리자와 일선 사회복지사와의 신속하고 정확한 의사소통이 가능하게 되었으며, 중간관리자는 사회복지사가 보고를 하지 않아도 전산상에서 업무내용을 파악할 수 있게 되어 수시로 피드백할 수 있다. 그 결과 서비스 질에 대한 모니터링이 가능하다.

(4) 책임성 있는 환경 조성

전산화 작업은 책임 있는 사회복지서비스가 제공될 수 있는 환경을 조성한다. 각 기관에서 실행되고 있는 사업이나 프로그램에 대한 전체적인 통계작업이 가능해진다. 또한 전년도에 시행되었던 프로그램에 대한 추적이 가능하게 되어 사회복지사의 업무가 보다 명확하게 드러날 수 있기 때문에 더욱 책임감 있게 사업을 진행할 수 있다.

(5) 사회복지조직 간 정보 공유 및 서비스 연계

사회복지 타 조직들 간의 자연스러운 정보 공유가 가능하여 서비스 간의 연계가 비교적 쉽다. 또한 조직 간 공유된 정보와 조직에서 오랫동안 누적되어 온 기존 프로그램의 활동 양식을 통해 조직 성과를 대내외적으로 제시할 수 있다.

(6) 복지대상자 및 급여의 체계적 관리

사회복지조직에서 정보관리체계가 활성화되고 각종 데이터베이스가 구축되어 잘 활용하게 된다면 복지대상자와 급여의 체계적이고 효율적인 관리가 가능하고, 부정수급이나 중복수급을 방지할 수 있다. 나아가 빅데이터를 다양한 방법으로 분석함으로써 현재 수급자에 대한 관리뿐 아니라 복지사각지대에 있는 대상자나 위기가구를 발굴하고 관리함으로써 사회문제의 위험을 감소시킬 수 있을 것이다.

(7) 빅데이터 활용을 통한 사회복지 전달체계의 혁신

사회복지와 관련된 여러 기관들이 정보를 공유하고 활용할 수 있다면 서비스를 보다 신속하고 효율적으로 제공할 수 있게 될 것이다. 또한 빅데이터를 다양한 차원으로 분석하여 활용할 수 있다면, 위험집단이나 사각지대에 있는 대상자들에게도 보다 효율적인 방식으로 서비스 접근이 가능해지는 등 현재보다 더욱 혁신적인 사회복지서비스 전달체계가 구축될 수 있을 것이다.

(8) 각종 사회복지관련 현황 및 정책 연구에의 활용

사회복지조직의 정보화가 더욱 활성화되어 빅데이터 규모가 커질수록 다양한 형태의 분석이 가능해질 수 있다. 이는 각종 현황과 실태를 분석하는 것에서 나아가 미래의 사회현상을 예측할 수도 있기 때문에 그 활용 가능성은 무한하다. 따라서 향후에는 빅데이터를 사회복지 관점에서 분석할 수 있는 전문가가 많이 필요할 것이며, 빅데이터의 다양한 분석들은 각종 학술적 연구와 정책 연구에도 유용하게 활용될 수 있을 것이다.

3) 정보관리 시 고려 사항

사회복지 정보화는 이점도 있으나 정보화로 인해 다음과 같은 문제도 발생될 수 있다(신복기 외, 2021).

먼저 비밀보장의 어려움이다. 컴퓨터 전산화로 인하여 클라이언트에 대한 정보가 공개됨으로써 사생활 침해 우려가 높아질 수 있다. 다른 조직과 전산망이 연계될 경우 외부인에게 정보가 누출될 위험이 있다.

둘째, 일선 사회복지사의 업무에 대한 부담이 가중될 수 있다. 사업을 진행하거나 상담을 실시한 뒤 사업내용이나 결과를 반드시 입력해야 하는 이중업무로 업무량이 증가하는 경우가 많다.

셋째, 정보 소외 현상이 나타날 수 있다. 적시에 정확하고 적절한 정보를 얻기 위해서는 정보기술에 대한 접근이 쉬워야 하는데, 컴퓨터를 잘 다루지 못하는 사람은 정보로부터 소외될 수 있다.

넷째, 기준행동을 유발할 수 있다. 기준행동은 성과평가 과정에서 성과지표 관리에 보다 집중하게 되어 실질적인 성과에는 무관심해지는 현상이다. 전산화로 된 일정 형식에 의해 조사하거나 자료를 정리할 때 발생할 수 있는 문제로서 더 많은 조사를 행할 수 있지만, 보편적으로 그 틀에 의거하여 나름의 기준을 결정하게 된다는 것이다.

다섯째, 서비스를 지나치게 일반화하거나 혹은 잘못된 정보를 습득할 수 있다. 조직에서 정보를 공유함에 있어서 잘못된 정보를 그대로 받아들인다거나, 기존의 정보를 바탕으로 하기 때문에 새로운 욕구나 요구가 무시될 수도 있다.

2. 사회복지조직 정보관리체계의 발달과정과 유형

사회복지조직의 업무를 지원하고 문제를 해결하기 위해 활용되는 정보체계 유형 및 정보 프로그램에 대해 역사적 발전과정을 살펴보면 다음과 같다(생각의 마을, 2023; 전해황 외, 2021).

1) 정보관리체계의 발달과정

(1) 1950년대

1950년대 이전은 주로 수작업으로 진행하였으며, 전자계산기로 처리했다. 1950년대 들어서 대형 컴퓨터가 일상적 업무자료를 처리했다. 일반 사무처리는 전산응용 프로그램을 사용했다.

(2) 1960년대 : 관리정보시스템(MIS : Management Information System)

1960년대는 자료처리에 대한 수요가 증가하면서 관리정보시스템이 개발되었다. 이로 인해 클라이언트 정보시스템을 활용하면서 사무능률이 향상되었다. 정보교환의 매체를 통해 운영하부시스템을 서로 연결하여 조직산출을 최적화하는 데 초점을 두었다.

(3) 1970~1980년대 : 의사결정지원시스템(DSS : Decision Support System)

1970년대는 의사결정과 그 집행을 돕도록 설계되었고(예 클라이언트 접수시스템), 의사결정과 조직의 효과성에 초점을 두었다. 비구조화 준구조화된 의사결정을 위하여 모델링 기법을 이용하여 의사결정자를 지원하고, 관리능률 향상에 중점을 두었다.

(4) 1990년대 : 업무수행지원시스템(PSS : Performance Support System)

1990년대는 업무지원시스템이 개발되어 업무수행에 필요한 정보를 통합 · 제공하여 업무를 향상시켰다(예 서비스 기획). 서비스 제공자의 성과에 초점을 두고 사용자가 업무수행을 위해 어떤 정보가 필요한지를 확인시켜 주고 도와준다.

(5) 2000년대 이후 : 관리정보시스템

2000년대부터 사회복지조직에서도 관리정보시스템이 적극적으로 활용되었다. 관리정보시스템은 기업의 사업수행관리를 위해 필요한 정보를 수집하고 배분하기 위해 고안된 것이다. 사회복지조직도 업무와 서비스 제공을 효율적으로 수행하기 위해 모든 자료를 전산화하여 관리 운영할 필요성이 생겼다. 관리정보시스템이 고안되면서 사회복지 현장에서 자료를 조직의 목적에 따라 통합 · 가공 · 생성할 수 있게 되었다.

2) 사회복지조직 정보관리체계의 유형

사회복지조직의 업무를 지원하고 문제를 해결하기 위해 활용되는 정보체계 유형 및 정보 프로그램의 유형을 자료처리시스템, 관리정보시스템, 지식기반시스템, 의사결정지원시스템, 업무수행지원시스템으로 분류하고 있다(김동훈, 2019 : 253-254).

(1) 자료처리시스템(DPS : Data Processing System)

자료처리시스템은 직원의 일상업무를 처리함에 있어서 시간과 비용을 감소시키고 업무의 효율성을 가져오기 위해 고안된 것으로, 사회복지조직의 운영과 관리에서 반복적으로 발생하는 업무를 자료의 입력만으로 처리하게 하는 시스템이다. 이러한 자료처리시스템은 정보의 수집, 저장, 검색, 전송, 자료출력을 모두 포함하며, 이러한 프로그램을 통해 봉급명세서의 자동처리, 이용자 명부관리, 영수증 자동발급 등이 가능해졌다. 비교적 단순, 반복적인 업무에서 발생되는 자료의 양이 증가함에 따라 기계적인 자료처리 필요성이 높아진 것이다.

(2) 관리정보시스템(MIS : Management Information System)

관리정보시스템은 기업에서 사업관리를 위해 필요한 정보를 수집하고, 배분하기 위해 개발된 시스템이다. 사람의 모집, 절차, 자료와 정보수집기술, 일련의 절차를 통해 자료와 정보를 향상시키는 기술, 그리고 그 결과를 출력하여 배포하는 것을 포함한다. 사회복지현장에서 생성되는 자료를 조직의 목적에 따라 통합하고 가공함으로써 새로운 자료를 생산할 수 있게 한다. 예를 들면, MIS를 통해 이용자 실적의 부서별, 월별, 분기별로 통계작성이 가능하다. 이러한 통계를 통해 과거, 현재의 사업현황을 점검하고, 미래 예측도 가능하게 한다.

(3) 지식기반시스템(KBS : Knowledge Based System)

지식기반시스템은 복지수요자와 복지사의 상호작용을 증진시키는 역할을 하며, 종류는 전문가 시스템(expert system), 사례기반추론(CBR : Case-Based Reasoning), 자연음성처리(NLP : Natural Language Processing) 등이 있다.

〈표 10-1〉 지식기반시스템의 유형

유 형	특 징
전문가 시스템 (expert system)	• 사회복지사가 정보관리체계에 저장한 지식을 응용하여 사례에 관한 의사결정을 하도록 지원하는 시스템 • 다양한 관점에서 문제에 접근할 수 있고, 불완전한 정보를 가지고도 추론을 통해 의사결정에 필요한 정보를 제공할 수 있으며, 의사결정을 위한 다양한 논리적 접근 방법과 가능한 대안 제시 예 클라이언트의 고용 문제를 해결하도록 도와주는 전문상담 시스템 예 환자에게 약을 처방할 때 투여되는 약의 처방 횟수를 줄이기 위해 환자의 병원기록을 점검하는 전문 모니터링 시스템
사례기반추론 (case-based reasoning)	• 수천 개의 클라이언트 사례, 예를 들어 인구사회학적 통계, 서비스, 성과 등을 조사하여 저장한 후 그 저장된 사례 자료로부터 정보를 얻어내도록 지원하는 시스템 • 클라이언트의 문제를 해결하기 위해 특성이 유사한 사례를 골라 해결방법을 찾아내고자 하는 것으로, 문제중심의 패러다임을 적용한 것
자연음성처리 (natural language processing)	• 외국어를 번역하여 텍스트로 저장해 주는 시스템 • 사람이 말한 내용을 텍스트로 전환하여 저장

출처 : 생각의 마을(2023), p. 245.

(4) 의사결정지원시스템(DSS : Decision Support System)

의사결정지원시스템은 전문가가 복잡한 의사결정을 보다 쉽게 할 수 있도록 지원하기 위해 만들어진 시스템이다. 전문가가 자료를 검색하고, 관리함으로써 의사결정에 관한 정보를 얻는 데 도움을 준다. DSS가 활용된 예로는 미네소타 주에서 개발된 GAIN(General Assistance Intake)을 들 수 있는데, 이 시스템은 클라이언트의 접수일정을 결정하며, 처음 접수할 때 온라인으로 제공되는 기록을 통하여 클라이언트에 대한 자료를 확보하고 서비스를 제공할 담당자에게 자료를 전송시키고 클라이언트에 대한 통계를 누적하여 작성하는 등 대량의 데이터를 분석하여 의사결정에 필요한 정보를 제공한다. 예를 들어, 캐나다 온타리오주에서 활용하는 아동복지척도(CWBS : The Child Well-Being Scale)는 아동에 대한 서비스 제공 계획을 지원하기 위해 개발된 의사결정지원형 구조화 사정도구로 아동복지기관에서 위기사정을 위해 활용하는 척도(43개의 행동평가항목)이다. 임상적 · 행정적으로 매우 수용하며 중간관리자에게 서비스에 대한 의사결정이나 서비스 질에 대한 평가도구로 사용된다(전해황 외, 2021).

(5) 업무수행지원시스템(PSS : Performance Support System)

업무수행지원시스템은 1990년대 정보기술 발달로 현장에서 업무수행능력을 향상시키기 위해 개발된 통합 정보제공시스템이다. 사용자가 업무수행을 위해 필요한 정보를 확인시켜 주고 도와주며, 서비스 제공자의 성과에 초점을 둔다.

〈표 10-2〉 정보관리체계의 유형과 기능

정보관리체계의 유형	목적	지원기능	사 례
자료처리 시스템	효율	• 업무처리 과정, 기록보관, 업무보고 • 사무적 업무처리의 효율성 향상에 역점	급여명세서
관리정보 시스템	보고	• 구조화된 의사결정을 위한 정보 제공 • 조직의 상·하부 시스템 연결로 최적화된 조직 산출 지원 • 의사결정에 필요한 정보 제공으로 상승작용 효과 기대 • 일상적이고 구조화된 의사결정의 효율화	수요자 정보체계
지식기반 시스템	증진	• 전문가시스템으로 저장된 지식을 활용하여 사례에 의사결정을 지원 • 사례기반추론은 수요자사례와 유사한 사례를 발췌하여 제공함으로써 문제 중심의 패러다임을 적용 • 자연음성처리는 외국어로 번역하여 텍스트로 저장	수요자와 전문가의 상호작용
의사결정지원 시스템	효과	• 의사결정과 프로그램 집행 지원 • 의사결정자의 주요 의사결정 지원 • 관리의 효율성을 향상시키는 데 초점	GAIN, CWBS
업무수행지원 시스템	성과	• 업무완성에 필요한 정보 통합 제공으로 업무능률 향상 • 서비스 제공자의 성과에 초점 • 업무 수행에 필요한 정보확인 및 지원	서비스 기획

출처 : 전해황 외(2021), p. 251.

3. 사회복지조직의 정보관리체계

민간사회복지기관의 정보관리는 인력과 예산상의 어려움으로 인해 낮은 수준에 머물고 있었고 몇몇 기관들에서 전산 프로그램을 개발하여 업무에 활용하는 정도였다. 민간업체가 개발한 프로그램이 있으나 유료로 판매되어 사회복지시설에서는 이용하기에 부담이 되었다. 이에 정부는 2009년 한국보건복지정보개발원을 설립하면서 공공과 민간 분야의 정보관리에 전환기를 맞이하게 되었고, 2011년 한국사회서비스관리원과 통합한 이후, 복지 사각지대 해소 및 맞춤형 복지 실현을 위해 2015년 7월 사회보장정보원이 출범하였다. 사회보장정보원은 사회보장 분야 정보시스템을 운영하고 정부부처와 지방자치단체, 사회서비스 제공기관, 어린이집, 사회복지시설, 보건기관 등에 정보 및 서비스를 제공함으로써 복지 사각지대 대상자 발굴을 강화하여 사회보장망과 수요자 중심의 맞춤형 복지를 실현하고자 하였다(강종수, 2019).

한국사회보장정보원에서는 「사회보장급여의 이용 · 제공 및 수급권자 발굴에 관한 법률」(이하 "법"이라 한다) 제29조에 따라 사회보장정보시스템의 구축 · 운영 · 지원 및 같은 법 또는 그 밖의 다른 법령에 의해 위탁받은 사업을 합리적이고 효율적으로 수행하여 공정하고 효과적인 사회보장을 통해 국민의 삶의 질 향상에 기여함을 목적으로 한다. 한국사회보장정보의 주요 기능으로는 보건복지 분야 정보시스템 통합 운영 · 관리, 사회 · 보육서비스사업의 통합 관리, 보건복지 분야 정보화 지원, 보건복지 분야 통계 및 정책, 고객 지원 및 품질 관리 등이 있으며, 보건복지정책을 정보화하여 사회보장정보시스템, 지역보건의료정보시스템, 사회서비스전자바우처시스템, 정보포털 복지로 등을 운영 · 관리하고, 정책 데이터를 분석 및 연구한다(한국사회보장정보원, 2023).

1) 사회보장정보시스템(행복e음)

사회보장정보시시스템(행복e음)은 각종 사회복지 급여 및 서비스 지원 대상자의 자격과 이력에 관한 정보를 통합 · 관리하고, 지방자치단체의 복지업무 처리를 지원하기 위해 기존 시 · 군 · 구별 새올행정시스템의 31개 업무 지원 시스템 중 복지분야를 분리하여 개인별, 가구별 DB(Data Base)로 중앙에 통합 구축한 정보시스템이다(생각의 마을, 2023; 한국사회보장정보원, 2023).

(1) 주요 서비스

행복e음에서는 서비스 신청 및 맞춤형 서비스를 설계하여 안내하고, 제출서류 간소화를 통해 민원의 편의를 증대시키고 있다. 또한 복지급여 및 서비스 결정기간을 단축시키고 처리결과를 신속하게 안내한다. 추가서비스가 발생할 경우 추가지원이 가능한 서비스를 안내함으로써 서비스의 누락을 방지하며, 보건복지 콜센터와 시 · 군 · 구 콜센터 연계를 통해 후속서비스를 제공한다. 그리고 사회복지 대상자의 정확한 선정과 적정급여를 지급하도록 하고 있다.

〈표 10-3〉 행복e음의 주요 서비스

서비스	서비스 내용
신청 및 맞춤형 서비스	• 서비스 신청 시 민원인의 욕구를 정확하게 파악하여 필요한 서비스를 누락없이 맞춤형으로 설계하여 일괄 신청할 수 있도록 안내
제출서류 간소화로 민원 편의 증대	• 사업별 유사하거나 중복되는 서식을 통합하고, 제출서류를 공적 자료로 대체하는 등 제출서류 간소화로 민원 편의 증대
복지급여, 결정기간 단축 및 처리 결과 신속 안내	• 복지급여, 서비스 신청에 따른 결정 처리기간을 단축시키고 SMS(핸드폰 문자 서비스), 이메일 등으로 처리결과를 신속하게 안내
추가지원 서비스 안내로 누락 방지	• 사회복지 대상자의 연령, 건강상태 등의 변화로 추가서비스가 발생할 경우 추가지원이 가능한 서비스를 안내함으로써 서비스의 누락 방지
보건복지 콜센터와 시 · 군 · 구 콜센터 연계로 후속 서비스 제공	• 보건복지 콜센터와 시 · 군 · 구 콜센터 연계를 통해 필요시 전화 및 상담 정보를 해당 시 · 군 · 구로 이관하여 후속 서비스 제공
사회복지 대상자의 정확한 선정 및 적정급여 지급	• 소득 · 재산자료, 인적 사항정보, 서비스 이력 정보 등을 연계하여 사회복지 대상자의 정확한 선정 및 적정 급여 지급 가능 • 사회복지 급여 및 서비스 이력을 개인별 · 가구별로 통합 관리하여 중복 급여 차단 • 지방자치단체 차원에서는 복지재정의 효율화를 도모하고 사회복지 대상자 차원에서는 복지 체감도를 향상하며, 정부 차원에서는 복지재정의 누수를 방지하는 등 기대효과 달성

출처 : 생각의 마을(2023), p. 247.

(2) 운영효과

복지대상자의 선정 · 사후관리를 위해 소득 · 재산자료 및 서비스 이력정보를 연계하여 지방자치단체에 제공함으로써 수급자 선정의 정확성 제고 및 담당 공무원의 업무수행 편의성을 제고한다.

(3) 시스템 구성도

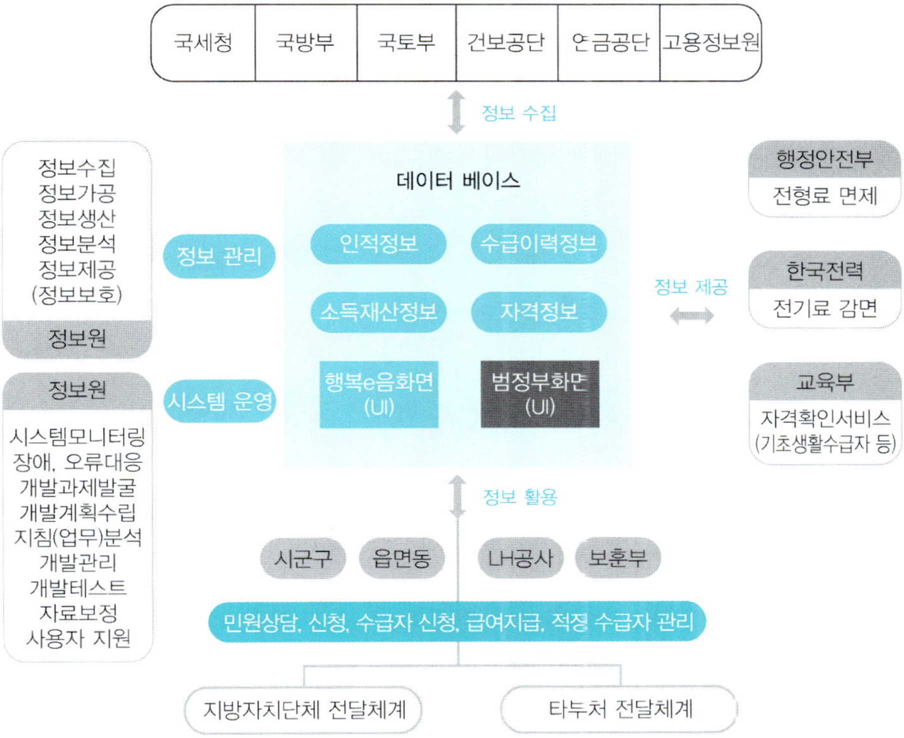

| 그림 10-1 | 사회보장정보시스템(행복e음)의 시스템 구성도

출처 : 한국사회보장정보원(2023).

(4) 사회보장정보시스템(행복e음) 도입을 통한 업무환경의 변화

사회보장정보시스템(행복e음) 도입을 통한 업무환경의 변화를 세 가지로 요약하면 다음과 같다(최종혁 · 김수완, 2017 : 193-197).

① 행복e음 도입으로 인한 공공복지 업무의 변화

이전의 복지정보시스템은 하위전달체계에서 작업을 마치면 그것을 상위전달체계로 올려서 일을 처리하는 방식인 반면, 행복e음은 중앙에서 내려온 정보 자료에 기초하여 일을 처리하는 방식이다. 또한 구의 시스템화된 통합조사관리업무는 사회복지공무원의 역할 변화를 가져왔는데,

이들은 바로 조회가 가능한 다양한 자료에 기초하여 자료 확인, 대상자 선정 등의 업무를 담당하게 되었다.

② 구 단위 통합조사관리 업무의 특성

구에서는 노인, 청소년, 장애인 등 대상자들을 통합해서 관리하게 되는데, 내담자 상담을 통한 조사과정을 거쳐 적합 여부를 판정한다. 통합적으로 조사, 관리 업무를 담당하게 되는 구단위 실무자는 대상자 전반에 걸친 이해를 갖게 되고 업무 대응능력의 확대를 기대할 수 있다.

③ 악화된 읍면동 업무환경

행복e음 실시로 인해 읍면동은 보다 전문적으로 사회복지사의 업무에 집중할 수 있을 것으로 기대했으나, 현실은 엄청난 지시업무가 동주민센터로 내려오면서 보건복지부, 시 · 도 · 구 등 상위 행정단위로부터 새로운 업무 및 업무 보고 요청이 계속 늘어나는 구조가 형성되었다. 이에 읍면동 단위의 실무자들은 하나의 업무에 집중하기 어렵고 이용자와의 라포 형성도 더욱 힘들어지는 상황에 이르게 되었다.

2) 사회보장정보시스템(범정부)

사회보장정보시스템(범정부)은 각 부처 및 정보 보유기관에서 제공하고 있는 복지사업정보와 지원 대상자의 자격 정보, 수급 이력 정보를 통합 · 관리하는 시스템으로 복지업무 담당자는 관리 정보를 기반으로 민원대응, 업무처리, 복지사업설계 등 효율적 복지 행정업무를 수행하고, 복지 대상자에게 꼭 필요한 복지서비스를 맞춤형으로 제공할 수 있도록 지원하기 위한 시스템이다(한국사회보장정보원, 2023).

(1) 주요 서비스

사회보장정보시스템(범정부) 구축을 통해 정보시스템의 영역이 보건복지부 등 소수의 중앙부처 복지사업을 넘어 범정부 복지사업으로 확대된 것을 의미한다. 사회보장정보시스템(행복e음) 개통 이후 대상자 선정의 정확성 제고와 확인 조사를 통해 재정 절감 등의 성과가 가시적으로 나타나자 정부는 이러한 성과를 범부처 차원으로 확대하고자 복지업무 처리에 요구되는 다양한 정보의 연계를 추진하던 범정부 복지 정보 연계 사업을 확장하여 사회보장정보시스템(범정부)으로 추진하게 되었다.

그동안 상대적으로 미흡하다고 평가받던 복지 영역의 정보화가 사회보장정보시스템 구축을 통해 공공행정 효율화의 우수 사례로 전 부처로 확산된 것이다. 사회보장정보시스템(범정부)은 행복e음의 통합 업무 프로세스를 기반으로 범정부 복지업무 처리를 유형화하여 전자적으로 지원하고, 범정부 정보 연계를 통해 복지사업 및 이력 정보를 제공하는 등 복지정보 허브의 역할을 수행하고 있다(엄재성 외, 2021). 사회보장정보시스템(범정부) 서비스의 내용은 다음과 같다(보건복지부, 2023).

〈표 10-4〉 사회보장정보시스템(범정부) 서비스

서비스	서비스 내용
복지알림이 서비스	중앙 부처 및 지방자치단체 복지사업의 서비스 대상, 서비스 내용, 신청절차 등을 각 부처 및 지방자치단체(범정부 포털, http://www.ssis.or.kr), 일반국민(복지로, www.bokjiro.go.kr)에 제공
복지지킴이 서비스	복지 대상자의 중복이나 부적정한 복지서비스 수급을 사전에 방지하고 사후 중단할 수 있도록 지원하기 위해 변동·부적정·중복관리
업무처리 지원 서비스	복지 대상자의 소득과 재산, 인적자료, 수급이력 정보를 연계하여 정확한 복지대상자 선정 및 효율적인 복지 업무처리 지원
서비스 의뢰	각 부처(기관)에서 복지서비스를 신청하기 위해서 방문한 민원인에게 중앙부처뿐만 아니라 해당 지방자치단체의 각종 복지서비스 안내 및 지원
자격·수급이력 통합DB 서비스	각 부처별로 분산되어 운영되던 복지서비스 정보(복지서비스 대상자 및 자격·수급이력 정보)를 연계하여 통합관리

출처 : 생각의 마을(2023), p. 249.

(2) 운영효과

사회보장정보시스템(범정부)의 운영효과로는 수요자 중심의 맞춤형 복지서비스를 제공하여 복지 · 보건 · 일자리 · 교육 · 돌봄 · 주거 등 각 부처 및 지방자치단체 복지서비스를 수요자의 생애주기별, 욕구별 맞춤형으로 제공한다. 또한 각 부처 복지 행정업무의 효율화로 복지서비스 신청 서류의 간소화 및 소득 · 재산조사의 자동화로 복지 행정업무의 효율화 및 복지 대상자 선정의 정확성을 향상한다. 더불어 정확한 복지 대상자 선정 및 복지 재정 누수 방지가 가능하며, 이는 중복 수급 여부, 사망 등 변동정보를 관리하고 각 부처에 주기적으로 제공한다(한국사회보장정보원, 2023).

(3) 시스템 구성도

| 그림 10-2 | 사회보장정보시스템(범정부)의 시스템 구성도

출처 : 한국사회보장정보원(2023).

3) 사회복지시설 정보시스템

사회복지시설 정보시스템은 사회복지시설 업무의 표준화, 투명화 및 사회복지업무의 전자화를 위한 사회복지시설 통합업무관리시스템으로, 구축된 데이터를 기반으로 효과적인 사회복지 정책수립 지원과 대국민 시설이용 편의성 증대에 그 목적이 있다. 사회복지시설 정보시스템의 장점은 다음과 같다(생각의 마을, 2023; 한국사회보장정보원, 2023).

(1) 주요 서비스

사회복지시설 정보시스템의 주요 서비스는 사회복지법인 및 시설의 회계·인사·급여·후원금 관리 등 업무를 전자적으로 처리하고, 행복e음과 연계하여 각종 온라인 보고를 처리할 수 있는 사회복지시설 통합업무 관리시스템이다(한국사회보장정보원, 2023).

〈표 10-5〉 사회복지시설 정보시스템의 주요 서비스

구 분	주요 서비스
회 계	• 전표의 입·출력, 검색, 보고서 출력 • 거래내역 관리(지출결의서, 수입결의서 등) • 예산관리 및 예산실적·잔액관리
관 리	• 임·직원의 급여계산·이체관리 • 교육·자격증·상벌 경력관리 • 인사발령·인사카드관리 • 근태관리, 일용직관리, 퇴직적립금 관리 등 • 비품·소모품 자산관리
세 무	• 과세수입에 대한 부가세신고, 임·직원급여의 원천세 신고 • 세무신고, 퇴직정산·연말정산 관리 • 기타 원천세 관리(사업소득·기타소득 등) • 매출·매입 세금계산서관리, 신고서류 관리 등
고객관리	• 후원자 등록, 후원금 입력, 영수증 발행 등 • 후원자 및 결연자 정보관리 • 후원금 입금·지급 관리 및 OMS/ OCR 관리 • 후원단체관리, 결연자 통장 관리
이 력	• 서비스 종별, 서비스 이력관리 • 생활자(이용자) 등록, 검색, 입·퇴소 이력관리 • 기본사항, 건강상태, 추가사항, 가족사항, 보관품, 방배치 등 상세정보 관리

출처 : 생각의 마을(2023), p. 251.

(2) 운영효과

사회복지시설 정보시스템의 운영효과를 네 가지로 요약하면 다음과 같다(보건복지부, 2023).

① **사회복지시설** : 업무의 표준화 및 업무 감소, 전산시스템 유지보수 비용 절감, 시 · 군 · 구 행정기관 제출 서류 온라인 접수
② **시 · 군 · 구 공무원** : 소관 복지시설 자원의 효과적, 체계적 관리 기능, 중복작업 최소화로 업무 감소, 행정업무 간소화 및 효율성 증대
③ **보건복지부** : 효과적인 정책수립 기반 확립, 시설현황 파악 및 자동화 통계 지원
④ **일반국민** : 시설이용을 위한 편의성 증대, 투명성 확보를 통한 신뢰 구축

(3) 시스템 구성도

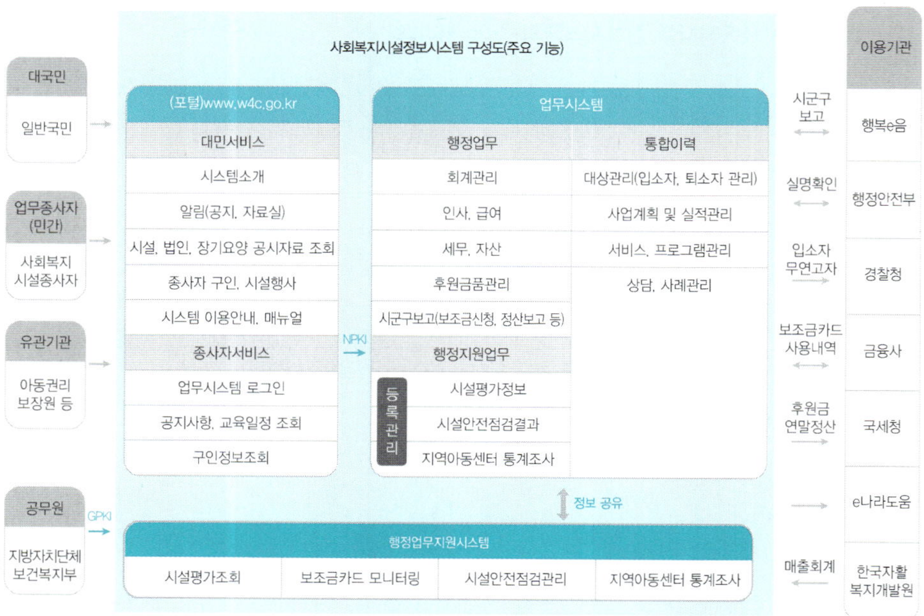

┃그림 10-3┃ 사회복지시설 정보시스템 구성도

출처 : 보건복지부(2023).

4) 복지로

'복지로'(www.bokjiro.go.kr)는 각 부처의 복지서비스 정보를 모아 한눈에 볼 수 있도록 제공하고 맞춤 검색에서 온라인 신청까지 실생활 중심의 복지정보와 서비스를 제공하는 대한민국 대표 복지포털이다(보건복지부, 2023).

사회보장기본법에 따르면 사회보장이란 출산, 양육, 실업, 노령, 장애, 빈곤 및 사망 등의 사회적 위험으로부터 모든 국민을 보호하고 삶의 질을 향상시키는 데 필요한 소득·서비스를 보장하는 사회보험, 공공부조, 사회서비스를 말한다(동법 제3조 제1호). 국가는 국민편익의 증진과 사회보장업무의 효율성 향상을 위하여 사회보장업무를 전자적으로 관리하도록 노력하여야 하는바(동법 제37조 제1항), 한국사회보장정보원을 두어 정보시스템을 운영하는 한편, 대국민 복지포털로서 '복지로'를 운영하고 있다.

'복지로'는 사회보장과 관련한 정보의 제공, 사회보장급여의 신청 등과 관련한 온라인 서비스를 제공하고 있으며, 기존 복지정보제공 중심의 국가복지정보포털이 민생지원 서비스제공 중심의 희망길잡이넷을 통합하면서 확대된 복지 대표 포털로서 2010년 12월 개통되었다(강지선·배유진, 2020).

(1) 주요 서비스

① **맞춤형 급여안내**(복지멤버십) : 가입자의 연령, 가구구성, 경제 상황 등을 기준으로 수급 가능한 복지서비스를 맞춤형으로 찾아 안내한다.

② **복지지갑** : 복지자격 정보, 복지수급 현황, 서비스 신청현황 등 개인의 복지 현황을 종적으로 확인할 수 있도록 정보를 제공한다.

③ **복지서비스**

- **복지서비스 찾기** : 중앙부처, 지방자치단체 및 민간의 복지서비스 정보를 생애주기별, 가구상황별, 관심주제별로 분류하여 제공한다.
- **복지서비스 모의계산** : 간단한 소득재산 항목을 입력하여 복지사업별 수혜대상 여부를 자가진단할 수 있다.

④ **복지서비스 온라인신청** : 주민센터 방문 없이 복지서비스, 민원서비스, 증명서 발급을 온라인으로 신청할 수 있도록 서비스를 제공한다[복지서비스 31종, 민원서비스 신청 5종, 증명서 발급 6종(2022년 8월 기준)].

⑤ **복지지도** : 사용자 현재 위치 또는 선택한 지역을 기준으로, 주위에 있는 지도 기반의 시설정보를 통합적으로 제공한다(복지시설, 보육/ 교육시설, 공공기관, 의료기관, 편의시설 복지도움).

- **도움요청** : 본인 또는 이웃이 사회적 위험으로 인해 도움이 필요할 때, 복지로를 통해 온라인으로 도움을 요청한다.
- **함께도움** : 도움이 필요한 사연들을 국민에게 알려 나눔 문화를 확산하고, 민관 협력을 통해 발굴 사연을 지원한다.

⑥ **복지신고** : 보건복지부 주관사업에 대한 복지시설, 의료기관, 개인의 부정수급을 익명 또는 실명으로 신고한다.

⑦ **복지소식**

- **복지뉴스, 뉴스레터** : 사회보장 관련 제도, 정책 등 최신 복지뉴스를 제공하고, 관심 분야의 복지정보를 뉴스레터로 발송한다.
- **홍보소식, 복지사례** : 사회보장 관련 인포그래픽과 복지서비스 이해를 돕는 복지서비스 사례를 제공한다.
- **복지통계** : 복지서비스별, 생애주기별 다양한 사회보장 통계를 제공한다.

(2) 운영효과

복지로의 운영효과를 살펴보면 대국민 복지서비스 체감도 제고와 복지서비스 신청의 온라인 편의성 제고, 국민 참여의 복지 사각지대 발굴 기능, 보건·복지예산 낭비 절감 효과에 있다.

(3) 시스템 구성도

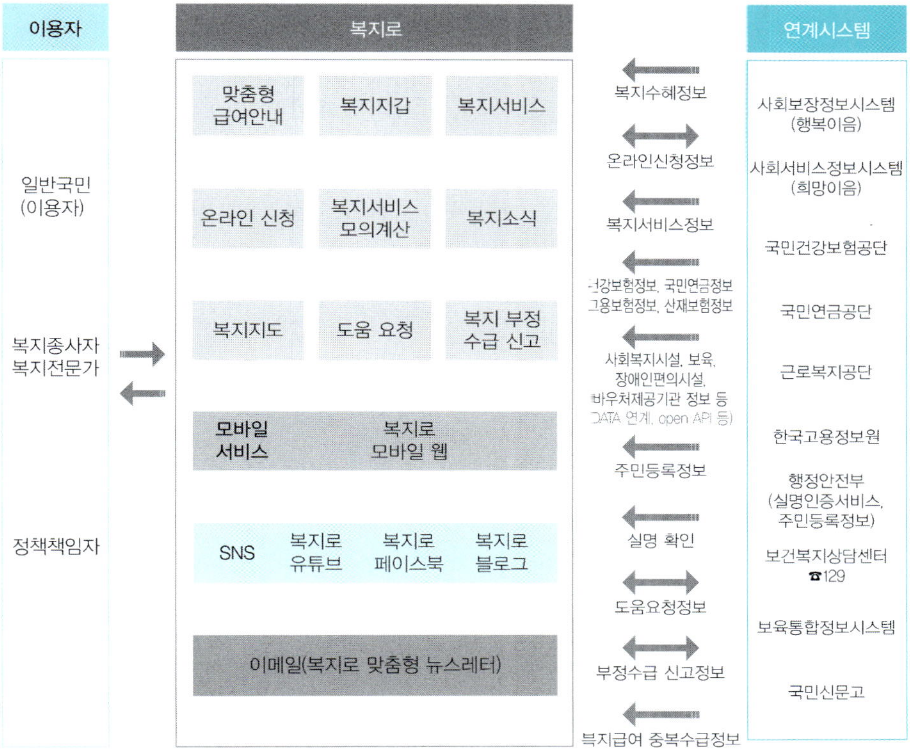

| 그림 10-4 | 복지로 시스템 구성도

출처 : 한국사회보장정보원(2023).

5) 사회서비스 전자바우처시스템

(1) 사회서비스 전자바우처시스템 도입배경

사회서비스는 사회보장기본법 제3조 제4항에 따라 국가 · 지방자치단체 및 민간부문의 도움이 필요한 모든 국민에게 복지 · 보건의료 · 교육 · 고용 · 주거 · 문화 · 환경 등 분야에서 인간다운 생활을 보장하고 상담, 재활, 돌봄, 정보의 제공, 관련 시설의 이용, 역량 개발, 사회참여 지원 등을 통하여 국민의 삶이 향상되도록 지원하는 제도이다(보건복지부, 2023). 사회가 변화함에 따라 이러한 사회서비스에 대한 수요가 증가, 변화하고 있으나 높은 인건비 비중,

부가가치 창출의 어려움, 이용자의 낮은 구매력 등으로 인해 공공부문 역할 강화와 함께 민간 시장 및 산업육성이 필요하게 되었다. 사회서비스는 국민의 일상생활 지원, 가족과 공동체를 위한 생활서비스를 비롯하여 상대적인 불평등과 관련된 요구가 강한 서비스, 사회적으로 필요하나 시장에서 최적의 양이 공급되지 못해 주로 초기에 공공부문에서 공공기반이 마련될 필요가 있는 서비스를 포함한다. 사회서비스는 이윤추구 등 경제적 동기 외에 이타주의 등 사회적 동기가 결합하여 제공되며, 사회적 소비의 총량은 개인적 선택 외에 집단적인 의사결정이 중요한 요소로 작용하는 특징을 가지고 있다.

사회서비스 전자바우처시스템(www.socialservice.or.kr)은 돌봄, 일상생활 지원, 사회적응지원, 문화체험 등 정부와 지방자치단체의 사회서비스에 대한 신청, 이용, 비용 지불정산 등의 전 과정을 전산으로 처리하는 수단을 의미한다(보건복지부, 2023).

사회서비스 전자바우처는 2007년 처음 도입되었다. 2006년 10월 사회서비스 혁신단의 설치를 시작으로 2007년 3월 사회서비스관리센터가 출범하여 노인돌보미, 장애인활동보조, 산모신생아돌봄, 지역사회서비스혁신사업의 4대 전자바우처 사업으로 시작되었다. 새로운 사회서비스 전달체계로서의 사회서비스 전자바우처는 기존의 공급자 중심의 전달체계와는 다른 점이 있다. 사회서비스의 제공 대상이 중산층까지 확장되었고, 서비스 금액의 일부를 이용자가 부담하게 되었으며, 이용자의 욕구에 따라 서비스 시간이 표준화되었다. 아울러 여러 개의 사회서비스 제공기관들이 경쟁함으로써 다양한 서비스가 제공될 수 있게 되었다(어광수 · 남태우, 2020).

(2) 주요 서비스

바우처란 그 명칭 또는 형태와 상관없이 이용자가 제공자에게 제시하여 일정한 사회서비스를 받을 수 있도록 그 사회서비스의 수량 또는 그에 상응하는 금액이 기재된 증표(사회서비스 이용 및 이용권 관리에 관한 법률 제2조)를 말한다. 전자바우처(e-바우처)란 위 사항을 전자적 또는 자기적 방법을 사용하여 신용카드, 체크카드, 실물카드 등에 기록한 이용권이다(보건복지부, 2023).

바우처 서비스에는 노인돌봄 종합서비스, 장애인활동지원, 산모신생아도우미, 가사간병방문, 장애아동재활치료, 언어발달지원, 임신출산진료비지원, 지역사회서비스가 이루어지고 있다(강주희, 2013). 사회서비스 전자바우처의 주요 서비스는 다음과 같다(보건복지부, 2023).

① **제공기관** : 이용자 및 제공인력 관리, 서비스 제공 관리 등
② **대상자** : 사회서비스 이용 및 바우처 결제
③ **지방자치단체** : 서비스 대상자 및 제공기관 관리, 예탁금 정산관리 등
④ **대국민지원** : 서비스 기관 찾기, 이용내역 조회 등

(3) 운영효과

사회서비스가 수많은 제공기관의 복지서비스 인력들을 통해서 공급되고 있는데, 사회서비스 전자바우처를 도입함으로써 공급자 중심에서 이용자 중심으로의 서비스 제공, 사회서비스의 다양화, 공급기관 간의 경쟁을 통한 전문성 강화, 복지 재정 이용의 효율화가 이루어졌다. 사회서비스 전자바우처시스템의 운영효과를 살펴보면 다음과 같다(보건복지부, 2023).

① **일자리 창출** : 고용 취약계층에게 적합한 일자리 제공으로 서민생활 안정 및 경제활동의 참여기회가 확대된다.
② **선택권 강화** : 복지서비스 대상자가 소극적인 복지수급자에서 능동적인 서비스 구매자로 전환되어 수요자의 선택권을 강화한다.
③ **품질 경쟁체계 구축** : 복지분야 독점상태를 해소하여 경쟁을 통한 서비스 품질 제고 환경을 구축한다.
④ **투명성, 효율성 향상** : 사업의 전자화로 행정관리비용 감소, 재정운영의 효율성 및 투명성 제고, 지불 · 정산업무 전산화로 지방자치단체 행정부담 경감, 중앙정보 집적체계로 사업실적 실시간 파악 및 행정비용 절감을 가져온다.

(4) 시스템 구성도

사회서비스는 개인 또는 사회전체의 복지증진 및 삶의 질 향상을 위해 사회적으로 제공되는 서비스를 말하며 공공행정(일반행정, 환경, 안전), 사회복지(보육, 아동 · 장애인 · 노인 보호), 보건의료(간병, 간호), 교육(방과 후 활동, 특수교육), 문화(도서관 · 박물관 · 미술관 등 문화시설 운영)를 포괄하는 개념이다. 집합적 대응이 필요하다고 사회적으로 인정되고, 개인과 국가가 공동으로 책임지는 국가 혹은 지역서비스이다(보건복지부, 2023). 이러한 사회서비스를 보다 효과적으로 제공하기 위한 사회서비스 전자바우처시스템은 대국민 포털, 사업관리 지원 시스템, 통계분석시스템, 결제승인 시스템으로 구성되어 이루어지고 있다.

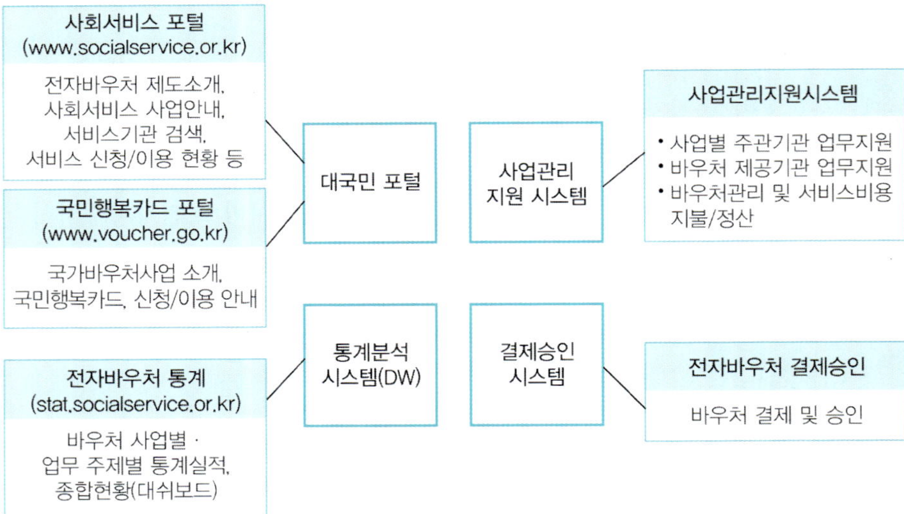

그림 10-5 사회서비스 전자바우처시스템의 구성도

출처 : 한국사회보장정보원(2023).

4. 사회복지조직 정보화의 문제점과 발전방향

사회복지조직의 정보화에 따라 나타날 수 있는 문제점과 발전방향을 살펴보면 다음과 같다(임정문 외, 2021; 정영철, 2011).

1) 사회복지조직 정보화의 문제점

정보화가 진행될수록 업무의 효율성 측면에서는 놀라울 정도의 긍정적인 변화를 가져왔고, 사회복지조직들의 서비스 제공과 기관의 관리 및 운영에 있어서 신속성과 편리성을 향상시켰다. 이처럼 긍정적인 측면은 부인할 수 없지만, 동시에 개인정보보호와 정보소외계층에 대한 문제도 중요하게 고려해야 할 필요가 있다.

데이터가 공유되고 활용될 경우 개인정보가 노출되는 것에 대해 부정적인 시각을 가질 수 있고, 범죄에 활용될 수 있어 우려하게 되는 것은 사실이다. 개인정보를 어느 정도까지 활용할 것인가는 윤리적인 문제도 관련되어 있으므로 규정을 마련하는 데에도 신중한 결정이 필요하다. 개인정보의 활용에 대한 긍정적 측면과 필요성에 대한 사회적 합의도 필요할 것이고, 그러한 빅데이터를 관리하는 기관에 대한 사회적 신뢰도 역시 향상되어야 한다. 따라서 정보를 담당하는 기관은 개인정보보호에 대한 명확한 규정을 세워 준수해야 하고, 개인정보에 대한 엄격한 보호가 반드시 필요할 것이다.

또한 정보화가 보편화되어 일상에서도 정보통신기술을 활용하게 되었지만, 여전히 정보소외계층이 존재하며 이들은 더욱더 사회복지서비스에 접근하기가 어려워졌다. 이러한 정보소외계층이 서비스 대상에서 누락되거나 사회적 위험에 빠지지 않도록 다양한 차원에서의 대책도 필요할 것이다.

2) 사회복지조직 정보화의 발전방향

① 수요자 중심의 정보화

클라이언트 입장에서는 온라인상에서 제공받을 수 있는 서비스의 종류나 서비스 제공 방법을 쉽게 확인할 수 있는 프로그램이, 사회복지사에게는 정보화 작업을 통해 클라이언트에게 적절한 서비스를 제공할 수 있도록 정보관리체계가 구축되어야 하며, 사회복지 행정 및 정책 담당자에게는 사회복지정책의 효과성을 검증할 수 있는 프로그램이 설계되어야 한다.

② 온라인과 오프라인 상에서 사회복지서비스 연계

사회복지기관은 홈페이지를 구축하고 있어 각 기관에서 실시되고 있는 프로그램의 내용을 파악할 수 있고 프로그램에 대한 신청도 가능하다. 인터넷 채팅을 통한 상담서비스는 실시간으로 제공될 수 있다. 그러나 사회복지서비스는 클라이언트와의 일대일 대면관계에서 이루어지므로 정보화가 아무리 진행된다 하더라도 중요한 서비스는 오프라인상에서 제공되므로 사회복지서비스는 온라인과 오프라인에서 서로 보완적 관계를 유지하면서 밀접하게 연계되어야 한다.

③ 사회복지서비스 영역별 정보화 연계

클라이언트는 한 가지 이상의 도움이 필요한 사람이 많다. 이에 통합적 서비스를 제공하기 위해서는 사회보험, 공공부조, 사회복지서비스 등의 사회복지 분야의 네트워크와 보건복지부와 고용노동부, 여성가족부, 교육부 등 다른 부처와의 긴밀한 협조체계를 구축하고 정보를 공유해야 한다.

④ 정보의 접근성 강화

지역별, 고연령의 사회적 취약계층은 정보의 접근성이 상대적으로 취약하기 때문에 다른 계층에 비해 서비스에 대한 정보가 부족하고, 이로 인해 부당한 차별을 받을 수 있으므로 취약계층에게 정보를 활용할 수 있는 역량을 강화시켜야 한다.

⑤ 빅데이터 관리 및 분석이 가능한 전문가 양성

향후 사회복지조직에서 정보화는 더욱 활성화될 것이고, 데이터의 규모도 지속적으로 확대될 것으로 예상된다. 이러한 빅데이터를 올바르게 관리하고 의미 있는 분석이 가능한 전문가가 다양한 분야에서 필요할 것이므로, 단순한 통계전문가가 아닌 사회복지관점에서 분석할 수 있는 전문가의 양성에도 노력을 기울여야 할 것이다.

⑥ 빅데이터 담당기관의 신뢰성과 전문성 향상

현재 우리나라에서는 한국사회보장정보원이 방대한 데이터를 관리하고 있는데, 데이터를 보다 철저하게 관리하고 유용하게 활용할 수 있도록 사회적으로 신뢰받는 기관으로서 기반을 확고히 해야 할 것이다. 또한 전문성 향상을 위해 정보관리 및 분석의 전문인력 양성과 교육에도 보다 관심을 가지고 지속적인 노력이 필요하다.

1급 필수 요약

1. 사회복지조직 정보관리체계의 필요성

- **업무 효율성** : 수입과 지출의 자료를 입력하면 월별 수입과 지출이 자동으로 계산
- **서비스의 효과성과 효율성** : 서비스 중복, 누락 방지, 비용 효과적 업무수행 가능
- **상시적 평가와 모니터링** : 전자우편, 화상회의, 전자결재를 통해 상시 모니터링 가능
- **책임성 있는 환경 조성** : 사회복지사의 업무가 보다 명확
- **사회복지조직 간 정보 공유 및 서비스 연계** : 사회복지 타 조직들 간의 자연스러운 정보 공유 가능

2. 사회복지조직 정보관리체계의 유형

- **자료처리시스템** : 정보의 수집, 저장, 검색, 전송, 자료출력
- **관리정보시스템** : 사람의 모집, 절차, 자료와 정보수집기술, 절차를 통해 자료와 정보를 향상시키는 기술, 그 결과를 배포하는 기술
- **지식기반시스템** : 전문가 시스템, 사례기반추론, 자연음성처리
- **의사결정지원시스템** : 전문가가 복잡한 의사결정을 보다 쉽게 하도록 지원
- **업무수행지원시스템** : 정보기술 발달로 현장에서 업무수행능력을 향상시키기 위해 개발된 통합 정보제공시스템

3. 사회복지조직의 정보관리체계

- **사회보장정보시스템(행복e음)** : 사회복지 급여 및 서비스 지원 대상자의 자격과 이력에 관한 정보를 통합 · 관리하고, 지방자치단체의 복지업무 처리를 지원
- **사회보장정보시스템(범정부)** : 관리 정보를 기반으로 민원대응, 업무처리, 복지사업 설계 등 효율적 복지 행정업무를 수행, 맞춤형 복지를 제공
- **사회복지시설 정보시스템** : 사회복지시설 업무의 표준화, 투명화 및 사회복지업무의 전자화를 위한 사회복지시설 통합업무관리시스템
- **복지로** : 사회보장과 관련한 정보의 제공, 사회보장급여의 신청 등과 관련한 온라인 서비스를 제공
- **사회서비스 전자바우처시스템** : 정부와 지방자치단체의 사회서비스에 대한 신청, 이용, 비용지불 정산 등의 전 과정을 전산으로 처리

4. 사회복지조직 정보화의 문제점과 발전방향

- **사회복지조직 정보화의 문제점** : 개인정보보호, 정보소외계층
- **사회복지조직 정보화의 발전방향** : 수요자 중심의 정보화, 온 · 오프라인 상의 사회복지서비스 연계, 사회복지서비스 영역별 정보화 연계, 정보의 접근성 강화, 빅데이터 전문가 양성, 빅데이터 담당기관의 신뢰성과 전문성 향상

CHAPTER 11

사회복지조직의 환경과 조직문화

1. 사회복지조직의 환경
2. 조직문화의 개념 및 유형
3. 사회복지조직의 조직문화

11 CHAPTER

사회복지조직의 환경과 조직문화

1. 사회복지조직의 환경

사회복지조직은 정치, 경제, 사회, 문화 등 여러 환경의 영향을 받는다. 이러한 환경에 잘 적응하는 조직은 성장, 발전하지만 그렇지 못한 조직은 퇴보한다. 조직을 둘러싼 외부적 요소로 조직의 생성과 발전에 영향을 미치는 것 또는 조직의 기능에 직접적으로 영향을 주는 외적 환경을 조직 환경이라 한다(생각의 마을, 2023). 과학적 관리론, 관료제 이론, 인간관계론 등의 폐쇄체계이론에서는 조직과 외부환경과의 상호작용을 보지 않고 조직의 생산성 향상에 집중하였다. 하지만 20세기 중반에는 조직과 환경과의 상호의존적인 관계에 주목하는 개방체계적 관점이 발달하면서 조직에게 중요한 영향을 미치는 것을 환경이라 개념화하였고, 간접적 영향 혹은 직접적 영향인가에 따라 일반환경과 과업환경으로 구분짓는다(신복기 외, 2021).

1) 일반환경과 과업환경

(1) 일반환경

조직을 둘러싼 외부 환경은 크게 일반환경과 과업환경으로 구분된다. 일반환경은 간접적이긴 하나 과업환경에 대한 영향을 통해서 조직에 중대한 영향을 미칠 수 있는 환경으로 조직이 변경시킬 수 없는 주어진 조건을 의미한다. 일반환경의 요소는 경제적 조건, 사회 · 인구학적 조건, 문화적 조건, 정치적 ·

법적 조건, 기술적 조건 다섯 가지로 설명할 수 있다(생각의 마을, 2023; 신복기 외, 2021; 최성재 · 남기민, 2020).

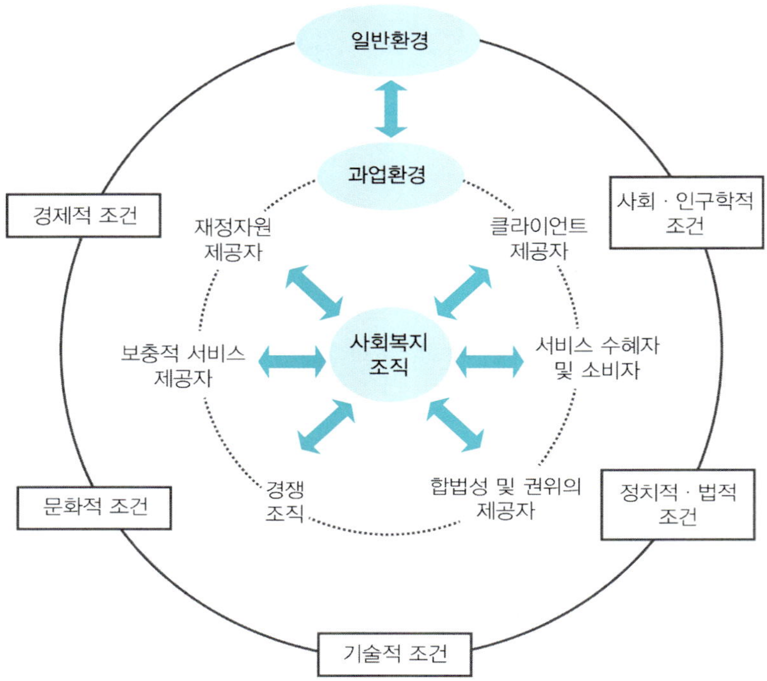

| 그림 11-1 | 조직 환경의 구분

출처 : 강종수(2019), p. 354.

① 경제적 조건

조직에 직접적인 영향을 미치는 국가와 지역사회의 경제 상황은 사회복지조직에 대한 자원공급을 결정하는 주요 요인이고, 사회복지조직에 대한 클라이언트의 수요를 결정하는 주요 요인이 된다. 예를 들어, 경기 호황 · 불황, 경제성장률, 실업률 등의 경제적 조건을 고려할 상황이라면 사회복지조직들은 자활사업, 사회적 기업, 일자리 창출 관련 성과지표 마련 등에 관심을 기울인다(생각의 마을, 2023).

② 사회 · 인구학적 조건

연령과 성별분포, 가족 구성, 거주지역, 사회적 계급 등의 사회 · 인구학적 조건은 여러 가지 사회문제, 욕구 발생 빈도 등과 밀접한 관계에 있다. 또한 클라이언트의 사회 · 인구학적 특성은 사회복지조직에서 클라이언트를 택하는 데에도 영향을 준다. 이러한 요소들은 서비스 수요와 변동의 예측 요인이 된다. 따라서 사회 · 인구학적 조건은 일반환경의 중요한 요소이다. 예를 들어, 소득수준이 낮은 모자세대, 소년 · 소녀가장세대의 증가는 청소년 보호서비스의 필요성이 대두되며, 농어촌 거주자, 노인단독세대의 증가는 노인보호서비스의 증가를 보여준다. 이는 관련 서비스와 프로그램 신설 또는 확대에도 영향을 미친다(생각의 마을, 2023; 신복기 외, 2021).

③ 문화적 조건

특정 시기에 사회 내 우세한 문화적 신조와 가치에 따라 사회복지조직의 서비스 형태, 문제의 규정 등은 크게 영향을 받는다. 사회복지조직의 특징과 목적은 인간 문제의 원인과 욕구 그리고 여러 가치관, 지배적 이념들을 반영하고 있다, 문화적 조건은 사회의 가치 및 규범에 관한 것이므로 자연스럽게 사회복지조직의 목표와 방향은 문화적인 조건들의 영향을 받는다. 예를 들어, 조직의 지배적 가치나 문화가 무엇인지에 따라 산출하는 서비스의 내용도 달라진다. 빈곤의 원인을 개인과 사회구조 중 어디에 두는지에 따라 저소득층의 직업재활고육, 구직상담, 공공근로 확대 등의 서비스를 만들어 낸다(생각의 마을, 2023).

④ 정치적 · 법적 조건

사회복지조직이 가용 재정자원을 정부에 의존하고 있는 상황에서 자원배분을 통제하는 정치적 환경은 사회복지조직에 매우 중요한 환경이다. 또한 여러 법적 규제들은 사회복지조직이 서비스를 제공할 때 많은 조건들을 규정하고 통제하는 사회복지조직의 고객선정, 장소, 서비스 인력 등에 큰 영향을 미친다. 이러한 정치적 · 법적 조건은 자원분배를 통제하며, 서비스 기술이나 계획, 대상자 선정, 전문인력 확보 등에 중대한 영향을 미치는 환경이다. 국민기초생활보장법에서 자활사업 · 부양의무자 등의 급여자격, 사회복지법인의 법정종사자 규정 등이 이에 해당한다(최성재 · 남기민, 2020).

⑤ 기술적 조건

사회복지조직이 인간문제의 해결을 위하여 적용하고 있는 서비스 기술은 인간문제와 욕구에 대응하기 위하여 개발된 전반적인 기술 발전을 반영한다. 즉, 사회의 기술적 진보나 변화가 사회복지조직의 서비스 기술에 미치는 영향을 말한다. 예를 들면, 컴퓨터 기술의 발달은 정보관리 체계의 중요성에 대한 인식을 가져왔고, 정신작용 약물의 발견으로 정신건강 분야에서의 치료는 크게 진전되었다.

(2) 과업환경

과업환경이란 사회복지조직과 함께 상호작용하는 환경, 즉 사회복지조직이 자원과 서비스를 교환하고 조직과 특별한 상호작용을 하는 집단이다. 이러한 과업환경은 재정자원의 제공자, 합법성과 권위의 제공자, 클라이언트 제공자, 보충적 서비스 제공자, 조직이 산출한 것을 소비 또는 인수하는 자, 경쟁조직들의 여섯 가지로 설명할 수 있다(생각의 마을, 2023; 신복기 외, 2021; 최성재 · 남기민, 2020).

① 재정자원의 제공자

사회복지조직은 외부의 재정적 지원에 의존하여 기관을 운영하는 경우가 많으며, 재정자원의 제공자는 조직에 가장 큰 영향을 미치는 요인이 된다. 조직은 재정자원 제공자가 많고 적음에 따라 또는 지원하는 금액에 따라서 운영에 직접적인 영향을 받는데, 주로 정부와 지방자치단체, 개인, 후원자, 법인, 기업체, 공동모금 등이 있다. 재정지원자의 가치와 조직 목표가 일치하지 않을 경우 재원조달뿐만 아니라 조직활동 전반에 큰 영향을 미친다(강종수, 2019).

② 합법성과 권위의 제공자

합법성과 권위의 제공자란 정부, 전문직협회, 의회, 운영법인, 시민단체 등과 같이 조직이나 집단이 가지고 있는 권위의 일부를 다른 조직으로 넘겨주거나 그 조직의 위신 혹은 지위를 보고 사회적인 지지를 해주는

자들을 의미한다. 이들의 중요한 기능 중 하나가 조직을 감독하고 평가하는 일인 만큼 조직의 합법성과 권위는 법률에 의해 부여되고, 사회복지조직이 봉사하고 있는 지역사회나 클라이언트 집단, 전문가 집단으로부터 그 조직에 대한 사회적인 승인과 정당성이 나온다고 한다. 정부, 전문직협회, 시민단체, 의회 등이 이에 해당된다.

③ 클라이언트 제공자

클라이언트를 사회복지조직에 의뢰하는 집단과 조직, 개인을 포함해 조직으로부터 직접 서비스를 받고자 하는 개인 혹은 가족 등을 의미한다. 이와 같이 사회복지조직은 클라이언트 자신에서부터 가족, 의뢰기관, 정부기관과 같은 다른 조직에까지 다양한 제공자를 가진다. 클라이언트를 사회복지조직에 의뢰하는 타 조직, 집단, 개인(학교, 경찰, 청소년 단체) 등이 이에 해당한다.

④ 보충적 서비스 제공자

클라이언트의 욕구가 다양해지면서 하나의 조직이 모든 서비스를 제공하기란 불가능에 가깝다. 따라서 사회복지조직들은 다른 조직과 공식, 비공식적인 연계체계를 마련하는 경우가 많다. 예를 들어, 사회복지관을 이용하는 한 클라이언트가 명의를 도용해서 핸드폰 요금이 과다하게 청구되는 바람에 요금 미납으로 신용불량자가 되었다고 하자. 이럴 때 사회복지사는 법률가의 자문을 통해 명의 도용, 부당한 요금 청구, 신용 회복 등의 문제를 해결해 나가는 것이 바람직하다(생각의 마을, 2023).

조직이 성공적으로 서비스를 제공하는 데 필요한 활동을 하는 기타 사회복지조직으로 하나의 조직에서 모든 서비스를 다 제공할 수 없기 때문에 사회복지조직은 주된 서비스를 보충해 줄 수 있는 보충적 서비스의 제공자와 공식적 또는 비공식적인 협조체계를 유지한다(최성재 · 남기민, 2020). 병원과 활동이 연계되는 알코올치료센터, 사회복지전담 공무원의 의뢰 서비스와 연계되는 요양원 · 노인복지시설 등이 이에 해당한다.

⑤ 조직이 산출한 것을 소비 · 인수하는 자

사회복지조직이 만들어 낸 서비스를 받아들이며 소비하고 이용하는 자를 말한다. 사회복지조직은 여러 가지 복합적인 욕구와 문제를 지니고 있는 클라이언트를 조직의 외부에서 내부로 받아들인 후 상담기법 등 여러 가지 기술을 활용해 변화된 사회적 지위와 신체 그리고 변화된 정신을 가진 인간을 산출하는 역할을 하는데, 이에 따라 변화된 상태의 클라이언트를 받아들일 수 있는 클라이언트 자신, 가족, 지역사회, 국가 등의 인수자 혹은 소비자가 있어야 한다. 예를 들어, 클라이언트 자신과 클라이언트와 관계를 맺고 있는 자로서 가족, 교정기관, 학교 등이 해당한다.

⑥ 경쟁하는 조직들

클라이언트를 조직에 의뢰하는 집단과 조직뿐만 아니라 조직으로부터 직접 서비스를 받고자 하는 개인과 가족들 혹은 다른 자원들을 놓고 경쟁하는 경쟁관계의 외부 조직들을 말한다. 예를 들어, 사회복지시설은 다양한 공모사업에 선정되기 위해 다른 사회복지기관들뿐만 아니라, 지역의 타 기관들과도 경쟁하게 된다(최성재 · 남기민, 2020).

2) 사회복지조직의 환경관리

사회복지조직은 사회복지조직을 둘러싸고 있는 외부 환경에 끊임없이 대응하며, 다른 사회복지조직뿐만 아니라 기타 사회조직 및 체계들과 상호관계를 맺고 있다. 특히 인적 및 물적 자원 조달을 위해서 사회복지조직은 외부환경과의 의존-권력 관계를 피할 수 없게 되고 조직은 처한 상황에 따라 각기 다른 전략을 세울 것이다(최성재 · 남기민, 2020).

(1) 의존 – 권력 강화 및 상쇄조건

조직이 환경에 수동적으로 적응하거나 생태적 환경, 경제적 환경에 의해 선택이 결정된다면 유사한 환경하에 존재하고 있는 조직들은 비슷한 특성을 가지고 있어야 하지만, 동일한 환경에 있는 조직이라고 하더라도 경영전략이 서로 다른 것이 밝혀지면 조직이 유리하도록 환경을 변화시키는 전략적 대응이 필요하다. 사회복지조직과 환경과의 관계에서 의존강화조건을 약화시키면 의존을 상쇄하는 전략으로 작용하고, 의존상쇄조건을 강화시키면 의존을 약화시킨다(최성재 · 남기민, 2020).

〈표 11-1〉 조직 환경에 대한 의존강화조건과 권력의 기초요소

의존강화조건	의존상쇄조건
외부에서의 정책적 강요	외부세력에 의해서 허용된 자우
조직의 서비스를 사용하는 데 외부에서의 재량권 행사	주요 자원의 소유
외부조직의 서비스를 크게 필요로 함	대체적 서비스의 가용성
필요한 목표를 외부에서 인가	자체승인의 이념개발
대안에 대한 부정확한 정보	대안에 대한 효과적인 정보

출처 : Hasenfeld(1983), p. 68, 최성재 · 남기민(2020), p. 204 재인용.

(2) 의존–권력 관계를 변화시키기 위한 전략

사회복지조직들이 외부 환경에 의존하게 되면 조직에 불안을 조성하게 되고 외부압력에 취약하고 조직의 권위와 생존을 위협받게 된다. 따라서 사회복지조직은 의존–권력 관계를 개선하기 위하여 다양한 전략을 사용할 수 있다. 전략선택은 조직에 필요한 자원의 조직 외부에서의 집중과 분산의 정도, 조직이 통제하는 전략적 자원의 양에 의해서 결정된다(신복기 외, 2021; 최성재 · 남기민, 2020).

3) 사회복지조직의 환경관리전략

사회복지조직의 환경관리에 있어서 유용성이 높은 전략과 유용성이 낮은 전략은 다음과 같다(생각의 마을, 2023).

(1) 유용성이 높은 전략

① 협력 전략

협력 전략은 사회복지조직에서 가장 많이 사용하는 전략이다. 과업환경 내의 다른 조직에게 필요한 서비스를 제공해 그에 대한 보답으로 상대조직에 대한 권력을 증가시키는 전략이며, 계약과 연합, 흡수, 집합적 임팩트 등이 있다.

㉠ 계약

두 조직 사이에 자원 혹은 서비스의 교환을 위해 협상된 공식적·비공식적 합의를 말한다(예 MOU 체결). 정부조직이 자금을 가지고 있고 민간 사회복지조직은 정부가 필요로 하는 서비스를 제공할 수 있는 경우에 많이 이루어지고 있다. 반면 계약은 조직선택의 범위를 좁히고 자율성을 침해하며 조직의 주요 목적과 맞지 않는 서비스를 제공하고 효과성 평가를 어렵게 하며 부주의한 서비스로 남용될 수도 있다. 또 서비스 효과성의 평가를 어렵게 하고, 부적절한 계약으로 서비스가 부실해지는 문제가 발생할 수 있다. 계약의 예로는 거동불능 노인을 위한 간병서비스의 경우 정부는 해당 사업의 사업비를 제공하고, 적절한 자격조건을 갖춘 민간기관은 정부와 계약을 통해 전문 간병 인력을 제공하는 것을 들 수 있다.

㉡ 연합

자원의 혜택과 복지서비스의 제공이 비슷한 복지관들이 상호 제휴하는 것이다. 여러 조직들이 합동으로 사업하기 위해 자원을 합하는 것이므로 조직의 세력이 비교적 약해야 하고 상호 이익을 추구하고 비용보다는 이득이 커야 한다. 연합의 문제점은 책임 수행에 대한 비용이 증가하고, 회원조직들의 불화, 이익에 대한 의견 불일치 등의 문제가 발생할 수 있다. 그 예로서 한 사업을 위해 여러 조직이 자원을 합하여 연합회나 협의회를 발족하는 것을 들 수 있다.

㉢ 흡수

과업환경 내의 주요 구성조직들의 대표자들을 지도층, 정책수립기구에 흡수해 조직의 안전성을 높이고 위협을 피하는 것이다. 즉, 외부환경의 주요 대표자들(관련 공무원, 시도 의원 등)을 조직 속에 편입시켜 합법성과 지지를 얻어내는 것이다. 조직이 필요로 하는 자원이 환경에 집중되고 조직 자체에 전략적 자원이 없을 때, 위협을 기존 자원으로 상쇄할 수 없을 때 이용된다. 하지만 의사결정에 외부 대표들이 참여할 경우 조직의 목적과 활동의 자율성을 침해할 수 있다. 클라이언트 대표나 지역주민 대표 등을 의사결정, 프로그램 평가, 운영위원회 등에 참가시키는 것, 유명 연예인을 홍보대사로 위촉, 다른 기관의 대표를 자문위원으로 위촉하는 것이 이에 해당된다.

㉣ 집합적 임팩트

협력의 새로운 트렌드로 최근 주목받고 있는 집합적 임팩트(collective impact)는 Mark Kramer와 John Kania가 스탠포드대학교 경영대학원에서 출간하는 저널인 Stanford Social Innovation Review를 통해 제시한 개념이다. 집합적 임팩트는 다양한 영역에 속한 다양한 주체들이 더 이상 개별적으로 해결노력을 실행하지 않고 특정 사회문제와 관련해서 더 파급력 높은 해결을 위해 공동의 어젠다를 설정하고 구조화된 협력의 체계를 구축하며, 이를 기반으로 함께 헌신적으로 해결을 모색하는 것을 의미한다. 집합적 임팩트는 해결해야만 하는 사회문제에 초점을 두면서 다양한 영역에 속한 조직들 간의 협업을 통해 실질적으로 사회문제의 해결을 보다 효율적이고 효과적으로 모색하면서 이전의 방식에서는 이룰 수 없었던 더 큰 파급력을 창출하기 위한 것이다(황성철 외, 2021).

② 위험관리 전략

사회복지환경의 변화는 앞으로 사회복지조직에서 서비스 질 향상과 클라이언트의 만족, 전문가의 윤리적 기준과 책임성, 조직의 운영과 존속

(공통)을 위해서도 체계적인 위험관리가 요청되고 있다. 위험관리는 예기치 못한 사고 발생 시 나타나는 부정적인 영향을 최소화하기 위해 최적의 위험처리 방법을 선택, 수행하는 활동이다. 위험관리에는 종사자의 안전과 이용자의 권리옹호도 안전대책에 포함된다. 위험관리의 과정은 위험인식 및 확인, 위험의 분석 및 평가, 위험 대응처리 방법 및 수행, 위험의 재평가 및 재발방지 순으로 이루어진다(생각의 마을, 2023).

(2) 유용성이 낮은 전략

① 권위주의 전략

권위주의 전략은 조직이 자금과 권위를 관장함으로써 자체의 교환관계 조건과 다른 조건을 좌우할 수 있는 위치를 가질 수 있다. 조직이 정확한 행동을 하도록 권력을 사용하고 행동을 권장하거나 보상을 하지 않는다는 의미에서 권위주의적이다. 다른 조직의 활동을 감시하고 명령에 동의하도록 효과적인 제재를 가할 수 있을 때 가능하다. 하지만 소수의 사회복지조직에 한정되고 명령에 대한 순응 여부를 감시하기 위해 비용이 많이 들고 실질적인 것보다 상징적으로 될 수도 있다(최성재 · 남기민, 2020).

이 전략을 위해서는 다른 조직의 활동을 감시하고 감독, 제재할 수 있는 능력이 필요한데, 복지 프로그램을 위해서 권위와 자금이 우위에 있는 정부기관들은 지방자치단체와의 관계에서 이 전략을 자주 사용한다. 하지만 이 전략의 문제점은 우세한 위치에 있는 소수 조직에만 한정이 되고 명령 순응 여부를 감시하기 위해서는 비용이 많이 든다. 비록 명령에 대한 순응이 이루어지더라도 형식에 그친다. 예를 들면, 중앙 정부기관은 지방 정부기관에 대해 자금과 권위를 관장하거나, 정부기관이 민간 사회복지조직에 대하여 이러한 권위를 전략으로 활용할 수 있다(신복기 외, 2021).

② 경쟁적 전략

경쟁적 전략은 다른 사회복지조직들과 경쟁을 하여 세력을 증가시키는 것을 말한다. 조직이 필요로 하는 자원이 분산되어 있고 경쟁자들과 세력균형을 유지할 만큼 충분한 내적 자원이 있을 때 가능하다. 경쟁은 서비스 조직의 중복과 자원의 낭비를 조장하는 면이 있지만 클라이언트에게 선택의 폭이 넓고 질 높은 서비스를 받게 하는 이점도 있다. 하지만 이런 전략은 성공률이 높은 클라이언트 위주로 받아들이고 사회계층이 낮은 클라이언트들은 거부하게 되는 문제를 발생시킬 수 있다(크리밍 현상). 또한 경쟁으로 인한 서비스의 중복과 자원낭비를 조장할 수 있다(생각의 마을, 2023).

③ 방해 전략

방해 전략은 목표조직의 자원생산 능력을 위협하는 행동을 의도적으로 하는 것을 말한다. 또한 방해 전략은 경쟁적 위치의 복지조직의 활동을 방해 또는 세력을 약화시키는 전략이다. 즉, 의도적으로 타 조직의 자원생산 능력을 위협하는 행동을 하는 것이다. 이것으로 상대의 양보를 얻어내서 의존-권력관계를 바꾸려는 것이다.

방해 전략은 다음과 같은 조건하에서 채택되기 쉬운데, 먼저 어떤 조직이 세력이 약한 반면, 그 조직이 영향을 미치고자 하는 과업환경이 방해적이 아닌 요구를 묵살하거나, 방해하려는 조직이 실패하여도 손해볼 것이 별로 없거나, 한 조직이 상대조직과 갈등해소를 위한 공통적 기본 규칙을 제공할 수 있는 외부요인과 상호작용을 지속하지 않거나, 조직과 상대조직 간에 이념적 갈등이 존재할 경우이다(최성재 · 남기민, 2020).

방해 전략은 권력을 잃은 사람들, 빈민, 불우한 사람들을 대신하여 사회복지조직으로부터 양보를 얻어내는 데는 효과적일 수 있지만, 장기적으로 볼 때 일시적으로 얻은 이득을 상쇄해 버리는 반작용을 야기할 수 있다. 방해당하는 조직으로부터 양보를 얻어낼 수 있지만 더 기본적인 불평등에 대한 관심을 다른 곳으로 돌리게 하는 결과를 가져올 수도 있다.

예를 들면, 노인요양시설이 건립될 예정이라는 소식을 접하고 자신이 대표로 있는 노인요양시설에 입소한 클라이언트들이 새로 건립된 시설로 옮겨 갈 것을 걱정하여 구청에 그 시설의 설립 승인을 취소해 달라는 민원을 넣거나 1인 시위를 하며 공사를 지연시키는 경우도 있다(생각의 마을, 2023).

2. 조직문화의 개념 및 유형

1) 조직문화의 개념

문화(culture)라는 말은 라틴어 '*cultus*'에서 유래된 것으로 '토지를 경작한다(cultivate)'라는 의미에서 정신적 계몽의 성격으로 발전하게 된다(Marshall, 1998). 오늘날 문화의 개념은 사회구성원들이 공유하고 있으며, 세대를 거쳐 이어지는 신념(beliefs), 가치(values), 태도(attitudes), 관습(habits), 행동형태(forms of behavior) 등으로 이해된다(김연서 외, 2021; 생각의 마을, 2023).

한편 조직문화는 조직구성원 모두가 공유하는 가치와 신념, 규범과 전통, 지식과 이념, 습관과 기술 모두를 포괄하는 종합적인 개념으로, 사람들이 상호작용할 때 나타나는 행동 규칙, 조직이 강조하는 지배적인 가치, 조직구성원들과 고객을 위한 정책을 수립하는 지침이 되는 철학으로 보았다(노미향, 2019). 또한 조직문화는 어느 한 조직에서 공유된 가치와 규범 체계로서 조직의 행동과 태도에 영향을 미치는 요소이다. 정리하면 조직문화는 조직마다 독특하게 가지고 있는 신념, 가치관, 인지, 행위규범, 행동양식을 통틀어 이르는 말이며, 조직구성원의 가치관, 사고방식, 행동패턴을 결정하는 기본 요소이다(노미향, 2019; 생각의 마을, 2023).

2) 조직문화의 특성

(1) 조직문화의 기능

조직문화는 다음과 같은 기능과 역할을 수행한다. 조직문화는 조직구성원들에게 정체의식을 전달해 주고, 자기보다 큰 어떤 것에 대한 몰입을 촉진시켜 준다. 조직문화의 기능은 조직구성원들의 행등의 결정요인, 응집의 역할, 집단역학의 정확한 진단, 의사소통의 원활화, 개혁 등의 기능을 가진다. 조직문화는 다음과 같은 여섯 가지의 기능을 수행할 수 있다(생각의 마을, 2023; 손용근 외, 2022).

① 조직문화를 이해하면 조직의 행동을 이해할 수 있으며, 조직을 잘 관리할 수 있다.

② 조직 내의 문화적 규범, 가치, 신념 등은 조직이 기능하는 데 영향을 미칠 수 있다.

③ 조직구성원의 소속감 및 정체성 형성에 영향을 미치는 요인으로 설명될 수 있다.

④ 조직구성원의 내적 통합과 변화된 환경에 대한 외적 적응의 관계를 다룰 수 있다.

⑤ 새로운 기술 도입에 따른 조직의 유연성 정도를 설명할 수 있다.

⑥ 최근에는 조직문화 이해를 통해 이직의 원인을 설명할 수 있다.

조직문화가 잘 형성될 경우 다음과 같은 순기능적 역할을 할 수 있다(생각의 마을, 2023). 첫째, 한 조직을 다른 조직과 구별짓게 하는 정체성을 제공한다. 둘째, 구성원의 일체감을 유도한다. 셋째, 체제의 안정성을 높여준다. 넷째, 조직구성원의 태도와 행동을 지도하는 통제수단이다. 다섯째, 행동지침을 제공한다. 여섯째, 공식화의 대체적 기능을 한다. 일곱째, 개인의 이익보다 조직의 이익에 헌신한다. 여덟째, 불안, 혼란, 불확실성을 감소시킨다.

위와 같은 순기능적인 측면도 있지만 다음과 같은 역기능의 가능성도 나타날 수 있다(손용근 외, 2022).

첫째, 강한 문화가 형성되면 기존문화에 익숙한 만큼 조직구성원들은 새로운 문화를 수용하고 이에 적응하기 어려울 수 있어 혁신에 대한 제약조건이 될 수 있다.

둘째, 일단 형성된 조직문화는 쉽게 변화되지 않기 때문에 강력한 문화가 동일하게 형성되어 있는 조직 내에서는 창의적인 아이디어가 나타나기 어렵다.

셋째, 조정 및 통합의 어려움이 있을 수 있다. 최근 조직의 시너지 효과를 창출하기 위해 다른 조직을 인수하거나 합병하기도 하지만, 조직문화가 이질적이면 인수나 합병은 실패할 위험성이 커지게 된다.

(2) 조직문화의 형성, 유지, 변화

조직문화의 형성, 유지, 변화는 다음과 같이 개괄할 수 있다(생각의 마을, 2023).

먼저 조직문화는 창업자가 자신과 같거나 유사하게 생각하는 사람들과 함께 조직을 만드는 순간부터 형성된다. 초기부터 조직 목표 달성에 효과적인 조직문화를 형성해야 한다. 예를 들어, 외국인 선교사에 의해 설립된 사회복지조직의 경우 기독교 이념이 조직문화로 형성되는 일이 많다(생각의 마을, 2023).

한편 조직문화 유지를 위해 구성원을 선발하는 단계부터 이를 고려해야 한다. 조직의 규범, 가치관, 비전에 부합되거나 이를 적극적으로 수용하려는 사람을 선발해야 한다. 선발 후에 이루어지는 오리엔테이션 등의 교육훈련은 조직문화의 적응과 발전적 변화를 유도할 수 있는 가장 효과적인 방법이다. 적절한 평가 시기와 방법을 정해 그 성과에 대해 인정과 보상 또는 부정적 보상(징계, 해고 등)을 제공하는 장치가 효율적으로 작동해야 바람직한 조직문화를 유지할 수 있다.

또한 조직문화의 변화는 조직사회와와 연결된다. 조직문화에서 조직사회화(organization socialization)는 구성원이 조직문화를 배우고 다른 사람에게 전수하는 과정을 말하며, 신입뿐만 아니라 기존 구성원들이 환경 변화에 적응하려고 할 때나 인사이동 등으로 인한 역할 변경이 생길 때도 이루어지며, 특히 새로운 구성원의 사회화 과정에서는 최고관리자나 고위직들의 행위와 태도가 모델이 되는 경우가 많다.

(3) 조직문화의 중요성

조직문화는 조직구성원들에게 정체의식을 전달하고 자기보다 큰 어떤 것에 대한 몰입을 촉진해 주며 사회적 체계의 안정성을 증진시켜 주고, 조직원들의 행위를 안내하고 형성하는 도구로 작용한다고 하였다. 또한 조직문화는 조직 내의 여러 과정에 영향을 미치게 되므로 중요하다고 할 수 있다. 좀 더 구체적으로 살펴보면 다음과 같다(신복기 외, 2021; 이홍기, 2021).

① 조직문화는 조직 내에서 과업의 과정에서 결정적인 영향을 미치고, 관행에 의해 조직 내의 의사결정이 이루어지며 조직 내의 의사전달에도 영향을 미친다. 또한 동일 조직 내에서도 집단별로 각기 다른 문화를 가질 수도 있다.

② 조직문화는 두 조직이 통합을 시도하거나, 서로운 고객층을 대상으로 하거나, 새로운 사업에 진출할 때에도 큰 영향을 미친다. 만약 서로 다른 조직문화를 가진 두 조직이 통합을 시도할 때 내부적 통합이 어려울 수 있으므로 문화적 특성을 고려해야 한다.

③ 조직문화는 조직의 정책 및 전략 과정에 영향을 미친다. 조직문화는 정책 및 전략의 방향을 결정할 때 이념의 형태로 그 과정에 영향을 미치고, 정책담당자들의 관점을 제한하거나 저항 세력을 형성시킴으로써 영향을 미치기도 한다.

④ 조직문화는 조직이 처한 환경, 주요 과업, 주요 기술 등에 따라 적합한 방향으로 조직문화가 결정됨으로써 조직의 유지, 발전, 생존에 영향을 미친다. 조직 환경이 변화하고 과업의 구조화가 낮고 기술이 복잡한 조직에서는 적응성 중심의 조직문화가 적합하고, 조직 환경이 변하지 않고 과업이 표준화되어 있으며 단순한 기술이 사용되는 조직에서는 일관성 중심의 조직문화가 적합하다. 이처럼 조직이 처한 상황에 따라 적합

성을 높이는 방향으로 조직문화가 변화하며 조직이 생존할 수 있도록 도와준다.

3) 조직문화의 유형

개인을 이해하려면 그 개인의 성격을 알아야 하고, 사회를 이해하려면 그 사회의 문화를 알아야 하는 것처럼, 어떤 조직을 이해하려면 그 조직의 조직문화를 알아야 한다. 즉, 각각의 조직마다 하는 일에 대한 방법이 있고 그것에 관해 이야기하는 자신의 방법이 있듯이 조직 고유의 행위방법과 표현방법을 발견하는 것이 바로 조직문화이다(Pacanowsky & O'Donnell Trujillo, 1983).

조직문화는 여러 문화의 구성요소들이 다차원적으로 결합·형성된 하나의 패러다임으로 볼 수 있다. 조직문화의 구성요소는 학자들 간의 다양한 의견들이 있는데, 조직의 역사, 환경, 구성원의 선발, 사회화를 들고 있으며, 이 외에도 조직진단을 위해 활용되는 7S 모형과 Deal과 Kennedy의 조직문화 모형 등에서 다양한 구성요소를 설명하고 있다(신복기 외, 2021; 이홍기, 2021).

(1) 7S 모형

Peters와 Waterman(1982)은 저서 『In Search of Excellence』에서 조직의 핵심적 역량을 구성하는 일곱 가지의 주요 요소들을 7S로 설명하였다. 7S 모형은 조직의 사명과 비전을 포함하는 공유된 가치(Share values), 리더의 행동 요소로 조직문화의 상호작용에 중요한 역할을 하는 행동·관리 스타일(Style), 조직구성원의 능력관리를 의미하는 구성원(Staff), 조직의 목표달성을 위한 관리 및 기술적 기반인 제도·절차(System), 조직의 역할, 책임 및 수행성을 의미하는 구조(Structure), 조직의 장기목적과 자원의 배분을 의미하는 전략(Strategy), 조직이 보유하고 있는 능력으로 조직성과에 영향을 주는 관리 기술(Skill) 등으로 구성되어 있으며 각 요소의 첫 글자를 따서 7S 모형이라 불린다. 이러한 7가지 요소들은 상호 간 밀접한 관계를 가지면서 조직성과에 영향을 주며, 공유된 가치가 중심적 위치를 차지한다(신복기 외, 2021).

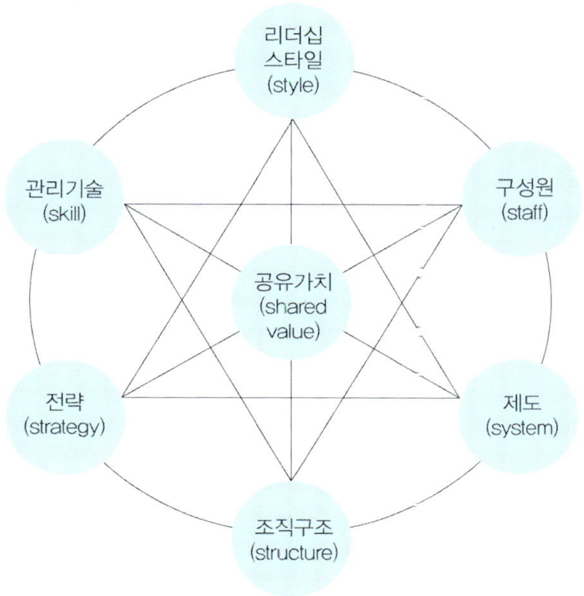

| 그림 11-2 | 조직문화의 구성요소 : 7S

출처 : 신복기 외(2021), p. 134.

(2) Deal과 Kennedy의 조직문화 모형

Deal과 Kennedy(1982)는 조직문화의 구성요소로서 조직체 환경, 기본 가치, 중심인물, 의례와 의식, 문화적 네트워크를 들고 있다(신복기 외, 2021; Deal & Kennedy, 1982).

먼저, 조직문화에 가장 많은 영향을 미치는 외적 요소인 조직체 환경을 들 수 있다. 기업체 조직의 경우 시장에서 제품, 경쟁회사, 고객, 기술, 정부의 영향력 등에 따라 이에 적합한 조직문화를 형성해 나가게 되는데, 어느 조직에서는 기술개발이 중요하고, 또 어느 조직에서는 능률과 원가 통제가 중요하다.

두 번째는 기본 가치이다. 기본 가치는 조직의 기본적인 사고방식이나 신념으로서 조직문화의 핵심을 이루고 있으며, 구성원 행동의 기본 전제와 전체 조직체 행동에 직접적인 영향을 주게 된다. 이는 7S 모형의 공유가치에 해당하는 것이다.

세 번째는 중심인물이다. 조직체의 기본 가치를 확립하는 데 중심적 역할을 해온 인물들이 있는데, 이들은 주로 그 기업체의 창업자나 전문경영자로, 자신의 행동을 통하여 조직구성원들에게 눈에 보이는 형태로 구성원들의 본보기가 되는 역할을 하게 된다.

네 번째는 의례와 의식인데, 이는 조직 내의 일상생활에서 체계적으로 또는 행사로서 행해지는 관례를 의미한다. 즉, 업무 수행에 구성원이 규칙적으로 지켜나가는 관습 또는 행동을 말한다. 조회와 회의 진행 절차, 보고방식, 상하 간의 관계, 과업 처리 방식 등의 표준 행동들이 이에 해당하며, 이러한 의례와 의식은 조직체의 가치를 행동에 옮기고 이를 강화하는 요소가 된다.

다섯 번째는 문화적 네트워크이다. 이는 비공식적이지만, 조직 내에서 중요한 의사소통 수단으로서 조직의 가치와 중심인물, 신화의 전달매체로서의 역할을 수행한다. 문화적 네트워크는 중심인물의 친근자나 그들을 추종하는 구성원들로 구성되는데, 이러한 네트워크를 효과적으로 잘 이용할 때 조직문화의 형성에 유리하게 작용한다.

(3) 경쟁가치모형

기존의 조직문화의 연구들은 다양한 가치 요소들이 공존하고 있는 조직문화를 동태적으로 분석하지 못하는 한계가 있었다. 다양한 요소들을 포괄하는 시각으로 조직문화를 연구해 볼 필요성이 제기되면서 Quinn은 경쟁가치모형(competing values model)을 제시하였는데, 이는 조직문화의 새로운 해석 가능성을 보여주었다. 경쟁가치모형은 모순적이고 배타적인 다양한 조직문화의 가치요소들을 포괄적으로 분석할 수 있는 틀을 제공해 준다는 점에서 의의가 있다(Quinn & McGrath, 1985).

Quinn(1984; 1988)은 조직은 몇 가지 상호 모순되는 가치들을 동시에 만족시킬 수 있어야 높은 성과를 얻을 수 있다고 하면서 조직상황 속에서 경쟁하는 가치들을 대표하는 두 차원을 제시하는데, 이 차원들은 통제(control)와 융통성(flexibility), 내부지향성(internal)과 외부지향성(external)이다(최성재 · 남기민, 2020).

이 두 가지 차원을 축으로 8개의 핵심 요소의 정도를 측정하여 4개의 조직문화 유형을 도출하였다. 융통성 지향의 가치는 분권화의 다양성(차별화)을 강조하는 반면, 통제 지향의 가치는 집권화와 통합을 강조하는데, 이는 조직의 유기적 특성과 기계적 특성의 구분을 의미하기도 한다. 내부지향성은 조직의 유지를 위한 조정과 통합을 강조하는 반면, 외부지향성은 조직 환경에 대한 적응, 경쟁, 상호관계를 강조한다. 이러한 두 가지 차원의 결합에 의해 다음의 네 가지 조직문화의 유형이 결정된다(백의환, 2017; 신복기 외, 2021; 차환규 · 이환수, 2017).

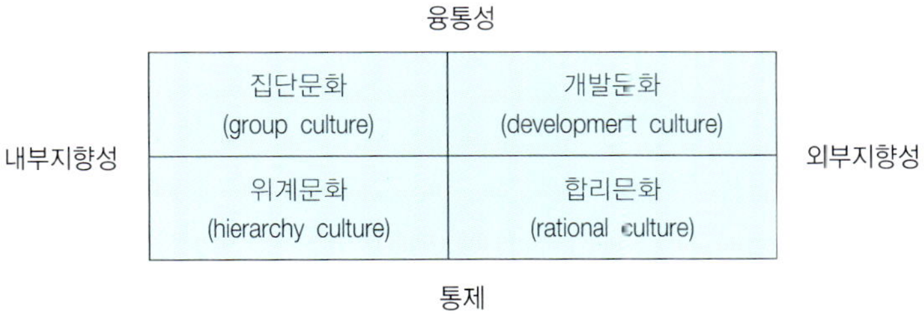

[그림 11-3] Quinn과 Kimberly의 조직문화 유형

출처 : Quinn & Kimberly(1984), 강종수(2019), p. 360 재인용.

① **집단문화**(group culture)

집단문화는 인간관계모형(human relation model)이라고도 하며, 내부지향적이며 비공식적인 유연한 문화를 특징으로 한다. 이러한 관계지향적 문화는 구성원들의 신뢰, 팀워크를 통한 참여, 충성, 사기 등의 가치를 중시한다. 이러한 문화 유형에서는 무엇보다 조직 내 가족적인 인간관계의 유지에 최대 역점을 둔다. 조직구성원이나 단결, 협동, 공유가치, 의사결정과정 참여 등이 중시되며, 개인의 능력개발에 대한 관심이 높고 조직구성원에 대한 인간적 배려와 가족적인 분위기를 중시하는 조직풍토를 특징으로 한다.

② **개발문화**(development culture)

개발문화는 개방체계모형(open system model)이라고도 하며, 조직의 변화와 유연성을 강조하면서, 조직이 당면하고 있는 외부환경에의 적응능력에 중점을 둔다. 외부환경에 대한 변화지향성과 신축적 대응성을 기반으로 조직구성원의 도전의식, 모험성, 창의성, 혁신성, 자원획득 등을 중시한다. 조직의 성장과 발전에 관심이 높은 조직문화이기 때문에 조직구성원의 업무수행에 대한 자율성과 자유 재량권 부여 여부가 혁신문화의 핵심 요소가 된다.

③ **위계문화**(hierarchy culture)

위계문화는 내부과정모형(internal process model)이라고도 하며, 질서와 안정을 중시하고 내부지향적인 조직풍토를 가지고 있다. 위계문화는 공식적 명령과 규칙, 집권적 통제와 안정지향성을 강조하는 관료제의 가치와 규범을 반영한다. 위계질서에 의한 명령과 통제, 업무 처리 시 규칙과 법 준수, 관행, 안정, 문서와 형식, 보고와 정보관리, 명확한 책임소재 등을 강조하는 관료적 문화의 특성을 지니고 있다. 위계문화는 전통적인 관료제적 조직문화를 대표하며, 계층제적인 강력한 감독체계와 보편적인 서비스, 예측된 규범과 절차를 문화적 속성으로 하기 때문에, 따라서 무엇보다 안정성과 통제에 대한 필요성과 조직 내부적 유지와 통합에 초점을 둔다.

④ **합리문화**(rational culture)

합리문화는 합리적 목적모형(rational goal model)이라고도 하며, 경쟁지향적인 생산 중심의 문화로 외부지향적이다. 합리문화는 조직의 성과목표 달성과 과업 수행에서 생산성을 강조하며, 목표달성, 계획, 능률성, 성과 보상의 가치를 강조한다. 합리문화는 과업지향 문화라고도 한다. 과업지향 문화에서는 외부지향성의 관점에서 경쟁을, 성과통제의 관점에서 목표달성을 강조하며, 생산성과 능률성의 기준이 목표 달성에 있어 중요하다. 따라서 주로 공급자나 고객, 규제자 등 외부관계자와의 거래에 강조점을 두며, 경쟁력과 생산성이 과업지향 문화의 핵심가치가 된다.

Quinn과 Kimberly(1984)의 조직문화 유형인 집단문화, 개발문화, 위계문화, 합리문화는 조직의 다양한 문화요소들을 포함하고 있다. 이러한 특징으로 인해 조직문화와 조직성과 간의 관계 분석을 위해 많은 학자들의 문화유형을 연구 분석 틀로서 활용하고 있다. 정부 및 행정조직에 대한 문화연구에 있어서도 큰 영향을 미치고 있다. 일반적으로 경쟁가치모형은 관계지향적이며 변화지향적 조직일수록 자율적이며 외부지향적인 조직으로 간주되며, 자율적이며 외부지향적인 조직일수록 바람직한 조직이라는 가정을 전제한다(차환규 · 이환수, 2017).

3. 사회복지조직의 조직문화

조직문화와 조직 분위기는 사회복지조직에서 매우 중요하다. 왜냐하면 휴먼서비스 조직의 성공 여부는 서비스 제공자와 서비스 수급자 간의 관계에 크게 의존하는데, 조직문화와 조직 분위기는 이에 상당한 영향을 미치기 때문이다. 공공병원의 응급실을 예로 들면, 심하게 다친 환자와 그 가족을 적극적으로 지지하는 응급실 의료진의 행위를 높이 평가하는 것이 응급실의 하나의 규범이 되어 있는 병원이 있는가 하면 그렇지 않은 곳도 있다. 전자의 조직문화와 조직 분위기는 환자와 가족에게 좋은 영향을 줄 것이고, 그에 따라 그들로부터 호감을 사게 될 것이며 나아가 병원의 평판에도 좋은 영향을 줄 것이다(원석조, 2022). 그리고 휴먼서비스 조직의 전문직(사회복지사, 교사, 간호사 등)이 자신의 작업한경을 비지지적이고 비인격적이며 스트레스를 주는 곳이라고 인지한다면, 그들이 상대하는 클라이언트에게 그런 인지가 반영되어 좋지 않은 결과를 가져올 가능성이 높다.

이처럼 사회복지조직이 갖는 조직문화의 특성은 다른 조직들의 문화와는 그 특성이 매우 다르게 나타날 수 있다. 인간에 대한 서비스를 주된 활동으로 한다는 점에서 가장 큰 특수성을 지니며, 다른 조직들에 비해 상대적으로 소규모라는 점, 사회복지 영역의 전문가로 구성된 조직이라는 점에서 다른 조직들과 차별화된 특성이 있다. 또한 사회복지조직의 조직문화는 사회복지조직

업무 담당자들의 활동범위와 과정에 영향을 미쳐 어떤 조직문화가 조성되어 있는가에 따라 조직의 성패가 좌우된다고 할 수 있다(김년희 · 조성숙, 2018). 그러므로 사회복지조직의 '조직문화'에 대한 학문적 관심의 필요성과 함께 다양한 연구방법이 활용되어야 하며, 사회복지조직의 조직문화에 대한 기존 연구경향의 무조건적인 답습은 지양해야 한다. 더불어 사회복지조직의 고유한 조직문화를 탐구하고 이해하려는 노력이 필요하다.

1급 필수 요약

1. 사회복지조직의 환경

- **일반환경** : 정치적 · 법적 조건, 경제적 조건, 인구사회학적 조건, 문화적 조건, 기술적 조건
- **과업환경** : 재정자원의 제공자, 합법성 및 권위의 제공자, 클라이언트의 공급자, 보충적 서비스의 제공자, 서비스의 소비자, 경쟁 조직
- **환경관리전략** : 협력(계약, 연합, 흡수, 집합적 임팩트), 위험 관리, 권위주의, 경쟁, 방해

2. 조직문화의 개념 및 유형

- **조직문화의 개념** : 조직구성원이 공유하고 있는 신념, 가치관, 행위규범, 행동양식으로 조직구성원의 행태와 조직 전체의 행태에 영향을 주는 근본 요소
- **조직문화의 기능** : 조직구성원들을 결속시키는 공유가치 및 의미체계 기능
- **조직문화의 형성** : 설립자, 최고경영자의 경영이념과 철학이 영향을 미침
- **조직문화의 유지** : 직원선발과 교육, 야유회, 체육대회 등 행사 개최, 사내 홍보물 발행
- **조직문화의 변화** : 조직이 극단적인 위험에 처하거나 기존과 다른 가치체계를 가진 새로운 리더로 교체될 때 변화
- **조직문화의 유형**
  - **7S 모형** : 공유된 가치(Share values), 행동 · 관리 스타일(Style), 구성원(Staff), 제도 · 절차(System), 구조(Structure), 전략(Strategy), 관리 기술(Skill)
  - **Deal과 Kennedy의 조직문화 모형** : 조직체 환경, 기본 가치, 중심인물, 의례와 의식, 문화적 네트워크
  - **Quinn의 경쟁가치모형** : 집단문화, 개발문화, 위계문화, 합리문화

3. 사회복지조직의 조직문화

- 휴먼서비스 조직으로서 사회복지조직의 조직문화는 특수성을 지니며, 사회복지조직 고유의 조직문화에 대한 이해가 필요함

CHAPTER 12

사회복지조직의 마케팅과 홍보

1. 사회복지조직의 마케팅 개념과 필요성
2. 사회복지조직의 마케팅 특성
3. 사회복지조직의 홍보

12 CHAPTER

사회복지조직의 마케팅과 홍보

1. 사회복지조직의 마케팅 개념과 필요성

마케팅(marketing)은 개인이나 조직의 목표를 달성하기 위한 교환 창출을 위해 아이디어, 재화, 서비스, 가격정책, 유통활동을 계획하고 집행하는 과정이라 할 수 있다(최성재 · 남기민, 2020). 미국마케팅협회(AMA : American Marketing Association)는 최초로 마케팅에 대하여 "제품 또는 서비스를 생산자로부터 소비자 및 사용자에게 유통시키는 기업의 활동"이라 정의했다(양 효 · 방경란, 2022).

한편 비영리 마케팅(nonprofit marketing)은 사회복지조직, 종교단체, 병원, 학교 등 비영리조직(non-profit organization)에서 행해지는 마케팅으로, 대표적 비영리조직인 사회복지조직에서 행해지는 마케팅을 사회복지조직 마케팅이라 칭할 수 있다. 사회복지조직 마케팅은 클라이언트, 후원자, 지역사회가 사회복지조직에 대해 더 많은 관심을 가질 수 있도록 수행하는 총체적인 활동으로, 물질적 · 비물질적 급여, 문제의 해결 또는 사회복지기관과 후원자 간 기부와 감사의 교환 과정 등 무형의 상품을 갖고 가치를 부여하는 가치지향적 마케팅으로 볼 수 있다(심정미, 2017; Andreasen, 2001; Barker, 1991). 대표적 비영리조직인 사회복지조직에서의 마케팅은 조직의 효과성과 효율성을 제고할 수 있는 중요한 기술로 인정되고 있다.

1) 마케팅의 개념

미국마케팅협회(AMA)에서는 마케팅을 '고객, 클라이언트, 협력자, 사회 전체에 가치 있는 제공물을 창조하고 소통하고 전달하고 교환하는 활동, 관례 및 절차'로 정의하였다(Kivi, 2012). 즉, 마케팅은 개인이나 조직의 목적 달성을 위해 교환을 창출하고 유지할 수 있도록 시장을 관리하는 과정으로 본다(Kotler, 2005).

정리하면, 마케팅이란 시장에서 가치를 창출하고, 기본적 욕구와 수요를 충족시킬 목적으로 교환이 성취되고, 관계가 이루어지도록 시장을 관리하는 것을 의미한다. 따라서 마케팅은 제품과 가치를 창조하여 다른 사람과 교환함으로써 그들의 욕구와 수요를 충족시키기 위해 개인과 집단이 원하는 것을 획득하는 과정이다. 이처럼 마케팅의 개념에는 교환의 의미가 중요하다.

마케팅의 속성은 목표달성, 교환의 창출, 교환 당사자, 교환의 대상, 교환을 가능하게 하는 활동과정으로 나누어 볼 수 있는데, 소비자인 개인이나 조직의 필요와 욕구를 만족시키는 목표달성, 교환이 가능하도록 하는 교환의 창출, 개인과 개인, 개인과 조직, 조직과 조직 등의 교환 당사자, 재화, 서비스, 아이디어, 정서 및 인지적 변화 등의 교환의 대상, 의도적으로 계획된 일련의 활동인 교환을 가능하게 하는 활동과정으로 개념지울 수 있다(최성재 · 남기민, 2020). 이를 비영리조직인 사회복지조직에 적용해 보면, 사회복지조직에서의 목표달성은 지역사회 내의 개인이나 집단의 당면문제 혹은 지역사회발전을 위한 현실적 과제를 해결하는 것이 그 목표가 된다. 따라서 교환의 당사자는 이러한 당면문제나 지역사회 발전과제를 해결하기 위해 교환에 참여하게 되고 교환이 이루어지는 시장(market)은 구체적이고 물리적인 장소와 교환에 참여 가능한 잠재적 고객의 추상적 집합체를 포함한다. 이에 사회복지조직에서 교환되는 교환의 대상은 영리조직에서 주로 교환되는 재화, 서비스, 아이디어뿐만 아니라, 비영리조직에서 주된 교환의 대상이 되는 정서 및 행동의 변화 등을 들 수 있다. 교환은 자신이 지불하는 비용보다 받게 되는 보상이 더 가치가 크거나 동등할 때 이루어지며 이러한 교환이 가능하게 되기 위해서는 사회복지조직 또한 체계적이고 연속적인 조직적 활동이 필요하다.

사회복지조직의 마케팅은 사회복지조직의 정보를 수집하고, 고객들에게 접근하는 방법을 계획하며, 고객이 원하는 욕구를 타탕으로 하는 새로운 서비스를 개발한다. 또한 서비스를 광고, 홍보하며, 일반 시민들과 관계형성 전략을 기획하고, 후원금을 모집하고, 클라이언트를 확보하고 프로그램에 참여하게 하는 전반적인 활동이라고 정의할 수 있다(정무성 · 황정은, 2020).

사회복지조직 마케팅은 클라이언트 또는 후원자의 욕구를 정확히 파악하여 욕구를 충족시킬 수 있는 서비스를 제공하는 과정이다. 사회복지조직은 기업과는 달리 영리를 추구하지 않고 사회적 책임성을 더 중시하기 때문에 마케팅 전략을 수용하더라도 지나친 상업성을 자제하고 마케팅의 윤리적 측면을 고려해야 하는 특수성이 있다. 따라서 비영리를 지향해야 하는 사회복지조직의 경우 영리조직의 마케팅 기법 활용에 대해 부정적인 견해도 있다. 그러나 사회복지조직도 마케팅 기법을 적절히 활용할 필요가 있다. 왜냐하면 마케팅이 중시하는 것 중의 하나가 상품과 서비스를 소비하는 사람의 욕구를 파악하는 것이기 때문이다. 사회복지조직의 서비스도 클라이언트의 욕구를 가장 중시한다. 이런 점에서 비영리 사회복지조직과 영리적 마케팅 기법의 접점에 욕구 파악이 있다고 할 수 있다. 즉, 사회복지조직은 소비자나 클라이언트의 욕구에 충실한 서비스를 개발 · 전달하고 욕구에 입각해 상호 관계를 유지할 때 그 만족도가 극대화될 수 있는데, 이를 위해 사회복지조직에서도 마케팅 기법의 활용이 필요하다(원석조, 2022).

2) 사회복지조직 마케팅의 필요성

1970년대 경제위기로 사회복지 재정의 취약과 비영리부문의 급속한 증가로 비영리기관 간의 경쟁이 나타났다. 이러한 환경에서 사회복지조직은 목적을 달성하기 위하여 수혜자의 관리, 서비스 개발과 전달, 홍보 등 안정적인 재원 확보에 마케팅 기법을 도입하게 되었다. 사회복지조직에 있어서 한정된 자원으로부터 안정적인 재원을 확보하고 효과성을 향상하기 위해 마케팅 도입의 필요성이 더욱 높아지고 있다. 사회복지조직에서의 마케팅은 일반기업에서의 마케팅과 더불어 다음과 같은 점에서 필요성을 가진다(사회복지교육연구센터, 2023; 정무성 · 황정은, 2020).

① 서비스 개발

사회복지조직에서의 마케팅은 서비스 개발을 위한 것이다. 사회복지조직은 외부환경의 변화에 민감하게 대처하여야 한다. 따라서 변화하는 외부환경에 대한 분석과 이에 대처할 수 있는 서비스 개발이 필요하다.

② 재정확보

사회복지조직에서의 마케팅은 조직의 목표 달성을 위해 필요한 재정을 확보 또는 동원하기 위한 것이다.

③ 비영리조직의 확대와 경쟁

비영리기관들의 확대와 경쟁으로 기관홍보 및 재원마련을 위한 마케팅이 필요하다. 비영리기관들의 급속한 증가로 재원 마련에 마케팅 기법을 도입하지 않을 수 없는 시대적 상황이다.

④ 사회복지조직의 책임성

사회복지조직은 정부 보조금이나 기타 단체의 기부금으로 운영되기 때문에 서비스 제공에 있어 효율성과 효과성을 달성할 책임을 지니며, 이러한 공적 책임성 달성을 위해 비영리조직의 운영에서도 전략적 마케팅 기법의 도입이 필요하다.

3) 사회복지서비스의 특성

사회복지조직의 마케팅은 사회복지서비스가 가지고 있는 다음과 같은 특성을 고려하여 영리조직과는 다르게 접근해야 한다(사회복지교육연구센터, 2023; 생각의 마을, 2023).

첫째, 서비스의 무형성이다. 영리조직의 경우 생산되는 제품은 직접 보고 만져보고 구매를 결정할 수 있지만, 사회복지조직에서 만들어 내는 서비스는 현물이 아니기 때문에 이용하기 전에 눈으로 확인할 수가 없으며, 홍보나 특허 등이 어렵다.

둘째, 서비스의 다양성과 복잡성이다. 사회복지조직에서는 클라이언트가 가지고 있는 다양하고 복잡한 욕구를 개별적으로 다루기 때문에 서비스를 표준화하기 어렵고, 대량생산이 불가능하며, 단위비용이 높아지게 된다.

셋째, 생산과 소비가 동시에 발생한다. 영리조직의 상품은 제품이 생산되고 그 이후에 소비가 이루어지는 반면, 사회복지서비스는 생산과 소비가 동시에 발생하게 된다. 즉, 생산과 소비 과정에서 클라이언트의 욕구가 반영되면서 서비스가 생산되고, 그 즉시 소비가 이루어지게 된다.

넷째, 서비스의 소멸성이다. 영리조직의 경우 제품은 재고처리가 가능하고, 소비자의 요청이 있으면 교환이나 반품이 가능하다. 하지만 사회복지서비스는 형태가 없기 때문에 쌓아두거나 저장할 수 없고, 반환할 수도 없다.

2. 사회복지조직의 마케팅 특성

사회복지조직도 일반 기업의 마케팅과 같이 마케팅의 과정을 다양하게 전개할 수 있다. 하지만 지금까지는 보통 재원 확보에 관심을 두는 후원자 개발을 위한 마케팅 중심의 사회복지 마케팅이 전개되어 왔다. 그러나 다양한 측면에서 마케팅 활동이 수행된다면 서비스의 품질 향상 및 경쟁력 확보에 더욱 긍정적인 결과를 가져올 수 있을 것이다.

사회복지조직의 마케팅 활동은 조직환경의 분석, 시장욕구의 분석, 표적시장 선정, 마케팅 믹스 개발 등의 과정으로 이루어질 수 있다. 조직환경의 분석 후에 시장욕구 분석을 통해 구체적인 프로그램의 목적을 설정하게 되고, 시장을 세분화함으로써 표적시장을 선정한다. 선정된 표적시장에서 구체적인 마케팅 계획을 수립하고 실행 및 평가를 하게 되면서 마케팅의 활동이 이루어지는 것이다(생각의 마을, 2023; 신복기 외, 2021).

1) 마케팅 믹스

마케팅 믹스(marketing mix)란 조직이 시장에서 마케팅 목표를 달성하기 위해 사용하는 도구로 상품(Product), 가격(Price), 유통(Place), 촉진(Promotion)을 말하며 이들의 영문 첫 자를 따서 4P라고 칭한다.

영리마케팅에서 조직 차원의 전략적 마케팅계획(strategic marketing planning)을 세우는 것처럼 사회복지조직도 시장을 세분화하고 그들의 표적시장에 속하는 집단의 욕구 및 서비스 구매활동을 파악해야 한다. 이는 세분화된 시장의 필요와 욕구, 클라이언트의 태도 및 행위 등을 분석하여 각 부문에 맞게 마케팅 전략을 세우기 위해서이다. 이러한 표적시장의 욕구를 충족하고 마케팅 목표를 달성하기 위해 사용하는 마케팅 믹스는 사회복지조직의 전반적인 활동 및 활동과정에 핵심적으로 적용될 수 있다(생각의 마을, 2023; 최성재 · 남기민, 2020).

① 상품전략(Product)

비영리조직에서 상품이라는 용어는 목표달성을 위하여 서비스를 제공한다는 의미에서 영리조직과 마찬가지의 상품전략이 필요하다. 사회복지조직에서의 상품은 사회복지조직이 목표달성을 위해 표적시장에 제공하는 물품이나 프로그램, 서비스라고 할 수 있는데, 이 상품의 성격은 그 기관의 사명과 목적에 따라 달라진다. 비영리조직의 상품은 영리조직처럼 브랜드나 상표 같은 것은 사용하지 않지만, 비영리조직에서도 이와 같은 상품의 구성요소를 강조함으로써 마케팅을 효과적으로 할 수 있다.

② 가격전략(Price)

가격은 서비스나 물품을 획득하기 위해 소비자가 지불해야 하는 금액을 말하는데, 사회복지서비스의 획득과정에서 지불하는 이용료, 모금 프로그램 참여과정에서 지불하는 후원금 등을 의미한다. 비영리조직의 가격전략은 영리를 목적으로 하는 일반기업의 가격책정 방법과는 다르다. 영리조직이 제공하는 서비스는 시장 메커니즘에 의해서 공급가격과 수요가격이 일치하여 서비스와 요금이 책정되지만, 비영리조직의 서비스는 서비스의 수요자가 아닌 필요자에게 제공되며 이로 인해 서비스의 수혜자는 100%의 대가를 지불하지 않으며 경우에 따라서는 무료로 제공받기도 한다(서인덕 · 김윤상, 2011). 이에 가격을 책정할 때에도 사업목표를 달성하는 데 드는 비용을 책정하고 후에 후원자에게 기부금을 할당하든가 아니면 기부금 한도 내에서 고객에게 요구할 최소한의 가격을 결정한다.

③ 유통전략(Place)

유통은 고객이나 소비자가 서비스가 제공되는 장소에 물리적으로 쉽게 접근할 수 있도록 하는 조직적 활동을 말한다. 사회복지조직의 유통전략에서 가장 중요한 것은 서비스에 대한 접근성 제고로, 이는 물리적 장애가 없는 지리적 접근의 용이성뿐만 아니라 심리적 접근의 용이성을 높이는 것 등을 통해 수행될 수 있다. 예를 들어, 사회복지행정의 가치 중 접근성이 유통전략과 밀접한 관련이 있는데, 클라이언트가 서비스에 쉽게 접근할 수 있또록 물리적 · 심리적 접근을 높이는 것이 유통전략에 해당한다. 즉, 교통편의를 위해 송영서비스를 제공하거나, 헌혈버스, 자선공연단, 구세군과 같은 단체들이 사람이 많이 모이는 지역이나 길목으로 순회하면서 직접 고객들을 접촉하는 것을 들 수 있다.

④ 촉진전략(Promotion)

촉진전략은 서비스 이용자뿐만 아니라 서비스가 필요한 대상임에도 아직 서비스를 이용하고 있지 않은 잠재적 이용자에게 서비스를 알리는 것이다. 사회복지조직에서 활용하는 촉진전략으로는 기관 소식지 제작, 언론 · 방송매체를 통한 홍보, 인터넷을 이용한 홍보 동영상 제작 및 배포 등이 있다.

2) 마케팅 과정

(1) 조직 및 조직 환경 분석

사회복지조직 마케팅은 조직 및 조직의 외부환경에 대한 분석에서 시작한다. 시장 기회를 파악하기 위해서는 마케팅 환경을 분석해야 한다. 마케팅 환경이란 사회복지조직이 서비스를 계획하고 제공하는 관리 활동에 영향을 미치는 모든 환경을 말한다(생각의 마을, 2023). 이는 조직 자체에 대한 분석과 조직이 속한 외부환경에 대한 분석으로 조직의 목표달성을 위해 마케팅이 어떻게 이루어질 것인가에 대해 파악하는 과정이다.

조직 환경 분석 단계에서 쓰이는 마케팅 기법으로 SWOT 분석을 활용할 수 있다. SWOT 분석은 조직의 강점(Strength), 약점(Weakness), 기회(Opportunity), 위협(Threat) 요인을 발견하여 조직 내부 및 외부 환경에 따른 전략을 수립할 수 있는 분석기법으로, 직접적으로 영향을 미치는 정부 관련 사회복지조직, 고객뿐만 아니라 정치 · 경제적 환경, 기술 변화 등도 분석 대상이 된다. 조직의 능력과 시대의 변화를 이해하지 못한 마케팅은 실패할 확률이 많다. 조직의 환경 분석 과정에서 지역사회 내의 사회복지 관련 공무원 및 사회복지조직 관리자, 시민단체, 학계 전문가, 지역주민 등을 대상으로 하는 지역사회 욕구조사를 통해 과제의 우선순위를 파악하게 된다. 사회복지 활동과 관련된 각종 법규와 정부정책의 변화, 경제상황 등도 이러한 환경 분석에 포함될 수 있다.

(2) 표적시장의 선정(시장 세분화)

표적시장을 선정한다는 것은 사회복지조직의 특정 서비스를 가장 필요로 하고, 적극적으로 이용하거나 활용할 수 있는 고객을 중심으로 시장을 세분화하는 것이다. 이에 후원 가능성이 높은 잠재적 후원자집단을 표적시장으로 하여 자원을 개발해야 한다. 세분화(segmentation)의 기본 아이디어는 인구, 시장 또는 대상자를 서로 비슷한 구성원집단으로 나누는 것으로 '식별이 가능한 특성을 토대로 대상자나 대단위 시장을 작게 나누면서도 동질적인 하위 단위로 나누는 것'을 말한다(생각의 마을, 2023). 시장의 세분화는 요구조건이나 구매반응 등 주요한 특성이 서로 다른 소비자로 구성된 시장에 대한 이해를 바탕으로, 소비자의 성(gender), 연령, 생활 양식 등의 특성에 따라 시장을 나누는 것을 말한다(최성재 · 남기민, 2020).

(3) 포지셔닝

포지셔닝(positioning)은 다른 기관이 아닌 우리 기관이 제공하는 서비스를 고객의 마음속에 자리잡도록 하는 전략이다. 즉, 지금은 여러 가지 상황으로 서비스를 이용하기 어렵지만 언젠가 상황이 호전되어 서비스를 이용한다면 타 기관이 아닌 해당 기관의 서비스를 이용하게 만드는 전략에 속한다(생각의 마을, 2023). 이러한 포지셔닝 전략에는 소비자의 상황에 따른 상품의 적합성 전략(예를 들면, 운동할 때 이온음료의 필요성 강조), 특정한 소비자를 대상으로 하는 전략(MZ세대의 '미닝아웃' 소비 트렌드 강조), 경쟁사의 제품과 비교하는 전략 등으로 분류될 수 있다. 사회복지조직에서도 다른 기관과 비교하여 제품이나 서비스, 조직구성원, 이미지 등을 차별화하는 전략이 필요하다. 예를 들면, 지역사회로부터 다른 기관보다 서비스 이용자의 욕구에 충족되는 서비스, 취약계층의 삶의 질을 향상시키는 서비스 제공기관이라는 신뢰를 구축해야 한다(전해황 외, 2021).

(4) 마케팅 실행

마케팅 실행이란 전략적 마케팅 목표를 달성하기 위해 마케팅 기획을 활동으로 옮기는 과정이다. 마케팅 실행은 누가, 어디에서, 언제, 어떻게 활동하는지에 관한 것이다. 예를 들어, 사회복지조직에서 후원마케팅의 실행은 실제로 기부를 요청하는 과정으로서 마케팅의 전(全) 과정에 있어 가장 핵심적인 단계이다. 기부 및 후원 관련 마케팅 실행에서 가장 효과적인 방법은 잠재적 기부자와의 직접적 대면을 통한 개별적 접촉이다. 그리고 후원을 결심한 사람이 지속적 후원자가 되도록 하기 위해서는 기부행위가 이루어진 후에도 지속적 관심을 표명하는 것이 필요하다. 특히 기부금의 사용결과에 대해 정기적으로 보고할 필요가 있다(전해황 외, 2021).

(5) 마케팅 평가

마케팅 결과에 대한 종합적인 평가와 외부환경에 대한 분석으로 연계되는 과정으로 사회적 욕구에 대한 분석이 필요하다. 이 점에서 마케팅 평가의 과정은 마케팅의 종료가 아닌 새로운 과정으로의 변환을 의미한다. 마케팅 평가는 다음과 같은 네 가지 특성을 포함하고 있어야 한다(신복기 외, 2021).

첫째, 포괄적인 평가이다. 마케팅 평가는 이용자 감소 문제 등 소수의 문제 발생 분야뿐만 아니라 사회문제와 욕구변화 등에 대한 평가도 포함한다. 즉, 사회복지조직 전체에 영향을 주는 포괄적인 영역에 대한 평가가 병행되어야 마케팅의 올바른 전략이 도출된다.

둘째, 체계적인 평가이다. 마케팅 환경이나 내부 마케팅 시스템, 특정 마케팅 활동을 포괄하는 체계적인 평가과정이 포함되어야 하고, 평가 이후에 조직의 마케팅 유효성을 개선하기 위한 장·단기 프로그램을 개발할 수 있다.

셋째, 독립적인 평가이다. 마케팅 평가는 자체검사, 상호검사, 상부로부터의 감사, 제3자의 외부감사 등으로 실시될 수 있으며, 일반적으로 독립성과 객관성, 전문지식과 경험을 보유한 외부감사가 더 유용하다.

넷째, 주기적인 평가이다. 마케팅 평가는 일반적으로 판매부진, 사기저하 등의 문제가 발생할 때 실시하게 되지만, 상황이 좋은 경우에도 미래의 환경 변화에 대처하기 위해 주기적으로 실시해야 한다.

3) 시장 세분화 마케팅 전략

앞서 살펴본 바와 같이 시장 세분화는 전체 시장을 일정한 기준에 의해 세부 시장으로 구분하는 전체 시장을 욕구가 비슷한 고객집단으로 구분하고 각 집단별로 소비자의 성, 연령, 라이프스타일 등의 특성에 따라 차별적으로 접근하고

자 하는 시도이다. 시장을 세분화할 때는 어떤 변수들이 소비자의 행동을 가장 두드러지게 나타내 주는지 구분되는 변수를 찾아내는 일이 중요하다. 시장 세분화를 위한 소비자 시장의 변수는 다음과 같이 나눌 수 있다(강종수, 2019).

- **지리적 변수** : 지역 단위, 지역의 규모, 인구밀도 등
- **인구통계학적 변수** : 소득, 직업, 나이, 종교, 성 등
- **심리적 변수** : 개성, 생활 스타일, 소속감, 관계의 지속성 등
- **행동적 변수** : 구매자들이 상품에 대해 갖고 있는 지식, 태도, 사용 반응 등

시장 세분화를 위한 마케팅 전략으로 미시적 마케팅, 틈새 마케팅, 세분화 마케팅, 대량 마케팅 등을 들 수 있다(생각의 마을, 2023).

① **미시적 마케팅** : 각 클라이언트의 개별적인 욕구에 초점을 맞추어서 일대일로 접근하여 서비스를 개발하고 제공하는 전략이다. 시장 세분화 정도가 가장 높은 전략으로서 고객의 각종 정보를 데이터베이스화하여 맞춤형 서비스를 제공하는 것이다. 나만을 위해 개발되었다는 의미부여, 세상에 단 하나뿐인 것을 가지고 싶은 욕구 등을 충족시키기 위해 미시적 마케팅이 활발해지고 있다.

② **틈새 마케팅** : 시장을 세분화하여 작은 규모의 클라이언트 집단을 대상으로 하는 마케팅 전략이며, 틈새를 가리키는 '니치(niche)'에서 좀 더 세분화된 소비자의 욕구에 맞추기 위한 것으로 니치 마케팅이라고도 한다. 세분화된 시장보다 규모는 작지만 경쟁자는 닿지 않고 독특한 클라이언트의 욕구를 충족시킬 수 있다. 다른 기관이 보유하지 않은 특정한 전문성을 보유하고 있을 때 이러한 틈새시장 마케팅을 활용할 수 있다.

③ **세분화 마케팅** : 시장 세분화의 가장 대표적인 전략으로, 일부 세분화된 시장에 마케팅 노력과 자원을 집중하여 경쟁우위를 확보하려는 접근방법이다. 클라이언트의 생애주기에 따라 연령별로 세분화한 후, 그에 맞는 서비스나 프로그램을 개발하는 등의 방법을 사용하는 전략으로, 표적시장(target market) 마케팅이라고도 한다. 초등학교 졸업을 앞둔 학생들을

대상으로 예비 중학교 체험 프로그램을 개발하는 것 등이 그 예가 될 수 있다.

④ **대량 마케팅** : 전체 클라이언트에게 단일 서비스나 프로그램을 대량으로 제공하는 전략으로, 대량생산을 통해 원가절감과 매출 증대를 가져올 수 있는 영리조직에서 주로 사용한다. 그러나 다양한 특정 욕구를 가진 클라이언트를 대상으로 하며, 기관 간 경쟁이 치열한 사회복지조직에서는 그 효과가 크지 않다.

4) 일반기업 마케팅과 사회복지조직 마케팅의 차이점

사회복지조직의 마케팅은 일반기업 마케팅과 마케팅의 목표, 교환의 의미, 상품, 윤리성에 있어서 차이를 보인다(전해황 외, 2021).

먼저 이윤을 극대화하기 위해 마케팅 전략을 사용하는 기업과는 달리 사회복지조직은 개인과 사회의 변화를 통한 인간다운 삶의 구현이라는 조직의 설립 목적 달성이 마케팅의 목표이다. 사회복지조직의 마케팅과 기업 마케팅의 차이는 교환의 의미와 과정에 있다. 즉, 기업 마케팅에서의 교환은 순수한 경제적 논리에 의해 기업과 소비자 간의 거래를 의미하는 반면, 사회복지조직에서의 교환은 문제 혹은 욕구 해결을 위한 서비스 수요자에게 제공되는 급여나 프로그램을 말하며 기관 후원자에 의한 기부나 후원금도 교환의 대상이 된다. 사회복지조직에서의 마케팅의 상품은 물리적 상품보다는 다양한 프로그램이나 서비스의 생산을 의미한다. 특히 사회복지조직은 기업보다 높은 수준의 윤리성이 요구된다. 사회복지조직 마케팅의 윤리기준은 조직의 정보와 조직 활동의 성과를 고객에게 정확하게 제시하는 데 있다. 예를 들어, 후원자를 개발할 경우 후원자에게 사회복지기관에서 제공하는 서비스에 대해 정보를 제공할 사회복지기관의 능력을 과장해서 홍보하거나 실제적으로 수행되지 않는 서비스(상품)를 대상으로 마케팅 활동을 해서는 안 된다.

일반기업 마케팅과 사회복지조직 마케팅의 차이점은 〈표 12-1〉과 같다.

〈표 12-1〉 일반기업 마케팅과 사회복지조직 마케팅의 비교

항 목	일반기업 마케팅	사회복지조직 마케팅
목 표	이윤창출(판매실적의 극대화)	비영리조직의 설립목적 달성 : 개인과 사회의 변화를 통한 인간다운 삶의 실현
교 환	기업과 소비자 간의 경제적 거래	후원자나 서비스 이용자의 필요에 부응하는 상품(사회복지서비스)의 교환 : 최소한 3자 간(사회복지기관, 서비스이용자, 후원자 등)의 교환관계
상 품	유형의 물품, 서비스, 아이디어	무형적 서비스 (사회복지 프로그램, 사회복지서비스)
윤리성	상품을 통한 기업과 소비자의 신뢰 구축	상품(사회복지서비스)에 다한 정확한 정보 전달, 사회복지서비스에 더한 책임성

출처 : 전해황 외(2021), p. 323.

5) 사회복지조직의 마케팅 기법

사회복지조직의 마케팅 기법을 정리하면 다음과 같다(생각의 다을, 2023; 신복기 외, 2021).

(1) 다이렉트 마케팅

다이렉트 마케팅(DM : Direct Marketing)은 잠재적 후원자에게 후원을 요청하는 편지나 기관의 후원현황, 소식지 등을 직접 발송하여 후원자를 개발하는 마케팅이다. 이때 지역, 나이, 사회적 지위, 소득 등에 따라 표적시장을 선정하여 보내면 불특정 다수에게 보내는 것보다 마케팅 효과를 발휘할 수 있다.

(2) 고객관계 관리 마케팅

고객관계 관리 마케팅(CRM : Customer Related Marketing)은 클라이언트나 잠재적 후원자의 관계를 적극적으로 관리함으로써 기금확보 효과를 극대화하는 방법이다. 고객과 관련된 자료를 통해 고객의 특성에 맞는 마케팅 활동을 계획하고 지원하고, 고객과의 지속적인 관계를 유지하는 것이 중요하다. 예를

들어, 봉사활동에 관심이 높은 가족구성원들에게는 가족봉사 프로그램에 대한 정보를 제공해 주는 것 등이 될 수 있다.

(3) 공익연계 마케팅

공익연계 마케팅(CRM : Cause-Related Marketing)은 기업과 비영리조직이 연계하여 사회복지 프로그램을 수행하도록 하는 마케팅 방법으로, 기업연계 마케팅이라고도 한다. 기업은 이윤을 사회에 환원함으로써 사회적 책임을 달성하며 세제혜택, 기업 이미지 홍보 효과, 매출 증대를 누리는 등 광범위한 긍정적 효과를 거둘 수 있다. 예를 들면, 고객들이 A기업의 물품을 구입할 경우 A기업이 그 수입의 일정 비율을 B복지관에 기부하는 방식 등을 들 수 있다.

(4) 인터넷 마케팅

인터넷 마케팅(Internet Marketing)은 인터넷을 통해 고객에게 정보를 전달하고 전자우편이나 홈페이지 등을 통하여 마케팅 활동이 행해지는 것으로 그 범위가 광범위하다. 온라인 마케팅, 또는 e마케팅으로 알려져 있으며 사회복지조직에서도 기관의 사업과 프로그램 홍보 및 기부금 모집에 이르기까지 인터넷을 통한 마케팅 효과를 보고 있다.

(5) 사회 마케팅

사회 마케팅(Social Marketing)은 특정 집단의 가치, 아이디어, 태도의 변화를 목적으로 대중의 행동 변화를 유도하여 공익을 실천하고 사회문제를 해결하기 위한 집단적 노력으로 볼 수 있다. 예를 들면, 금연운동, 알코올중독 예방, 환경보호, 마약퇴치, 아동학대 방지 등의 캠페인이 이에 해당되며, 사회 마케팅은 정부가 국민의 질서와 보건, 위생 분야의 효과적 목표 달성을 위해 국민의 태도 및 의식의 변화를 목적으로 자주 사용하는 기법이다.

(6) 아웃리치

아웃리치(outreach)는 서비스 기관의 담당자들이 대상자를 직접 찾아다니는 방법으로 다양한 목적으로 활용된다. 즉, 대상자가 있을 가능성이 높은 장소를 찾아가 대상자를 직접 만나 서비스를 제공하거나 기관으로 찾아오도록 유도하여 서비스나 프로그램을 제공하는 것을 말한다.

(7) ARS 모금 마케팅

시청자나 청취자가 ARS(Automatic Response System)를 통해 전화를 걸면 통화당 일정 금액이 전화요금에 함께 부과되어 해당 금액을 기부할 수 있는 마케팅 방법으로 누구나 쉽게 모금에 참여할 수 있는 장점이 있다.

3. 사회복지조직의 홍보

1) 사회복지조직 홍보의 개념

사회복지조직의 마케팅이나 지역사회 자원개발을 위해 가장 중요한 방법 중의 하나가 홍보이다. 사회복지조직은 지역사회 주민들에게 필요한 서비스를 제공하기 위해 지역사회 내의 다양한 개인, 단체 및 조직들과 관계를 유지해야 하며 지역주민과 단체들의 협조를 얻고 필요한 서비스에 대한 정보를 제공하기 위해서는 조직에 대한 홍보가 무엇보다도 중요하다. 홍보와 관련하여 보다 넓은 의미로 PR이라는 용어를 많이 사용하는데, 이는 Public Relation, 즉 대중관계를 의미한다. 보다 구체적으로는 "조직이 그의 사회적 환경이 되는 대중과의 원활한 관계를 유지하고자 하는 노력"을 갈한다(박미정 · 박정령, 2022; 황성철 외, 2021). 사회복지조직의 입장에서는 조직의 이해 당사자들과 다양한 관계를 형성하는 노력을 뜻하며, 이러한 과정을 통해 자원을 개발하고, 이용자를 확보하며, 조직 생존을 위한 지지를 얻기도 한다(강종수, 2019).

사회복지조직은 지역사회 주민들에게 복지서비스를 제공하기 위해서 존재하고 지역사회에서 여러 개인, 단체 및 조직 등과 관계를 유지한다. 따라서 서비스에 대한 정보 제공, 지역주민과 단체들의 협조 및 이해를 얻기 위한 홍보가 중요하다.

홍보는 일종의 지역사회 내에 존재하는 조직과 집단 간의 쌍방향 의사소통을 원활히 하는 것으로, 조직의 이미지와 능력을 향상시킨다. 사회복지서비스의 활용을 위해서는 서비스 프로그램과 그 자격 요건 등을 지역사회에 널리 홍보하는 것이 필요하다. 그리고 사회복지기관에 대해 긍정적인 이미지를 창출하면 후원자 모집, 클라이언트 확보, 지역사회의 지지 등을 얻는 데 매우 중요하다. 따라서 직원뿐만 아니라 이용자와 지역주민 모두가 기관으로 인해 자부심을 가질 수 있는 이미지 창출을 위한 프로그램이 필요하며, 이를 위해 기관시설, 자원봉사자 모집, 후원자 개발, 프로그램 등을 다각적인 방법으로 꾸준히 홍보해야 한다(강종수, 2019).

2) 사회복지조직 홍보의 목적과 필요성

사회복지조직의 홍보는 조직의 이미지를 알리는 역할과 자원동원의 목적이 있다.

사회복지조직이 지역사회에서 서비스를 제공하면서 생존하기 위해서는 지역사회주민과 관련 기관, 단체 등과 좋은 관계를 유지해야 하기 때문에 사회복지조직에 있어서 서비스 및 기관에 대한 홍보는 매우 중요한 부분이다. 좀 더 구체적인 홍보의 목적과 필요성을 살펴보면 다음과 같다.

먼저, 홍보는 정보를 제공한다. 국민이 사회복지조직의 활동과 정책에 대해 모른다는 것은 조직에 대한 거부나 부정으로 볼 수도 있기 때문에 홍보를 통해 사회복지조직에 대한 정보를 제공할 필요가 있다.

둘째, 홍보는 신뢰를 확보한다. 사회복지조직이 수행하는 공익사업은 국민의 신뢰 속에서 원활하게 수행될 수 있으므로 홍보를 통해 국민의 신뢰를 확보할 수 있다.

셋째, 홍보는 권위를 획득한다. 사회복지조직이 국민에게 인정받고 권위를 얻었을 때 비로소 국민들이 사회복지조직의 결정에 동의하고 따를 수 있기 때문에 홍보를 통해 권위를 획득하는 과정이 필요하다.

넷째, 홍보는 사회통합 기능이 있다. 복잡하고 다양한 집단의 의견을 통합하고 사회적 이익을 실현하기 위해서는 사회적 통합이 요구되는데, 이러한 사회통합을 위해 홍보가 필요하다.

다섯째, 홍보는 국민의식을 관리한다. 사회복지조직의 활동에 대해 비판적 의식이나 거부감이 생길 수도 있는데, 이러한 부정적인 국민의식을 완화시키기 위해서도 홍보가 필요하다.

여섯째, 홍보는 참여의 통로가 되기도 한다. 일반 대중들이 사회복지조직의 정책에 참여할 수 있도록 홍보함으로써 이에 참여할 수 있는 기회를 제공한다.

일곱째, 사회복지조직의 이미지 제고에 영향을 준다. 홍보를 통해 그 조직이 어떤 사업을 하고 있으며, 공익에 얼마나 유익한지 알림으로써 사회적 지지를 획득하여 이미지를 제고할 수 있다.

사회복지조직이 특정 이슈를 가지고 텔레비전, 라디오, 신문, 인터넷 등의 대중매체를 활용하는 경우, 기관의 모금에 도움을 줄 수 있고, 일반인들의 기관에 대한 인지도를 높일 수 있으며, 문제를 부각시킴으로써 정책결정자들에게 영향을 미칠 수 있다. 또한 문제가 심각해지기 전에 여론화함으로써 사회문제를 예방할 수 있는 장점이 있다(신복기 외, 2021).

이처럼 대중매체를 활용하여 사회복지조직이 홍보를 함으로써 얻을 수 있는 장점들이 있지만, 대중매체 활용 시 홍보 담당자들은 다음과 같은 사항에 유의해야 한다. 먼저 언론사의 다양한 사람들과의 접촉을 유지하여야 하고, 평소에도 언론인들과의 지속적인 관계를 유지할 필요가 있다. 그리고 특정 사회문제에 있어 전문가임을 언론사가 인지하도록 하고, 기관을 대변할 수 있는 위치임을 분명히 하여야 한다. 또한 언론사의 마감시간을 숙지하고 준수해야 하며, 독점 인터뷰가 아닌 경우에는 자료를 동시에 모든 언론사에 제공해야 한다. 기대했던 이야기가 실리지 않더라도 실망하지 말아야 하고, 언론도 실수할 수 있음을 명심하여야 한다(황성철 외, 2021).

3) 사회복지조직의 홍보와 PR 전략

홍보는 지역사회 내 존재하는 조직과 집단 간의 양방적인 의사소통을 원활히 하는 것으로 조직의 이미지와 능력을 향상시키는 면이 강하다. 그러므로 사회복지조직에서의 홍보 전략은 중요성을 더해가고 있다(강종수, 2019; 황성철 외, 2021).

(1) 패러다임의 전환

사회복지조직이 홍보를 통해 바람직한 결과를 얻기 위해서는 다양한 측면에서의 패러다임 전환이 요구된다.

첫 번째로는 스포츠 마케팅을 활용하는 방법이다. 사회적으로 영향력 있는 스타나 인사들을 이용하여 사회복지조직과 연계하는 마케팅은 아직 미약하지만, 잘 활용한다면 사회복지조직의 이미지 제고와 신뢰 확보에 긍정적인 영향이 있을 수 있다.

두 번째로는 라디오나 TV 등 영향력 있는 대중매체를 적극 이용하는 홍보 방법이다. 이는 일반 대중들에게 사회복지조직의 활동과 사업을 효과적으로 알릴 수 있는 방법이 될 수 있다.

세 번째로는 사회복지조직의 경쟁에 대한 인식의 전환이다. 기업이나 후원자가 사회복지조직을 비교 후 선택해서 후원할 수 있도록 적극적인 홍보를 통한 경쟁이 필요하다는 인식이 필요하다.

(2) 방문서비스

기업이나 후원자가 필요로 하는 것이 무엇인지 미리 파악하여 서비스를 제공하거나, 자원이 있는 곳을 직접 찾아가 기관을 홍보하고 협조를 구하는 등 적극적으로 방문하는 방법도 좋은 결과를 얻을 수 있다.

(3) 자기개발

사회복지조직은 기금을 요청하는 입장에서 지원대상자의 어려운 상황을 극대화함으로써 자선을 구하는 태도가 아닌, 조직의 비전과 목표, 사업의 결과에 대해 올바르게 전달하고 기금요청의 효과적인 기법을 활용할 수 있도록 지속적인 직원교육이 필요하다. 또한 거절에 대처하는 방법, 타 기관의 성공사례 등에 대한 교육도 도움이 될 수 있다.

(4) 매체 활용

시청각자료의 활용(기관홍보 비디오, 사진, 영화제작, 현수막 설치 등), 사업 팸플릿 및 소식지, 안내책자 제작, 인터넷 홈페이지 제작, 노인의 날 행사, 이벤트 등의 행사 개최, 공청회, 학술대회 개최 등이 있을 수 있다. 오늘날 비영리 부문에서도 인적·물적 자원의 획득을 위한 경쟁이 이루어지고 있다. 이에 대한 연구결과로 사회복지조직의 SNS 이용 빈도가 높을수록 홍보 효과성이 높은 것으로 나타났다(김은아·김한나, 2013).

(5) 조직의 이미지 창출

사회복지조직에서 강하고 긍정적인 이미지를 창출하는 것은 후원자의 모집, 클라이언트 확보, 지역사회의 광범위한 지지 등을 얻는 데 매우 중요한 마케팅 전략이다. 조직의 이미지는 사람들이 조직 자체 혹은 조직에서 제공하는 프로그램이나 서비스 등에 대해 가지고 있는 생각, 인상, 아이디어의 총체라고 할 수 있다. 조직 내의 직원들이 강한 자부심을 가지고 구성원 모두가 조직의 이념과 가치를 분명히 내재화함으로써 자원봉사자, 이용자, 지역주민 모두가 조직으로 인해 자부심을 가질 수 있도록 해주는 것이 이미지 창출을 위한 최선의 전략이다.

1급 필수 요약

1. 사회복지조직의 마케팅 개념과 필요성

- **사회복지조직 마케팅의 필요성** : 서비스 개발, 재정확보, 비영리조직의 확대와 경쟁, 사회복지조직의 책임성
- **사회복지서비스의 특징** : 무형성, 다양성과 복잡성, 생산과 소비의 동시 발생, 소멸성

2. 사회복지조직의 마케팅 특성

- **마케팅 믹스**
  - 4P : 상품(Product), 가격(Price), 유통(Place), 촉진(Promotion)
- **마케팅 과정** : 조직환경 분석(SWOT 분석) → 표적시장의 선정(시장 세분화) → 포지셔닝 → 마케팅 실행 → 마케팅 평가
- **시장 세분화 마케팅 전략** : 미시적 마케팅, 틈새 마케팅, 세분화 마케팅, 대량 마케팅
- **사회복지조직 마케팅 기법** : 다이렉트 마케팅, 고객관계 관리 마케팅, 공익연계 마케팅, 인터넷 마케팅, 사회 마케팅, 아웃리치, ARS 모금 마케팅

3. 사회복지조직의 홍보

- **사회복지조직 홍보의 개념** : 조직이 그의 사회적 환경이 되는 대중과의 원활한 관계를 유지하고자 하는 노력
- **사회복지조직 홍보의 목적과 필요성** : 정보제공, 신뢰확보, 권위획득, 사회통합, 국민의식 관리, 참여의 통로, 이미지 제고
- **사회복지조직의 홍보와 PR전략** : 패러다임 전환, 방문서비스, 자기개발, 매체 활용, 조직의 이미지 창출

13

CHAPTER

사회복지 프로그램 설계와 평가

1. 프로그램의 가념과 설계
2. 프로그램 개발 과정
3. 사회복지 프로그램 평가
4. 사회복지시설 평가

13
CHAPTER

사회복지 프로그램 설계와 평가

사회복지행정가의 가장 중요한 역할 중의 하나가 사회복지 프로그램의 개발과 평가이다. 사회복지행정가는 사회문제 해결 및 클라이언트 욕구 충족이라는 사회복지기관의 목적 달성을 위해 프로그램을 개발, 실행하고 안정적으로 유지될 수 있도록 프로그램을 평가하는 역할을 수행한다.

1. 프로그램의 개념과 설계

1) 프로그램의 개념

프로그램(program)은 앞으로 진행될 일에 대한 계획을 체계적으로 정리한 것으로 사회복지조직에서 이루어질 경우 개인과 사회의 변화라는 사회복지조직의 목표 달성을 위해 수행되는 조직적이고 체계적인 활동의 집합체로 볼 수 있다. 사회복지적 목적과 목표가 있어야 하며, 사회복지기관과 같은 비영리조직이 주관하고, 사회복지 인력과 같은 전문인력에 의해 실행되는 다양한 활동들로 구성된 집합체라고 할 수 있다.

2) 프로그램 설계 시 고려사항

사회복지 프로그램은 참여자가 잠재능력이 있고 성장과 변화를 성취할 수 있다는 사회복지의 핵심 가치에 입각해서 설계되어야 한다. 프로그램에 참여하는 모든 개인은 가치와 존엄성이 있으며, 다른 사람과의 관계 속에서 프로그램을 통해 학습되고 개발될 수 있는 능력이 있다. 따라서 프로그램 관리자들이 프로그램 설계 시 고려해야 할 사항을 다섯 가지(5P)로 정리해 보면 다음과 같다(강종수, 2019; 최성재 · 남기민, 2020).

① **합목적성 및 목표의 일관성**(purpose) : 프로그램의 내용은 목적이 제시하는 바로 그 내용에 적합해야 한다. 이를 위해 프로그램 내용에 치중하여 수단이 목적이나 목표에 전도되는 '목표 전치' 현상이 발생하지 않도록 유의해야 한다.

② **능력 수준과 흥미에의 적합성**(person) : 프로그램 내용이 대상자의 필요와 흥미 또는 능력 수준을 고려하여 주제의 내용과 방법이 적합하고 친밀감이 있는 것으로 선정한다.

③ **프로그램의 통합성**(problem) : 프로그램에 참여하는 대상자의 문제해결이나 목표달성을 위하여 단편적인 프로그램을 제공하는 것이 아니라, 인간의 경제적 · 사회적 · 문화적 문제들을 통합적으로 고려하는 프로그램을 제공하여야 한다.

④ **프로그램의 지속성과 네트워크화**(process) : 프로그램은 일시적이고 일회적인 접근으로 이루어져서는 안 되며, 장기적이고 지속적인 제도화된 프로그램이 되어야 한다.

⑤ **지역성**(place) : 프로그램을 실시하는 기관의 지역적 · 문화적 상황이 다르기 때문에 프로그램의 내용 선정에서도 지역적 특성을 반영하고, 각 지역의 독특한 특성을 발굴해 내야 한다.

2. 프로그램 개발 과정

프로그램의 개발 과정은 기획의 과정으로 볼 수 있으며, 원하는 결과를 만들어 내는 데 필수적인 실무자, 관리자 및 관련 행위자들의 총체적인 행위들을 포함한다(Poertner & Rapp, 2007). 기획(planning)은 이미 결정된 행동의 방향이라 볼 수 있는 계획(plan)을 수립하는 과정으로, 이러한 계획을 세워 나가는 활동과 과정에 중점을 둔다(최성재 · 남기민, 2020). 프로그램 기획이란 현재와 미래의 환경 변화에 대응하기 위한 것으로, 프로그램의 목적 설정, 수단의 선택, 실행, 평가에 이르는 제반 프로그램 과정에서의 합리적인 의사결정과 활동(김영종, 2023), 혹은 사회적으로 공인된 목적을 달성하기 위해 자원을 바람직하게 이용하려는 프로그램의 집합이나 하나의 프로그램을 선택하는 것(York, 1982)을 말한다. 프로그램 개발과정을 살펴보면 〈표 13-1〉과 같다.

〈표 13-1〉 **프로그램 개발 과정**

단계	내용
① 문제확인과 욕구사정	프로그램 개발의 필요성과 타당성을 객관적으로 이해할 수 있도록 문제의 규모와 심각성, 필요성을 제기하고 기존 서비스의 중복이나 결함을 파악한다. 이때 문제는 욕구로 전환한다. 예 빈곤문제는 경제적 안정에 대한 욕구로 전환한다.
② 대상자 선정	클라이언트의 욕구, 프로그램 이론, 법적 규정, 행정적 관례 등을 종합적으로 고려하여 일반집단, 위기집단, 표적집단, 클라이언트 집단 순서로 대상자를 선정한다.
③ 목적과 목표의 설정	프로그램의 목적을 설정한 후, 실현 가능한 구체적인 목표를 설정한다.
④ 프로그래밍 (개입전략 선정)	목표를 달성하기 위한 개입전략을 선정한다. 예 사례관리, 집단상담, 사회화집단, 자조집단 등
⑤ 프로그램의 설계	목표별로 어떤 프로그램을 제공할지 구체적으로 정한다. 각 회기의 실행계획과 활동계획, 자원확보 및 홍보방안 등을 수립한다.
⑥ 실행	프로그램 기획안대로 실행한다. 실행 과정에서 과정평가를 실시한다.
⑦ 평가	당초 예상했던 목적을 달성했는지, 최소한의 비용으로 최대한의 성과를 도출했는지 평가한다.

출처 : 생각의 마을(2023), p. 262.

1) 1단계 : 문제확인과 욕구사정

(1) 사회문제

프로그램 개발의 첫 단계는 해결되거나 완화되어야 할 문제의 확인과 분석이다. 최근 언론에 자주 등장하는 낮은 출산율, 고령화, 청년실업, 빈곤, 폭력,

아동학대, 약물남용, 자살, 아동양육 문제, 중독문제 등 우리 사회가 당면한 사회문제를 나열하는 것은 그리 어려운 일이 아니다. 이러한 다양한 사회문제의 특성들을 기반으로 정리해 보면, 사회문제는 사회구성원이나 사회에 바람직하지 못한 방향으로 영향을 미쳐 부정적인 결과를 가져오고, 이의 개선을 위해 집단적 · 사회적 행동이 요구되는 널리 인정된 사회적 현상을 의미한다(김희년 외, 2020; 신원식 · 신근화, 2022). 사회문제가 충족되기 위한 조건으로는 첫째, 원인이 사회적인 문제, 둘째, 사회적 가치와 규범에서 벗어남, 셋째, 다수의 영향력 있는 사람들이 문제로 보는 현상, 넷째, 개선을 위해 사회적 · 집단적 개입이 필요한 것으로 규정하고 있다(박재연 · 배은경, 2021). 따라서 문제의 확인은 사회문제 해결을 위한 프로그램의 목표를 정확히 제시하기 위해 클라이언트의 문제나 욕구를 파악하는 단계로, 이러한 문제나 욕구가 나타나게 된 원인과 규모, 심각성, 경향 등을 명확하게 파악하고 분석하는 것이 필요하다.

(2) 욕구의 개념

욕구(need)는 인간의 생존과 성장을 위해 필요로 하는 것으로 적절한 수준에 미치지 못할 경우 이의 충족을 위해 구하게 되는 것이다. 욕구는 단순히 '원하는 것'을 의미하는 요구(want)와는 구분되며 개인이나 가족, 집단, 지역사회가 무엇을 '필요로 하는가'에 관심을 둔다. 예를 들어, 따돌림을 당했던 중학생이 고등학교에 입학을 하면서 전학을 가고 싶다는 이야기를 하게 될 경우, 이 학생의 요구(want)는 "다른 고등학교로 전학을 가고 싶다"로 나타난다. 그러나 실제 내면의 욕구(need)는 "따돌림을 당하면서 친구관계에서의 갈등을 경험해 보니 어떻게 해결할지 방법을 모르겠고, 다시 상처받고 싶지 않아서 다른 환경으로 도망가고 싶다"일 수도 있다. 임상현장에서는 이처럼 클라이언트가 표현하는 요구와 욕구에 차이가 있을 수 있는 부분을 특히 유의할 필요가 있다. 따라서 사회복지사, 상담사는 클라이언트의 요구(want) 이면에 있는 욕구(need)가 무엇인지 깊이 살펴보아야 한다(박재연 · 배은경, 2021).

(3) 욕구유형

① Maslow의 욕구단계이론(서열체계론)

Maslow(1943)에 의하면 인간에게는 다섯 단계의 욕구유형－생리적(physiological) 욕구, 안전(safety)의 욕구, 사랑(love)의 욕구, 존중(esteem)의 욕구, 자아실현(self-actualization)의 욕구－이 있으며, 생존을 위한 생리적 욕구에서부터 자기성장과 발전을 위한 자아실현의 욕구까지 상향적으로 만족되기를 원한다(생각의 마을, 2023; 안가영 · 한은경, 2020).

㉠ 생리적 욕구

배고픔, 갈증, 휴식, 주거, 추위나 더위로부터의 보호, 고통받고 싶지 않은 욕구, 성적 욕구 등 인간이 기본적으로 생존하기 의하여 필수적으로 충족되어야 하는 것으로, 생리적 욕구가 충족되고 나면 다음 단계인 안전에 대한 욕구가 발생한다.

㉡ 안전의 욕구

위협이나 궁핍으로부터의 보호 차원의 욕구로서 박탈과 같은 심리적 측면까지 포함한다. 안전에 대한 욕구는 현재를 포함한 미래의 개념을 내포하고 있다.

㉢ 사랑의 욕구

사랑이나 우정, 타인으로부터의 인정 등과 같은 정서적 부분이 부각된다. 친구나 이성, 직장 동료 등과 친밀한 관계를 유지하며 그 속에서 다른 사람이 자신의 존재를 알아주기를 원하고, 사랑하고 사랑받으며 정서적 소속감으로부터 만족을 얻을 수 있기를 원한다.

㉣ 존중의 욕구

자기 스스로를 존중할 뿐 아니라 다른 사람으로부터 받는 존경에 의해 생겨난다. 자아존중의 욕구는 충족이 되면 인간에게 무한한 자신감과 활력을 주는 요소로 작용하지만 충족되지 못하면 자존감이 손상되어 열등감에 빠질 수 있다.

㉤ 자아실현의 욕구

가장 높은 수준의 욕구이며 앞서 언급한 네 가지 하위 욕구가 충족된 상태에 있는 사람이 추구하는 것으로, 자아실현은 인간의 잠재적 능력을 실현하는 것이라고 할 수 있다.

Maslow의 욕구단계이론에 대해서는 먼저 다양한 인간의 욕구가 계층화될 수 있는지에 대한 의문을 제기한다. 또한 상위욕구로 올라갈수록 욕구의 개념이 추상적이 되어 가고, 그것들을 구체화하는 것이 쉽지 않다는 점, 낮은 단계의 욕구들은 보다 실체적이고 욕구 해결을 위한 구체적 전략들에 대해서도 쉽게 일치를 볼 수가 있지만, 추상적 상위단계의 욕구들은 그 실체 파악이 어렵고, 실천전략에 대한 합의의 도출이 어렵다는 점 등이 한계로 지적된다(안가영 · 한은경, 2020).

② Bradshaw의 욕구유형

Bradshaw(1974)는 욕구의 종류에 초점을 두어 욕구 인식의 기준에 따라 네 가지로 유형화하였다. 전문가, 클라이언트의 인식, 클라이언트의 행동, 다른 지역과의 비교라는 기준에 따라 인간의 욕구를 네 가지로 유형화하였는데, 이는 규범적(normative), 감촉적(felt), 표현적(expressed), 비교적(comparative) 욕구이다(박재연 · 배은경, 2021; 생각의 마을, 2023).

㉠ 규범적 욕구

규범적 욕구(normative need)는 전문가들에 의해 정해진 기준이나 규범과 비교하여 여기에 미달된 상태일 때 클라이언트의 욕구가 존재한다고 간주하는 것이다. 전문가 위주의 욕구 측정과 프로그램 개발이 주요한 축이 되므로 클라이언트의 실제 욕구가 반영되지 않을 수 있는 문제점이 있다. 또한 욕구의 기준이 실제 기준을 정하는 전문가에 의해 정해지므로 전문가에 따라 욕구의 기준이 달라질 수 있다(최성재 · 남기민, 2020). 우리나라의 기준 중위소득에 따른 기초생활보장의 급여지급은 규범적 욕구가 적용된 예로 볼 수 있다.

㉡ 감촉적 욕구

감촉적 욕구(felt need)는 개인 당사자가 느끼는 욕구, 즉 당사자가 인식하는 욕구이다. 이는 누군가의 의견을 묻거나 관찰을 통해 알 수 있는 욕구로 객관적 자료를 통해 입증된 것이 아니므로 객관적 기준을 찾기 어렵다. 욕구를 경험하고 있는 개인의 인지에 기초한 욕구로서 자신의 문제를 잘 알고 있다는 점을 강조한 개념이다. 감촉적 욕구는 어떤 욕구 상태에 있는지 물어보아서 알 수 있는 욕구로 응답자의 당시 느낌이나 인식 정도에 따라 차이가 나기 때문에 객관적 기준을 찾기 어렵다. 욕구를 인지하지 못하는 경우에는 실제로 욕구를 잘못 파악할 수도 있고 상황에 따라 수시로 변동될 가능성이 있다(박재연·배은경, 2021). 주로 전화나 우편, 또는 대인면접 형식의 설문조사를 통해 사람들이 무엇을 필요로 하는지 파악할 수 있다.

㉢ 표현적 욕구

표현적 욕구(expressed need)는 서비스의 수요에 기초하여 느껴진 욕구가 행동으로 표현된 욕구이다. 개인이 서비스를 얻기 위해 실제로 노력했는가 여부가 핵심변수이다. 사회복지조직에서 가장 많이 활용하는 욕구 개념으로 표현적 욕구에서 욕구의 정도는 얼마나 많은 사람이 서비스를 요청하는지에 따라 추정한다. 예를 들면, 아동급식 서비스 이용자 수 혹은 아동급식 서비스 대기자 수를 통해 표현적 욕구를 파악할 수 있다. 표현적 욕구는 대기자 명단(waiting list)에 의해 주로 파악되며, 이용자가 많은 서비스일수록 혹은 대기자 명단이 많을수록 욕구가 크다고 본다.

㉣ 비교적 욕구

비교적 욕구(comparative need)는 서비스를 받고 있는 사람들과 비슷한 특성을 가지고 있지만 해당 서비스를 받고 있지 않은 사람들의 경우 서비스를 받는 사람들과 비슷한 욕구를 가질 것이라 규정하여 이를 측정하는 것이다(예 타 지역의 아동급식 서비스 수혜 대상자 규모 혹은 금액). 비교적 욕구는 비교대상이 누구인지, 어떤 집단인지에 따라 달라질 수 있다.

③ Alderfer의 ERG 이론

ERG 이론은 인간의 욕구 계층에 따라 욕구가 유발된다고 규정한 점에서는 Maslow와 공통된 견해를 가진다. 하지만 ERG 이론에서는 욕구의 단계를 욕구 충족을 위해 하는 행동이 얼마나 추상적인가를 기준으로 존재욕구(existence needs), 관계욕구(relatedness needs), 성장욕구(growth needs)의 3단계로 구분하였고, 두 가지 이상의 욕구가 동시에 작용하여 행동을 유발할 수 있다고 주장하였다(오민지 · 이수영, 2017).

㉠ 존재욕구

Maslow의 처음 두 단계의 욕구, 즉 생리적 욕구, 안전의 욕구와 부합되는 것이다. 배고픔, 갈증, 안식처 등과 같은 생리적 욕구와 임금, 작업환경 및 조건 등과 같은 물질적 욕구는 모두 인간의 기본적으로 존재하기 위한 욕구들이다.

㉡ 관계욕구

Maslow의 소속과 사랑의 욕구를 비롯하여 사회적 존중을 반영한 욕구이다. 가족구성원, 감독자, 공동작업자, 하위종업원, 동료 등을 포함한 타인과의 관계에서 상호 간의 수용과 확인, 이해 및 영향 등이 관련 과정의 요소가 되고 있고, 이들 요소들은 공유 과정과 상호 간의 감정에 의존하게 된다.

㉢ 성장욕구

Maslow의 자아존중의 욕구와 자아실현의 욕구가 이 범주에 해당한다. 성장은 개인적 성장뿐 아니라 창조적 성장과 관련된 모든 성장적 욕구를 포괄한다. 한 개인이 자기능력을 최대한 발휘하고 새로운 능력을 개발하는 데 필요한 일에 종사함으로써 욕구충족이 가능하다.

〈표 13-2〉 Alderfer의 ERG 이론

욕구단계	욕구내용
존재욕구	• 의식주와 관련된 생리적 욕구와 임금과 같은 물질적 욕구 • Maslow의 생리적 욕구, 안전의 욕구와 유사
관계욕구	• 가족을 비롯한 타인과 관련되는 욕구 • Maslow의 사랑의 욕구, 존중의 욕구와 유사
성장욕구	• 자신의 능력을 최대한 발휘하고 새로운 능력개발을 필요로 하는 일에 종사함으로써 충족 가능 • Maslow의 존중의 욕구, 자아실현의 욕구와 유사

출처 : 오민지 · 이수영(2017) 재구성.

(4) 욕구조사 방법

욕구파악을 위한 욕구조사의 방법을 살펴보면 다음과 같다(김동선 외, 2022; 남진열 · 전영록, 2012; 최성재 · 남기민, 2020).

① 지역사회 공개토론회

지역사회의 구성원에서 정보를 얻는 방법으로 자유롭게 견해를 표현할 수 있는 모임을 계획하고 그 비용을 부담한다. 장점으로는 비교적 비용이 적게 들고 많은 준비가 필요하지 않으며, 조사연구에 대한 고도의 지식이나 기술을 요하지 않는다. 또한 지역사회 구성원에게 다양한 의견과 태도 등을 자유스럽게 청취할 수 있다. 단점은 참여하지 않는 지역사회 시민이나 클라이언트 집단의 경우 욕구조사에서 소외될 수 있으며, 실제 시민이 참여하는 경우에도 일부 소수가 그 모임을 독점하거나 목소리를 지나치게 높여 공청회나 포럼을 주도할 우려가 있다.

② 주요 정보제공자 조사

지역사회의 사정에 대해 잘 알고 있는 사람들이나 대상 집단의 문제해결을 위해 지역사회에서 장기간 활동하였던 사람들을 대상으로 의견을 수집하고 조사하는 것을 말한다. 주요 정보제공자는 지역사회지도자, 전문직 종사자, 관할 지역의 공무원, 서비스 제공자, 여론 주도층(opinion leader) 등이 이에 해당한다. 주요 정보제공자의 경우 조사의 비용이 적게 들고, 비교적 단기간에 지역의 전반적 문제를 파악할 수 있다는 장점이 있으나, 정보제공자 선정에 있어 편의(bias)현상이 나타날 수 있고 조사과정에 주요 정보제공자들의 주관이 많이 반영될 수 있다는 한계가 있다.

③ 초점집단면접

초점집단면접(FGI : Focus Group Interview)은 질적연구방법의 하나로 초점집단(focus group), 즉 함께 모여 면접하는 피험자집단이 일시적으로 소집되어 집단 인터뷰를 구성하고 집중적인 대화를 통하여 조사자가 알아보고자 하는 정보를 찾아내는 기법이다. 예를 들어, 기업에서 새로운 상품을 판매하려고 시도할 때, 새로운 전자기기가 특정의 기능을 가지고 특정한 시장 판매가에 사용될 때 소비자들은 이것을 어떻게 받아들일지 초점집단면접을 통해 예측을 할 수 있다. 주로 초점집단은 5~15명으로 이루어지고, 이 방법은 실생활을 포착하는 것, 융통성, 타당도, 빠른 결과, 비용 등의 측면에서 장점을 지니고 있다. 반면 통제하기 어려움, 분석의 어려움, 중재자에게 기술 요구, 집단 간 차이로 인한 어려움, 모집의 어려움, 토의 환경 조성 등의 문제를 가진다(김동선 외, 2022).

④ 명목집단법

명목집단법(NGT : Nominal Group Technique)은 감정이나 분위기상의 왜곡현상을 피하기 위해 각자의 의견을 말로 교환하지 않고 종이에 기록하여 의견을 개진하는 방법이다. 의사결정 과정 중에 논의나 대인 간 의사소통을 제한한다. 집단구성원은 같은 장소에 있지만 독립적으로 행동하며, 구체적으로 어떤 문제가 제시되면 집단은 일정 단계를 거치면서 최종 결정한다. 순서를 살펴보면 다음과 같다.

㉠ 개인적으로 종이에 문제해결에 대한 아이디어를 기록한다.
㉡ 자신의 아이디어를 익명으로 리더에게 제출, 기록한다.
㉢ 집단의 논의를 시작하여 아이디어를 평가한다.

㉣ 구성원들은 각자 아이디어에 순위를 적어 제출한다.

㉤ 최고 종합순위를 받은 아이디어로 최종 결정한다.

⑤ 사회지표 분석

사회지표(social indicators) 분석은 정부기관이나 연구기관 등에서 정기적, 비정기적으로 발표한 다양한 사회지표나 조사자료를 활용하여 지역욕구를 파악하는 방법이다. 예를 들어, 지역사회 연령비율, 주택보급률, 소득수준, 성비, 혼인 및 이혼율, 빈곤율, 실업률, 범죄율, 실업급여 수혜자 수 등에 대한 분석이 이에 속한다. 이러한 지표는 대부분 인구조사자료나 사회복지 기초수요자료 등에 관한 공적 통계발표자료 등에서 얻을 수 있으며, 다양한 공적기관에서 실시하는 사회조사를 통해서도 얻을 수 있다. 사회지표 분석은 정부기관이나 조사연구기관이 공식적으로 발표한 자료를 분석하는 것으로 비용을 많이 들이지 않고 쉽고 빠르게 자료에 접근할 수 있는 이점이 있지만, 자료제공기관의 공식성에 의존하는 한계가 있다.

⑥ 지역사회 서베이

지역사회 서베이는 조사대상 모집단을 대표할 수 있는 일부 표본을 선정하여 이들로부터 질문지 또는 면접을 통하여 자료를 수집하는 방법이다. 표본에서 나타난 욕구가 전체대상을 대표하는 정확성을 갖기 위해서는 표본이 확률적 표집방법으로 선정되어야 하고, 표본의 크기가 적절해야 하며, 조사척도인 질문지 및 면접에 있어서 신뢰도와 타당도가 확보되어야 한다. 서베이의 장점은 실제적인 서비스 수혜자 또는 잠정적인 수혜자가 인식하는 욕구를 직접 파악할 수 있고, 표본을 통하여 대상자 전체의 욕구를 파악할 수 있다는 것이다. 단점으로는 비용이 많이 들고, 우송질문지 방법을 사용하는 경우 회수율이 낮으며, 사회적으로 바람직한 응답을 얻게 되는 문제가 발생할 수 있다는 점 등이다(김재원 · 임 업, 2019).

⑦ 델파이 기법

조사대상자들의 욕구를 조사할 때 만나지 않고 서면을 통해 전문가 집단의 의견을 수집하는 방식으로 진행되는 조사방법이다. 무기명으로 설문조사를 진행하여 의견을 수합한 후 그 결과를 다시 보내 피드백을 받는 방식으로 여러 단계에 걸쳐 의견을 수합한다(박재연 · 배은경, 2021). 이 기법은 전문가의 지식과 경험에 따른 주관적이고 직관적인 판단을 바탕으로 집단적 의견을 도출한다. 어떤 문제에 대하여 전문가들의 합의점을 찾는 방법으로 무기명 응답이기 때문에 대면적(face-to-face)인 회의에서와 같은 상호 영향을 주는 요인들을 통제할 수 있다(김학령 외, 2021; 신복기 외, 2021).

델파이 기법의 장점은 익명으로 인하여 특정인의 영향을 줄일 수 있을 뿐 아니라 집단의 의견에 개인을 순종시키려는 집단의 압력을 줄일 수 있고, 응답자의 시간을 효율적으로 이용할 수 있는 점 등이다. 단점으로는 반복적인 과정을 거치므로 시간이 많이 걸리고, 극단적인 의견은 판단의 합의를 얻기 위해서 제외되는 문제 등이 있다(생각의 마을, 2023).

⑧ 2차 자료 분석

지역주민 및 전문가들로부터 직접 자료를 수집하는 것이 아니라, 정부출연 연구기관, 통계청 등에서 조사된 자료를 분석하여 욕구를 파악하는 분석방법이다. 2차 자료로는 대부분 광범위한 영역에 걸쳐 조사된 원자료(raw data)뿐만 아니라, 지역사회 내 사회복지기관의 서비스 이용기록, 접수면접(intake) 자료, 기관의 업무일지, 대기자 명단 등을 활용할 수 있다. 2차 자료 분석은 비용효율적인 면에서 장점이 있으나, 정보보완 등으로 2차 조사 자체에 대한 접근 및 기관 외부에서의 접근이 어렵다는 한계가 있다. 사회복지 및 상담 분야에 주로 활용되는 2차 자료의 대표적인 예시는 다음과 같다(박재연 · 배은경, 2021).

- **한국복지패널** : 한국보건사회연구원/ 서울대 사회복지연구소
- **한국아동패널** : 육아정책연구소
- **한국아동청소년패널조사 · 한국청소년패널조사** : 한국청소년정책연구원
- **장애인고용패널조사** : 한국장애인고용공단 고용개발원
- **한국교육고용패널** : 한국직업능력개발원
- **여성가족패널** : 한국여성정책연구원
- **한국의료패널** : 한국보건사회연구원/ 국민건강보험공단
- **고령화연구패널조사** : 한국고용정보원
- **청년패널조사 · 한국노동패널조사** : 한국노동연구원
- **통계청**

출처 : 박재연 · 배은경(2021), p. 87.

2) 2단계 : 프로그램 대상자 선정

사회복지 프로그램을 설계하는 데 있어서 중요한 문제 중의 하나는 프로그램의 직접적 수혜자, 즉 누가 대상자가 될 것인지 결정해야 하는 문제이다. 사회복지 프로그램 담당자들이 대상자 집단을 막연하게 설정하다 보면 원칙 없이 대상자를 결정하거나 프로그램의 효과성이 나타날 가능성이 큰 대상자만을 선정하는 이른바 크리밍(creaming) 현상이 나타나기도 한다. 프로그램 대상자의 결정은 클라이언트의 욕구, 프로그램 이론, 법적 규정, 행정적 관례 등을 고려하여 원칙에 따라 신중하게 이루어져야 한다. 대상집단을 분석하는 방법으로는 대표적으로 Rapp과 Poertner(1992)의 일반집단, 위기집단, 표적집단, 클라이언트 집단이 자주 사용된다(박재연 · 배은경, 2021; 최성재 · 남기민, 2020).

(1) 일반집단

일반집단은 프로그램의 대상자가 될 수 있는 가장 포괄적인 인구집단으로 프로그램의 대상지역 내에 거주하고 있고, 그 문제와 관련되어 있는 전 인구집단을 지칭한다.

(2) 위기집단

일반집단 중에서 사회문제에 노출되어 취약한 상태에 있는 인구집단을 지칭한다. 해당 사회문제의 영향을 받기 쉬운 사람들을 포함하고, 이미 그 문제를 경험하고 있는 집단을 의미한다.

(3) 표적집단

실행하고자 하는 프로그램의 직접적 대상이 될 수 있는 인구를 대상으로 한다. 위기집단 중에서 프로그램의 직접적인 수혜자가 될 적격성(eligibility)을 갖춘 사람들이다. 위기집단의 모든 사람들이 해당 프로그램을 필요로 하지는 않는다.

(4) 클라이언트 집단

클라이언트 집단은 표적집단 중에서 해당 프로그램이 실시될 때 실제로 참여하게 될 집단이다. 표적집단 전체가 클라이언트 집단이 되는 것이 바람직하지만, 서비스에 대한 접근성 등의 문제로 자격이 되는 사람들 중의 일부만 서비스를 제공받게 된다. 표적집단 중 누가 서비스를 받고 누가 받지 못할 것인가를 결정하는 요인은 다음과 같다(최성재 · 남기민, 2020).

① **실용성** : 프로그램 능력(인적 · 물적 자원)의 범위 내에서 클라이언트 선정
② **윤리성** : 대상자 선정이 자발적일 때 윤리성 보장(자발적 참여)
③ **클라이언트 능력** : 프로그램으로부터 이득을 얻기 위해 클라이언트는 최소한의 능력을 보여주거나 자원을 소유하고 있어야 함(클라이언트의 욕구, 프로그램 이론, 법적 규정, 행정적 관례 등을 고려하여 대상자 결정).

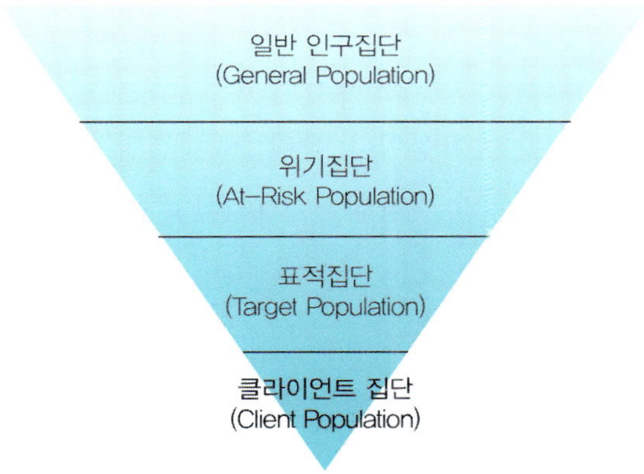

| 그림 13-1 | 대상 인구집단 깔대기

출처 : Rapp & Poertner(1992).

3) 3단계 : 목적과 목표 설정

(1) 목적과 목표의 개념

프로그램의 목적은 프로그램이나 사업을 통해 달성하고자 하는 포괄적이고 추상적인 지향점이며 이를 구체화한 것이 프로그램의 목표이다. 이는 프로그램이 변화시키려고 하는 상황이나 문제에 대한 기준을 설정한 것으로, 프로그램 활동의 결과로서 기대되는 변화의 정도 등을 포함하며 이러한 목표를 달성하기 위해 세부 목표를 설정할 수 있다(박재연 · 배은경, 2021).

① **목적**(purpose)

목적은 프로그램을 통해 의도하고자 하는 궁극적인 방향성이나 상태 또는 결과를 기술한 것이다. 프로그램을 수행한 후 달성하고자 하는 포괄적 형태의 성취수준에 관한 개념을 말한다(목표의 상위개념), 목적은 아주 구체적일 필요는 없으며, 측정 가능한 수치를 제시할 필요도 없다. 대신 프로그램이 추구하는 방향이나 달성하고자 하는 가치를 포함한 내용이 기술된다. 목적은 문제해결이 어느 방향으로 되어야 하는지에 대한 지향점을 제시해 주기 때문에 중요하다.

② **목표**(goal)

프로그램의 목표는 목적을 더욱 구체화한 것으로, 설정된 목적을 성취하기 위한 세분화된 방향성이나 상태 또는 결과를 진술한 것이다. 목적을 구체화한 프로그램의 지향점을 의미하며, 목표 달성을 위한 세부 목표를 설정하게 된다.

③ **세부목표**

세부목표는 프로그램을 통해 달성하고자 하는 구체적인 목표를 말하며 프로그램 성과에 대한 평가는 그 세부목표의 달성 여부를 평가하는 것이다. 따라서 세부목표의 설정 기준은 구체적이고 측정 가능하며 현실적인 언어로 표현되어야 하며, 주어진 시간 안에 현실적으로 이루어질 수 있도록 명확하게 작성해야 한다.

위 내용에서 중요한 것은 목적, 목표, 세부목표 사이에 논리적 연관성이 충분히 존재해야 한다는 것이다.

목표는 일반적으로 SMART 기술방법을 사용하는데, 구체적이고(Specific), 측정 가능하며(Measurable), 실현 가능하고(Attainable), 결과지향적이고(Result-oriented), 시간의 기한(Time-bounded)을 갖도록 해야 한다. 따라서 이상적 프로그램의 목표를 기술할 때 다음과 같이 SMART 원칙을 적용한다(임중철 · 김선웅, 2021).

- **구체적**(Specific) : 목표를 기술할 때에는 구체적이고 명료하게 기술해야 한다.
- **측정 가능한**(Measurable) : 목표를 기술할 때에는 측정 가능하도록 기술해야 한다.
- **실현 가능한**(Attainable) : 목표를 기술할 때에는 실현 가능하도록 기술해야 한다.
- **현실적**(Result-oriented) : 목표를 기술할 때에는 산출물이나 결과물이 나와야 한다.
- **시간 기한이 있는**(Time-bounded) : 목표를 기술할 때에는 시간적 기한 기준을 포함하여 기술해야 한다.

(2) 목표 설정의 이유와 조건

프로그램 개발 시 목표를 설정하는 것은 일반적인 프로그램의 기획과 조정을 원활히 하기 위함이다. 또한 목표를 설정함으로써 서비스 전달의 책임을 맡고 있는 실무자들에게 지침을 제공하게 되고, 프로그램의 성패에 대한 평가의 기준을 제시할 수 있다.

목표를 설정할 때에는 다음과 같은 사항을 고려하여야 한다. 첫째, 프로그램의 목표는 지역사회와 주민의 복지를 향상시키는 것이어야 한다. 둘째, 목표는 구체적 활동으로 표현할 수 있어야 한다. 셋째, 목표는 어느 정도의 질과 양, 진도로 성취해야 하는지에 대한 기준을 설정할 수 있어야 한다. 넷째, 어떠한 상황 또는 환경적 조건하에서 발생해야 하는지 규정할 수 있어야 한다.

(3) 목표의 위계화

목적을 이루기 위한 목표들을 설정하고 다시 그 목표를 더욱 더 세분화하여 몇 단계의 하위단계의 목표를 만드는 과정을 목표의 위계화(hierarchy of goals)라고 한다. 상황에 따라 위계화되는 목표의 유형은 다음과 같다(생각의 마을, 2023; 임중철 · 김선웅, 2021).

① 소비자(consumer)목표

소비자목표는 얼마나 많은 이용자가 서비스를 받게 되는지를 구체화한 것이다. 실제 목적을 성취할 것인지, 전달된 서비스의 양이 얼마나 되는지 구체화하는 것이 아니라 주로 서비스를 제공하려고 했던 사람의 수를 의미한다.

② 활동(activity)목표

활동목표는 얼마나 많은 서비스가 제공될 것인지를 구체화한 것이다. 활동목표는 프로그램의 목적과 목표 달성을 위해 투입된 구체적 활동으로, 3시간, 5회기, 7회 같은 서비스 단위로 표현되는 것이 특징이다.

③ 산출(output)목표

산출목표는 프로그램 시행으로 발생하는 산출물로 서비스를 제공받은 사람 수로 표현한 것이다. 산출목표는 중도탈락을 고려하여 마지막 회기까지 성공적으로 참여할 사람의 수를 의미한다.

④ 성과(outcome)목표

성과목표는 프로그램을 통해 클라이언트가 어떻게 변화되기를 바라는지 수치화하여 표현한 것이다. 다른 말로 성취목표라고도 하며, 성과목표는 프로그램으로 나타난 클라이언트의 변화 양상으로 긍정적으로 작성하는 것이 좋다. 예를 들어, 학교 결석 일수의 감소보다는 학교 출석 일수의 증가가 성과목표 진술문으로 더 적합하다.

⑤ 영향(impact)목표

영향목표는 프로그램을 통해 기대되는 지역사회 파급효과로서 사회문제를 나타내는 지표가 될 수 있다. 예를 들면, 프로그램을 통해 실업률, 영유아사망률 등에 얼마나 많은 영향을 끼칠 수 있는지 구체화하여 표현하는 것이다. 이러한 영향목표를 통해 프로그램의 성과를 클라이언트 개인의 수준을 넘어 지역사회 수준으로 끌어올릴 수 있다.

(4) 프로그램 목표의 유형

① 행정적 목표와 프로그램 목표

㉠ **행정적 목표**(administrative objectives) : 기관이나 서비스체계가 기능을 증진시키기 위해 또는 기관이 조직원들에게 업무를 배분할 때 세우는 목표이다(예 산재율 10% 감소, 업무량 기준 등). 조직의 발전과 관련된 목표들이 이 범주에 포함된다.

㉡ **프로그램 목표**(program objectives) : 대상자(개인, 집단, 기관 등)의 결과에 관련된 목표이다. 따라서 행정적 목표가 조직의 유지, 기능 향상과 관련된 목표라면, 프로그램 목표는 조직의 산출에 초점을 둔 목표라고 할 수 있다.

② 과정목표와 성과목표

과정목표와 성과목표는 프로그램 실시 과정 및 결과에 따라 구분한다. 과정평가는 프로그램이 세부적으로 진행되는 과정을 평가하기 위해 설정하는 것이고, 성과목표는 프로그램이 종료된 후 결과를 평가하기 위한 것이다. 과정목표와 성과목표의 예는 다음과 같다(임중철 · 김선웅, 2021).

㉠ 과정목표 예

- 1인 가구 고령자에 대한 방문상담을 월 2회 이상 실시한다.
- 이력서 및 자기소개서 작성방법 교육 후 참가자가 직접 작성한다.

㉡ 성과목표 예

- 1인 가구 고령자의 우울증 수준을 50% 감소시킨다.
- 청소년들의 자아존중감을 20% 향상시킨다.

4) 4단계 : 개입전략 설정

프로그램을 구성하기 위해서는 어떤 개입 유형과 전략을 설정할 것인지 사전에 결정하는 것이 필요하다. 사회복지 개입에는 다양한 이론적 접근방법이 존재한다(박재연 · 배은경, 2021). 사회복지실천 및 상담 프로그램 개입전략의 주요 관점으로 생태체계적 관점과 인본주의적 관점, 강점 관점 혹은 역량강화를 살펴보고자 한다.

사회복지실천 현장에서 프로그램을 통해 클라이언트에게 개입을 할 때에는 생태체계적 관점을 기반으로 하는 경우가 많다. 생태체계적 관점에서는 인간의 행동을 환경과의 상호작용 속에서 이해하므로, 생태체계적 관점을 기반으로 프로그램 개입전략을 세울 때에는 개인뿐 아니라 집단, 가족, 지역사회 더 나아가서 사회 전체의 변화까지를 그 범위로 한다. 이 관점에서는 사회문제가 개인 내적인 문제보다는 사회환경과의 상호작용 속에서 적응하지 못한 스트레스나 대처능력의 부족 등으로 바라보기 때문에 개인과 환경과의 관계, 적응과 부적응, 상호작용 속에서 발생하는 스트레스 등에 대해 관심을 둔다.

또한 사회복지와 상담학에서는 인간의 성장과 변화에 대해 인본주의적 관점으로 접근한다. 프로그램 개발 운영자와 대상자 간에 공감적 이해, 진실성, 무조건적인 수용 등이 필요하며, 이러한 과정을 통해 클라이언트들이 성장할 수 있을 것이라고 믿는다. 인본주의적 관점에서 효과적인 개입전략은 클라이언트의 문제해결을 위한 동기를 높여주고 스스로 문제를 해결하기 위한 능력을 키우도록 하는 데 중점을 둔다.

그리고 사회복지실천 및 상담 분야에서는 클라이언트의 강점을 최대한으로 강화하여 자신의 잠재력과 역량을 발휘하도록 하는 강점관점에 기반한 역량강화를 통해 문제를 해결하도록 한다. 클라이언트가 가지고 있는 긍정적 자원에 관심과 초점을 두고 자신의 긍정적 자원을 활용하여 문제에 대처하도록 하는 것이다.

5) 5단계 : 프로그램의 설계

목표별로 어떤 프로그램을 제공할지 구체적으로 정한다. 각 회기의 실행계획과 활동계획, 자원확보 및 홍보방안 등을 수립한다. 프로그램 개발의 기본방향에 맞게 프로그램의 목적과 목표가 설정되었으면, 프로그램 내용을 선정·조직하고, 지도방법을 체계화시키고, 교육매체를 개발하는 단계이다. 이를 실행하기에 앞서 어떤 계획을 가지고 진행시킬 것인지에 대한 부분이 상세하게 고려되어야 한다. 프로그램 활동계획을 설계할 때 고려해야 할 7가지 요소를 살펴보면 다음과 같다(박재연·배은경, 2021).

첫째, 무엇을 해야 하는가(what)에 대한 것이다. 여기에는 프로그램 제목, 프로그램 종류, 프로그램 내용을 들 수 있다. 둘째, 왜 해야 하는가(why)에 대한 것으로 프로그램의 목적은 무엇인가, 프로그램의 주제, 프로그램의 주안점, 프로그램과 중점 사항들과의 관계를 고려해야 한다. 셋째, 언제 해야 하는가(when)에 대한 것으로 기간(언제부터 언제까지), 회기별 시간 등을 고려해야 한다. 넷째, 어디서 해야 하는가(where)에 대해 최적의 장소, 대안적 장소는 어디

인지 고려해야 한다. 다섯째, 누가 하는가(who)와 관련하여 주최, 주관, 후원 등과 준비위원, 프로그램 책임자, 프로그램 진행자, 공동진행자, 강사, 자원봉사자 등에 대한 고려가 필요하다. 여섯째, 누구를 위해서 하는가(for whom)에 대해 대상자 및 대상자의 특성, 인원 수에 대해 고려해야 한다. 일곱째, 어떻게 진행해야 하는가(how)에 대해 일의 분담, 프로그램 진행의 세부내용, 예산의 수립, 홍보방법, 보고서 등 출간계획 등을 고려할 수 있다.

6) 6단계 : 실행

프로그램을 실행하는 것은 목적과 목표를 달성하기 위해 계획된 프로그램을 실제 전개하는 것을 의미한다. 프로그램을 실행하기 위해서는 프로그램을 수행하는 기관의 상황과 지역사회 요구가 분석되어야 한다. 사회복지 및 상담 분야에서 공통적으로 프로그램을 실행할 때 고려해야 하는 부분은 다음과 같다(박재연 · 배은경, 2021).

(1) 프로그램 수행기관의 상황분석

사회복지 및 상담 분야에서 환경분석을 위해 많이 활용되고 있는 SWOT 분석방법은 강점(Strength), 약점(Weakness), 기회(Opportunity), 위협(Threat) 요인을 분석하는 방식으로, 외부환경으로부터의 기회와 위협, 내부 역량 측면의 강점과 약점을 분석하여 이를 토대로 전략을 수립하는 방식이다. 클라이언트에게 강점으로 인식되고 있는 것은 무엇인지, 약점은 무엇인지, 외부환경에서 유리한 기회요인은 무엇인지, 반대로 불리한 위협요인은 무엇인지 분석하여 전략을 세울 수 있다.

(2) 프로그램 실행 시 윤리원칙

프로그램 실행 시 다음과 같은 윤리원칙을 준수해야 한다.

첫째, 참여자의 자발적 동의가 중요하다.

둘째, 프로그램에 참여한 대상자들의 상황이나 프로그램 진행 내용에 대해서 철저하게 비밀을 보장하는 것을 원칙으로 한다.

셋째, 프로그램 실행결과에 대해 있는 그대로 보고하고, 이에 대해 반성적 입장에서 고찰할 수 있는 정직성이 요구된다.

넷째, 지도자는 평소 가지고 있는 뚜렷한 편향이나 가치관에 대해 고찰해 보고 편견이 작용되지 않도록 주의해야 한다.

(3) 대상기관 섭외

프로그램을 개발한 사회복지관 등의 기관에서 프로그램을 실시하는 경우도 있지만, 때로는 학교나 병원, 지역사회 상담센터 등 다른 기관에서 프로그램을 진행하게 되는 경우도 있다. 특히 청소년을 대상으로 한 교육활동 프로그램은 학교에서 실시하는 것이 적합하다. 이에 프로그램이 개발된 후, 어느 곳에서 프로그램을 실시하는 것이 효과적일지 고려해야 하며 대상기관을 섭외하기 위해 노력을 기울여야 한다.

(4) 프로그램 홍보

프로그램 참여자를 누구로(표적집단) 할 것인지에 대해 어느 정도 윤곽이 잡히면 대상이 될 수 있는 잠재적 수요자에게 프로그램에 대해 알리고 참여를 권장하게 된다. 이를 위해 프로그램의 홍보 전략 수립이 중요하다.

7) 7단계 : 평가

처음 예상했던 목적을 달성했는지, 최소한의 비용으로 최대한의 성과를 도출했는지 평가한다. 일정 기간 동안 실시된 프로그램을 대상으로 하여 그것이 의도한 대로 제대로 잘 수행되었는지를 판단하는 과정이다. 프로그램 내용을 선정 · 조직하고, 지도방법을 체계화시키고, 교육매체를 개발하는 단계로 결과에 근거하여 지속적으로 프로그램을 개선해 나가야 한다.

3. 사회복지 프로그램 평가

사회복지 프로그램 평가는 ① 프로그램 개시 직후, ② 프로그램 진행 도중, ③ 프로그램 종료 후에 할 수 있다. 그런데 보통의 경우 평가는 프로그램이 완전히 끝난 다음에 시행되는 것으로 생각하고 프로그램 시작과 동시에 시행하는 평가를 소홀히 취급한다. 그래서 새로운 정보나 상황의 변화에 적응하지 못하고 실패하는 경우도 흔히 일어난다. 프로그램 실행과정 중간에 평가하는 것은 이때가 팀원들이 초보단계를 벗어나면서 과업 수행에 익숙해지는 반면, 불만이나 부여된 활동의 목표와 가치에 대해서 의문을 제기할 수 있는 시점이기 때문이다. 그러므로 여러 가지 상황변화를 예의 주시하고 이에 따른 계획의 적절한 변화를 판단하기 위하여 정기적으로 중간 평가를 해야 한다. 초기 및 중간 평가를 통해서 수립된 계획에 따라 목표 달성을 위하여 다각적인 노력을 시도하고 비록 상황변화에 따라서 조기 종료를 하게 되거나 실패를 했을 경우에도 최종평가가 이루어져야 한다(신복기 외, 2021).

1) 프로그램 평가의 유형

프로그램 평가는 평가목적, 평가주체, 평가규범에 따라 다양한 유형으로 구분할 수 있다(박재연 · 배은경, 2021; 생각의 마을, 2023).

(1) 프로그램 평가목적에 따른 분류

① 형성평가

프로그램의 수행 및 전달 과정을 모니터링 하기 위해 양적 · 질적 방법으로 실시하는 평가이다. 프로그램 진행 도중에 일어나기 때문에 과정평가라고도 하는데, 프로그램 수행과정에서 문제점을 발견하여 프로그램 수정 및 보완을 목적으로 이루어지는 평가의 유형이다. 형성평가는 모니터링(monitoring)의 테크닉과 환류(feedback)를 중요시하기 때문에 융통성이 높은 것이 특징이다.

② 총괄평가

프로그램 투입에 대한 총체적인 판단을 내리기 위한 평가이다. 프로그램이 종료되는 시점이나 완전히 종결된 이후 프로그램의 성과(outcomes)와 영향(impacts)을 파악하려는 목적으로 이루어지는 평가의 유형이다. 이때 평가 결과를 근거로 해당 프로그램을 계속 유지할 것인지 혹은 확대할 것인지, 그렇지 않으면 축소하거나 중단할 것인지를 판단하게 된다.

③ 통합평가

형성평가와 총괄평가의 장점을 통합한 평가이다. 프로그램 초기에는 신속한 환류를 제공할 수 있는 형성평가 방법이, 프로그램 종결 후에는 프로그램의 효과성 평가를 위한 총괄평가 방법이 활용된다.

④ 메타평가

메타평가란 평가에 대한 평가로, 평가의 개선을 위해 실시하는 평가를 의미한다. 즉, 평가의 유용성, 실용성, 윤리 및 기술적 적합성에 관한 정보를 수집, 제공, 활용하는 평가를 뜻한다. 평가목적이 성취기준에 적합한지 등의 적절성 여부를 확인해야 한다. 평가에서 활용한 과제와 평가문항이 평가 목적에 적합한지, 평가문항의 타당도와 신뢰도 및 객관도가 적절한지를 점검하여 평가목적에 적합한 평가도구가 선정되었는지를 확인한다. 평가의 결과가 원래 의도했던 바를 제대로 달성하고 있는지, 참여자들에게 의도와 다른 부정적인 영향을 미치는지를 체크해야 한다. 또한 통계자료가 체계적으로 정확하게 분석되었는지, 결론은 정당한지 등에 관한 내용도 다룬다.

(2) 프로그램 평가주체에 따른 분류

프로그램 평가는 평가주체에 따라 자체평가, 내부평가, 외부평가로 구분할 수 있다(박재연 · 배은경, 2021).

① 자체평가

자체평가(self-evaluation)는 프로그램 담당자 스스로 행하는 평가로, 많은 정보를 얻을 수 있고 평가비용을 절약하며 장기적으로 계속할 수 있으나 공정성을 확보하는 데 문제가 있다.

② 내부평가

내부평가(in-house evaluation)는 프로그램을 직접 담당한 사람이 아닌 기관 내부의 책임자나 동료에 의해 이루어지는 평가이다. 내부인은 외부인에 비해 조직의 상황을 잘 알고 있기 때문에 전체 맥락 속에서 평가할 수 있다. 그러나 객관적이고 공정하게 평가하지 못한다는 단점이 있다.

③ 외부평가

외부평가(consultant evaluation)는 프로그램을 담당하는 기관의 외부에 속한 전문가에 의해 행해지는 평가이다. 외부인이 해당 조직과 친분이 있을 경우 객관성이나 신뢰성이 보장되지 않을 수도 있다. 학교 교수나 조사연구기관의 연구자가 이에 해당한다. 전문가가 평가했다는 상징적 의미 때문에 평가에 대한 신뢰도가 높다. 하지만 내부인에 비해 프로그램 및 프로그램 상황을 모르는 경우가 많기 때문에 평가가 형식에 그치는 경우가 있다.

(3) 프로그램 평가규범에 따른 분류

프로그램 평가는 평가규범에 따라 효과성 평가, 효율성 평가, 공평성 평가로 구분된다(생각의 마을, 2023; 신복기 외, 2021).

① 효과성 평가

효과성 평가(effectiveness evaluation)는 프로그램이 의도한 목적을 얼마나 달성하였느냐를 평가하는 것이다. 프로그램의 공식목표에 중점을 둔 접근방법으로 의도한 변화가 나타났는지, 그러한 변화가 개입 때문인지를 확인한다. 그러나 조직의 공식적 목표, 의도적으로 설정된 조직의 사명,

공식적 목표를 비공식적 목표로 바꾸는 것 등으로 인해 프로그램 결과에 대한 지표선정이 모호하고 불확실하게 될 경우, 프로그램 결과 혹은 목표달성에 대한 평가가 복잡하고 어려워질 수 있다. 효과성 평가를 위한 조사설계는 가능하다면 내적 타당도가 가장 높은 실험조사설계 또는 유사실험조사설계를 사용하여 인과관계에 대한 추론을 가능하게 할 수 있어야 한다.

② 효율성 평가

효율성 평가(efficiency evaluation)는 투입과 산출을 상호 비교하여 프로그램의 결과가 적절한 수준의 비용에서 얻어진 것인지를 평가하는 것이다. 회계지식을 이용하여 비용을 산정하고 이를 토대로 프로그램 편익 대 비용의 비율을 계산한다. 서비스가 주어지지 않았다면 발생할 수 있었을 결과들을 유출하여 서비스의 편익을 계산하고, 프로그램의 비용과 비교하여 비용 대비 편익의 비율이 높을수록 효율적인 프로그램이다. 사회복지 프로그램의 경우 편익을 화폐단위로 계산하기 어려우며, 어떤 프로그램의 편익이 그 비용을 정당화할 수 있는지에 대한 결정은 경제적 차원을 넘어서는 것으로 무형의 편익에 대한 가치판단이 개입되는 문제이다.

③ 공평성 평가

공평성 평가(equity evaluation)는 프로그램의 효과와 비용이 사회집단 또는 지역 간에 공평하게 배분되었는지를 평가하는 것이다. 공평성은 동등한 자유와 합당한 평등, 즉, 동일한 욕구를 가진 대상자는 동일한 혜택을 받아야 한다. 특히 사회복지서비스의 공급에 있어서는 공평성이 특별히 배려되지 않으면 안 된다. 공평성은 서비스를 받는 기회와 내용뿐 아니라 그 비용 등을 포함하여 수행할 필요가 있다.

〈표 13-3〉 프로그램 평가 종류

기 준	종 류	내 용
평가목적	형성평가	프로그램의 개발이나 시행 중에 개선을 위해 실시하는 평가
	총괄평가	프로그램 종료 후 계속성의 여부나 수정 여부 등의 총괄적인 의사결정에 활용
	통합평가	형성평가나 총괄평가를 통합한 평가
	메타평가	평가에 대한 평가, 평가의 개선을 위해 실시하는 평가
평가주체	자체평가	프로그램 담당자 스스로 행하는 평가
	내부평가	프로그램을 집행한 담당자 혹은 조직 내의 다른 구성원이 행하는 평가
	외부평가	교수나 연구기관 등 외부의 제3자가 행하는 평가
평가규범	효과성 평가	프로그램의 목표가 실제로 달성된 정도를 평가
	효율성 평가	투입과 산출의 비교, 프로그램의 비용과 그 효과를 비교·평가하는 방법
	공평성 평가	프로그램의 효과와 비용이 사회집단 간에 또는 지역 간에 공평하게 배분되었는지를 평가하는 방법

2) 프로그램 평가 기준

평가의 기준이란 평가를 위한 척도이다. 즉, 프로그램의 성패를 판단하기 위해서 프로그램의 어느 측면을 평가의 초점 내지는 대상으로 삼아야 할 것인가에 대한 기준을 말한다(강종수, 2019; 생각의 마을, 2023; 최성재 · 남기민, 2020).

(1) 노력성

노력성이란 기관이 얼마나 많은 활동을 했으며 서비스를 제공했는지 등 노력의 정도를 평가하는 기준이다. 프로그램의 노력 혹은 업무수행과 관련된 일종의 일원적인 기술식 자료와 설명으로 나타낼 수 있다. 일원적이란 하나의 개념이나 변수를 다룬다는 의미이고, 다양한 프로그램 활동들을 대변하는 각각의 변수들을 요약하는 축약적 의미를 지닌 수치나 자료들로 나타내는 것이다. 프로그램에 대한 참여도, 수행된 활동들의 양이나 질, 투입된 자원의 정도 등으로 노력성을 평가할 수 있으며, 이는 효과성과 효율성 평가를 위한 기초자료들로 사용된다.

(2) 효과성

효과성이란 목표달성의 정도로 정의된다. 프로그램의 효과성 평가 시에는 프로그램을 실행한 후에 프로그램의 목표를 달성하여 긍정적인 효과가 있었는지 검증해야 한다. 이와 함께 효과성 검증을 위한 조사 방법의 타당성, 측정 도구 및 분석방법 등의 신뢰성과 적절성도 평가해야 한다(박은혜 외, 2021). 효과성 평가에 있어서 의도된 결과와 예기치 않았던 결과도 함께 고려해야 한다. 간혹 서비스의 효과성을 이용자의 만족도 조사만으로 측정하는 것은 적절한 방법이 아니다. 서비스에 만족했다고 클라이언트가 기대했던 목표를 달성했다고 보기 어렵다.

(3) 효율성

효율성은 '경제적 합리성'과 동의어로 사용된다. 최소의 자원투입으로 최대의 산출을 가져왔는가, 즉 프로그램의 자원 활용의 정당성에 관심을 가진다. 따라서 효율성 평가는 프로그램이 주어진 자원들(인력, 자산, 공간 등)을 경제적이고 효율적인 방법으로 적절하게 활용했는지, 서비스의 급여들은 비용에 비해 적당한 것인지, 더 경제적인 방법은 없는지를 확인하는 것이다.

효율성을 측정하기 위한 자료들에는 프로그램 산출물의 단위와 관련한 비용(예 한 아동의 입양에 드는 비용)과 프로그램 목표들을 성취하는 데 부과된 비용(예 인력, 재료, 장비 등), 상대적 비용(예 같은 산출물을 위해 사용될 수 있는 다른 종류의 접근방식들에 의한 비용)이 있다. 사회복지서비스의 특성상 클라이언트의 심리·정서적 변화, 인지적 변화를 화폐 단위로 환산하는 것은 쉽지 않다. 때문에 사회복지 영역에서는 비용편익 분석보다 비용효과 분석이 더 높은 활용도를 가진다.

(4) 영향

영향은 서비스나 프로그램이 특정 사회문제 해결에 어느 정도 기여했는가를 평가하는 기준이다. 서비스나 프로그램이 관련 사회지표 개선에 어느 정도 기여했는지 그 영향을 통해서 알 수 있다. 예를 들어, 지역아동센터에서 학습 지원 프로그램을 실시하여 저소득 가정의 사교육비 부담률이 줄어들었다면 이는 지역사회에 긍정적인 영향을 미치고 있음을 뜻한다.

(5) 서비스 질

서비스의 질이란 그 프로그램에서 '전문적인 기준이 채용되는 정도'를 가리키는 것으로 총체적 품질관리이론에 기반을 두고 있다. 서비스의 질을 나타내는 전형적인 지표는 프로그램을 수행하는 직원들의 전문적인 교육과 경험의 수준이 된다. 서비스의 질 평가 방법으로는 동료평가, 이용자의 서비스 만족 조사, 단일사례분석, 대외적 근거자료(정부, 단체 등에서 인정하는 자격증, 수료증, 증서획득) 등이 있다.

(6) 과정

과정평가는 한 프로그램의 성공이나 혹은 실패에 대한 이유를 밝히려는 것으로, 이것을 통해 프로그램의 조정 방향이나 다른 환경에로의 복제 가능성을 제시할 수 있다. 과정평가는 그 초점을 어디에 두고 있는지에 따라 다음 네 가지로 구분할 수 있다.

① 프로그램 자체의 속성에 초점을 두고, 프로그램의 구성 부분들을 접근방법, 직원, 여타 속성들로 쪼갠다. 그리고 프로그램에서 나타나는 문제들이 과연 어떤 속성들과 관련되어 있는지를 파악한다.

② 서비스 인구에 대해 초점을 두고, 프로그램이 각기 다른 서비스 인구집단에 대해 어떤 차별적인 효과를 가져왔는지 파악하는 것이다. 예를 들어, 한 프로그램이 어느 성별의 클라이언트들에게 더 잘 실행되었는지, 그 가운데서도 젊은 세대와 노인 세대 중 어느 세대에서 효과가 더 높게 나타났는지 등을 밝히는 것이다.

③ 환경조건에 대해 초점을 두고, 프로그램이 제공되는 환경에 의해 계절별로 차이가 있는지, 주변에 경쟁 프로그램들이 있는 경우에는 어떠한지, 프로그

램이 속한 모조직의 영향은 어떠한지 등을 평가의 대상으로 삼는다.

④ 효과의 본질에 초점을 두고, 프로그램이 성취한 효과들의 유형을 구분하는 것이다. 예를 들어, 프로그램의 효과가 인지적인 것인지, 태도와 관련된 것인지, 혹은 행동적인 것인지 등을 분석한다. 또한 효과의 지속성이나 그 효과로 인한 영향은 어떤 것들인지 등을 밝힌다.

(7) 공평성

공평성을 기준으로 하는 평가는 급여(혹은 서비스)가 인구 집단에 공평하게 배분되었는지를 확인하는 것으로, 이 기준은 정책이나 기획 차원의 평가들에서 주로 검토된다. 이는 합리적이기보다는 정치적인 고려에 의해 채택되는 경우가 많고, 자원의 배분이나 절차들에 대한 공평성의 근거는 대개 '일관성'에 의한 기준에 의거한다.

3) 프로그램 평가의 모델

사회복지 프로그램 평가의 대표적인 모델은 논리모델이다. 논리모델은 체계이론에 기반을 두고 투입, 전환(활동), 산출, 성과, 영향 관계를 논리적으로 설명하는 도식을 활용하여 프로그램 성과를 체계적으로 평가하는 모형이다.

논리모형을 구성하는 구체적인 요소들은 연구자에 따라 다양하게 제시되고 있다. 논리모형의 구성요소를 연구자에 따라 상황(situation), 환경(environment), 투입(inputs), 산출(outputs), 성과(outcomes)로 제시하기도 하고, 다른 연구자들은 상황(situation), 투입(inputs), 활동(activities), 산출(outputs), 성과(outcomes)로 구분하는 경우도 있으며, 문제정의, 투입(inputs), 활동(activities), 산출(outputs), 성과(outcomes)로 구분하여 제시하는 경우도 있다. 그러나 구성요소의 종류에 있어서 약간의 차이는 존재하나 요소들의 정의는 동일하거나 유사하다는 것을 알 수 있다. 논리모형의 구성요소를 정리하면 다음과 같다(백학영 외, 2011; 생각의 마을, 2023).

(1) 투입(input)

투입이란 프로그램에서 사용되는 모든 종류의 자원이며, 프로그램 과정에서 필요한 원료이다. 논리모형에서 주요 자원을 분류하는 것은 매우 중요하며, 자원은 대개 과소평가 되거나 간과되기 쉽다. 투입은 인적 및 물적 자원들과 아울러 파트너십이나 계약에 의한 서비스 등과 같은 프로그램을 지원하기 위하여 요구되는 여러 가지 투입물을 포함한다. 투입되는 자원의 유형에는 인적자원(기관인력, 자원봉사자, 파트너, 지역사회 주민 등), 재정적 자원(정부지원금, 민간 기업이나 재단의 지원금, 보조금, 후원금 등), 공간(기관의 공간, 장비, 시설 등), 지역사회 자원(지역사회의 환경, 공간 등)을 포함한다. 프로그램의 성격에 따라 개입에 필요한 전문적인 기술, 지식들이 투입되기도 한다.

(2) 전환(throughput)

전환이란 프로그램의 목적을 성취하기 위해 이루어지는 활동을 의미한다. 자원 투입을 통해 활동(activities)이 일어나기 때문에 이를 전환이라고 표현한다. 전환은 다른 말로 활동이라고도 하는데 주로 구체적인 프로그램 전략, 기술, 치료 등으로 기술된다(예 노숙인에게 식사 및 쉼터 제공, 직업훈련, 상담 서비스 실시).

(3) 산출(output)

산출이란 프로그램을 통해 얻은 양적인 최종 실적이자 서비스의 직접적인 산물이다. 주로 서비스의 양적 측면을 평가하기 때문에 산출에 있어서 질에 대한 것은 나타내지 않는다(예 참여자 수, 서비스 제공 횟수, 교육자료 배포 수, 서비스 제공 시간, 서비스 이용자 수, 출석률 등).

(4) 성과(outcome)

성과란 프로그램 참여자들이 프로그램 참여 시 혹은 종료 후 얻는 혜택, 또는 프로그램 활동의 결과로 나타나는 태도, 행동, 지식, 기술, 지위, 기능 수준의 구체적 변화이다. 즉, 활동과 산출물들로부터 나오는 편익이나 사람들의 변화를 기술하는 것이다. 성과는 대개 단기성과, 중기성과, 장기성과로 구분되며, 장기적으로 나타나는 성과는 영향(impact)이라고 정의된다. 단기성과는 주로 학습에 의해 인식(awareness), 지식(knowledge), 기술(skill), 태도(attitude), 열망(aspiration), 동기(motivation) 등의 변화를 의미한다(예 클라이언트의 인식, 행동, 기술, 태도, 지위변화, 자아존중감 향상 정도, 프로그램 참여자의 취업률, 학업성취도 향상 정도 등).

(5) 영향(impact)

프로그램이 처음 의도했던 사회문제 해결에 영향을 준 정도와 지역사회 파급효과를 의미하며, 장기적이고 거시적인 성과에 해당한다(예 지역사회의 취업률 증가, 실업률 감소, 사교육비 감소 등).

4. 사회복지시설 평가

1) 사회복지시설 평가제도의 도입배경

사회복지시설 평가는 1997년 개정된 사회복지사업법, 제44조의2 및 동법 시행규칙 제27조의2에 의거하여 정부와 지방자치단체는 매 3년마다 1회 이상 전국 사회복지시설을 대상으로 시설평가를 실시하도록 되어 있다. 사회복지시설 평가제도 도입 이후 20년 이상이 지난 현재에도 사회복지시설 평가가 진행 중에 있다. 사회복지시설의 양적 성장에 따라 한정된 자원의 효율적인 배분과 활용이 사회적 관심사로 대두되면서 사회복지시설의 책무성 차원에서, 그리고 사회복지서비스 질의 향상을 통한 사회복지시설의 전반적인 전문성 강화를 위한 사회복지시설 평가가 도입되었다고 할 수 있다(정무성, 2007).

2) 사회복지시설 평가의 목적

사회복지시설 평가의 목적은 크게 장기적 목적과 단기적 목적으로 구분할 수 있다(보건복지부 · 한국사회복지협의회, 2012). 먼저 장기적 목적의 경우, 첫째, 사회복지시설의 투명성을 확보하고 서비스 질의 향상을 통해 사회복지시설 이용자와 국민의 복지수준을 증진하는 것이다. 둘째, 사회복지시설의 평가결과를 정부의 사회복지정책에 반영함으로써 예산집행의 효율성과 합리성을 강조하고 사회복지시설의 선진화를 지원하여 복지시설의 상향평준화를 추구하는 것이다. 셋째, 사회복지시설에 대한 일련의 정보를 복지수혜자와 일반 국민에게 제공하여 향후 노인장기요양보험제도 및 시설이용권제도 등 국민의 시설선택에 관한 기초자료로 활용하게 하는 목적도 가지고 있다. 넷째, 전국적인 사회복지시설 평가를 통하여 사회복지시설 운영수준에 대한 지역 및 시설종별 차이를 파악하고, 이를 통해 사회복지시설의 균형적 발전을 추구하는 목적도 가지고 있다.

이를 달성하기 위한 사회복지시설 평가의 단기적 목적은 첫째, 생활시설 및 이용시설에 대한 평가를 통해 효율적이고 효과적인 사회복지시설의 운영기반을 정착시키고 시설 간 선의의 경쟁을 유도하는 것이며, 둘째, 시설이용자의 인권을 보호하고 지역사회와의 긴밀한 연계 속에서 사회복지시설의 책임 있는 운영을 도모하는 것이다. 마지막으로 사회복지시설의 정확한 운영실태 파악을 통해 정부지원정책을 위한 과학적 근거자료를 제공하는 데도 그 목적이 있다(황성철 외, 2021).

이상의 장 · 단기적 목적에서 출발하여, 최근에는 사회복지시설의 효율성 제고, 서비스 질 향상, 지역 간 사회복지서비스 격차 해소, 사회복지시설 운영정보에 대한 이용자 접근성 제고를 강조하고 있으며, 궁극적으로는 사회복지시설 이용자의 삶의 질 향상을 지향하는 것으로 설정되어 있다(한국사회보장정보원 홈페이지, 2023).

1급 필수 요약

1. 프로그램의 개념과 설계

- **프로그램의 개념** : 개인과 사회의 변화라는 사회복지조직의 목표 달성을 위해 수행되는 조직적이고 체계적인 활동의 집합체
- **프로그램 설계(5P)** : 합목적성 및 목표의 일관성, 능력 수준과 흥미에의 적합성, 프로그램의 통합성, 프로그램의 지속성과 네트워크화, 지역성을 고려

2. 프로그램 개발 과정

① 문제확인과 욕구사정 ② 대상자 선정 ③ 목적과 목표의 설정 ④ 개입전략 설정 ⑤ 프로그램의 설계 ⑥ 실행 ⑦ 평가

- **Maslow의 욕구 유형** : 생리적 욕구, 안전의 욕구, 사랑의 욕구, 존중의 욕구, 자아실현의 욕구
- **Bradshaw의 욕구 유형** : 규범적 욕구, 감촉적 욕구, 표현적 욕구, 비교적 욕구
- **Alderfer의 ERG 이론** : 존재욕구, 관계욕구, 성장욕구
- **욕구조사 방법** : 지역사회 공개토론회, 주요 정보제공자 조사, 초점집단기법(FGI), 명목집단법(NGT), 사회지표 분석, 지역사회 서베이, 델파이 기법, 2차 자료 분석
- **대상자 선정 과정** : 일반집단 – 위기집단 – 표적집단 – 클라이언트집단
- **목표의 위계** : 소비자목표, 활동목표, 산출목표, 성과목표, 영향목표
- **SMART 목표설정** : 구체적(Specific), 측정 가능한(Measurable), 실현 가능한(Attainable), 현실적(Result-oriented), 시간 기한이 있는(Time-bounded) 목표

3. 사회복지 프로그램 평가

- **평가목적에 따른 분류** : 형성평가, 총괄평가, 통합평가, 메타평가
- **평가주체에 따른 분류** : 자체평가, 내부평가, 외부평가
- **평가규범에 따른 분류** : 효과성 평가, 효율성 평가, 공평성 평가

4. 사회복지시설 평가

- **사회복지시설 평가제도의 도입배경** : 1997년 사회복지사업법에 의거하여 3년마다 시설평가 시행
- **사회복지시설 평가의 목적** : 투명성 확보, 복지시설의 상향평준화 추구, 시설에 대한 정보 제공, 균형적 발전 추구/ 효율적이고 효과적인 운영기반 정착, 책임있는 운영 도모, 정부지원정책을 위한 근거자료 제공 등

참고문헌

강종수(2019). **사회복지행정의 이해**. 학지사.

강주희(2013). 바우처제도를 통한 음악교육 프로그램에 관한 연구 : 사회서비스 전자바우처와 문화바우처를 중심으로. 조선대학교 대학원 석사학위논문.

강지선 · 배유진(2020). 사회복지법인 데이터 관리와 법제적 논점에 관한 소고. **사회복지법제연구**, 11(2), 165-195.

____________(2022). 사회복지권 실현을 위한 공공복지포털의 지향점-'복지로'를 중심으로. **사회복지법제연구**, 13(2), 43-68.

권수원 · 윤종철 · 도상호(2020). 리더와 구성원의 팀리더십과 목표관리가 경영성과에 미치는 영향 : 경로-목표이론과 셀프 리더십 관점. **관리회계연구**, 20(1), 31-65.

기정훈(2020). 지방 인구구조의 변화와 지역 사회복지 전달체계에 관한 연구. **지역정책연구**, 31(2), 23-46.

기획재정부(2023). 국민과 함께하는 재정혁신타운.

김경도 · 류희찬 · 이충배(2021). Herzberg의 동기 · 위생이론을 적용한 택배 간 배송 종사자의 직무 만족도에 영향을 미치는 요인에 관한 연구. **물류학회지**, 31(5), 71-81.

김광래(2020). 청소년지도사의 기능별 슈퍼비전 실태 및 요구도 차이에 관한 연구 : 슈퍼비전의 기능별 이론에 근거하여. *Global Creative Leader : Education & Learning, 10*(3), 27-52.

김년희 · 조성숙(2018). 사회복지기관의 조직문화유형이 사회복지사의 소진에 미치는 영향과 조직 내 갈등의 매개효과 분석. **보건사회연구**, 38(1), 335-364.

김동선 · 최현주 · 박동자 · 김희선(2022). 사람중심 치매커뮤니케이션 가이드라인 개발 연구 : 델파이 조사를 중심으로. **한국노년학**, 42, 97-117.

김동훈(2019). **사회복지행정론**. 공동체.

김명주(2022). 비영리 사회복지법인의 지배구조와 회계적 경영특성. 인천대학교 대학원 박사학위논문.

김안나 · 최승아(2013). 결혼이주여성 임파워먼트 척도 개발에 관한 연구. **한국여성학**, 29(2), 189-229.

김연서 · 노미향 · 백지원 · 유현숙 · 이자리 · 장혜숙 · 노병일(2021). **청소년문화론**. 양성원.

김영종(2010). 한국 사회복지행정학의 역사적 평가와 과제. **한국사회복지행정학**, 12(1), 177-202.

______(2023). **사회복지행정론**. 학지사.

김용헌(2007). 경찰 중간관리자의 리더십이 조직성과에 미치는 영향에 관한 연구 - Fiedler의 상황적합 모형을 중심으로 -. 계명대학교 대학원 박사학위논문.

김윤경 · 김정매 · 홍미영(2019). 슈퍼리더십이 직무열의 및 직무성과에 미치는 영향 연구 : 특1급 호텔 직원을 중심으로. **관광진흥연구**, 7(2), 83-97.

김은아 · 김한나(2013). 사회복지기관 SNS 이용자의 이용 행태와 이용 동기가 홍보 효과성에 미치는 영향. **한국인간복지실천연구**, 10, 81-106.

김재원 · 임 업(2019). 시간제 근로 및 성별에 따른 개인의 삶의 만족도 분석 - 「서울서베이 도시정책지표조사」를 이용하여. **지역연구**, 35, 59-71.

김제선(2021). **사회복지행정론**. 공동체.

김주리(2021). 인적자원관리에 대한 인식이 공기업 종사자의 조직몰입에 미치는 영향 : 직무만족의 매개효과를 중심으로. 서울대학교 대학원 석사학위논문.

김학령 · 김유연 · 이민영 · 장인숙(2021). 탈북 아동청소년의 실태 및 욕구조사설계를 위한 델파이조사 연구. **미래사회복지연구**, 12(3), 137-174.

김회성 · 강혜규 · 박세경 · 전진아 · 안수란 · 오욱찬 · 이상정 · 최슬기 · 김보영 · 김이배 · 김지연 · 민소영 · 성은미 · 오문준 · 유재언 · 최지선 · 김진희 · 허은영 · 홍민지(2020). 복지전달체계 개편 시범사업 평가 및 모형개발 연구. 보건복지부 · 한국보건사회연구원.

김희년 · 박정란 · 이선우 · 이성기 · 이영호(2020). **사회문제론**. 공동체.

나눔의 집(2023). **사회복지행정론 사회복지사1급 기본이론서 : 7영역 사회복지행정론**.

남기민(2009). **사회복지정책론**. 양서원.

남기민 · 남기예(2008). 사회복지조직 최고관리층의 변혁적 리더십과 조직효과성 간의 관계 - 사회복지사 임파워먼트의 매개역할을 중심으로. **한국사회복지행정학**, 10(3), 95-128.

남진열 · 전영록(2012). 지역사회 중심 사회복지전달체계 개선방안 고찰. **한국지역사회복지학**, 43, 513-530.

노미향(2019). 노인요양시설 요양보호사가 인식하는 조직문화와 사회적 자본 및 소진 간의 구조적 관계. 대구가톨릭대학교 대학원 박사학위논문.

민소영(2022). 공공전달체계 개편 실험과 대안 모색 : 보건복지전달체계 강화 시범사업에 기반하여. **한국사회정책**, 29(2), 43-77.

박경일(2006). 사회복지조직에서 위험관리(Risk Management)의 필요성과 동향. **사회복지정책**, 24, 361-385.

박미정 · 박정령(2022). **사회복지행정론**(개정2판). 지식공동체.

박석돈(2020). **사회복지행정론**. 양서원.

박순명(2020). 국내 학술지의 리더십 연구 동향(1967~2019). **리더십연구**, 11(4), 3-33.

박은혜 · 정익중 · 강현아 · 노충래 · 전종성 · 우석진(2021). 아동복지 프로그램 평가 기준 및 지표 개발. **사회복지연구**, 52(1), 67-96.

박재연 · 배은경(2021). **사회복지 프로그램 개발과 평가**. 신정.

백의환(2017). 신입사원이 인식하는 조직문화 유형이 조직몰입과 직무만족에 미치는 영향. 서울대학교 행정대학원 석사학위논문.

백학영 · 구인회 · 김경휘 · 조성은 · 안서연(2011). 자활사업 성과관리에 대한 비판적 접근 : 논리모델을 적용한 자활사업 성과평가 체계 분석을 중심으로. 보건사회연구, 31(2), 3-35.

보건복지부(2022). 2022 보건복지통계연보.

__________(2023). 2023 사회복지법인 관리 안내.

__________(2023). 2023년도 지역자율형 사회서비스 투자사업 안내 - 지역사회서비스투자사업 -.

__________(2023). 사회복지법인 및 사회복지시설 재무 · 회계 규칙, 보건복지부령 제928호, 2022. 12. 28., 일부개정.

__________(2023). 사회복지정보시스템.

보건복지부 · 한국사회복지협의회(2012). 2012년 사회복지시설평가 I. 한국사회복지협의회 사회복지시설평가원.

사회복지교육연구센터(2023). 사회복지행정론 요약집. 나눔의집.

생각의 마을(2022). 에쎕 사회복지행정론. 공동체.

__________(2023). 에쎕 사회복지행정론. 공동체.

서인덕 · 김윤상(2011). 경영학의 이해. 문영사.

서인석 · 정원희(2021). 조직성과에 대한 경쟁가치모형 조직문화요인의 효과크기 검증. 한국행정학보, 55(1), 121-160.

손용근 · 최승희 · 홍원표 · 신경안 · 임화영(2022). 에듀윌 사회복지사 1급 통합 이론서. 에듀윌.

송용욱 · 문 명 · 조윤형(2019). 서번트 리더십이 지방자치단체 공무원의 직무열의에 미치는 영향 : 직업소명의식의 매개효과, 조직정치 지각의 조절효과. 리더십연구, 10(3), 3-31.

신복기 · 박경일 · 이명현 · 윤기혁 · 권진아(2021). 사회복지행정론. 공동체.

신부경 · 박종구(2020). 사회복지 조직의 리더십유형이 조직효과성에 미치는 영향에 대한 실증적 연구 : 사회적 자본의 매개효과를 중심으로. 한국인사행정학회보, 19(3), 187-209.

신원식 · 신근화(2022). 사회복지프로그램 개발과 평가. 공동체.

신원우(2018). 사회복지학 교과목에 대한 플립러닝 적용 사례 연구: 프로그램 개발과 평가수업 적용을 중심으로. 예술인문사회융합멀티미디어논문지, 8(3), 33-42.

심상용(2017). 사회복지행정론. 학지사.

심의영(2021). 지방정부 성과주의예산제도 효과성 제고를 위한 제도 운영실태 연구. 서울대학교 대학원 석사학위논문.

심정미(2017). 사회복지 조직의 내부마케팅이 조직성과에 미치는 영향과 조직몰입의 매개효과. 계명대학교 대학원 박사학위논문.

안가영 · 한은경(2020). 한국 시니어 소비자의 욕구 특성 분석 : 매슬로우의 욕구위계 이론을 중심으로. 한국노년학, 40(3), 389-411.

양승일(2013). 선별주의와 보편주의를 둘러싼 지방복지정책의 갈등 분석 : 서울특별시 무상급식 정책을 중심으로. 지방행정연구, 27(1), 125-154.

양 효 · 방경란(2022). 브랜드 디자인의 마케팅 평가 요소 가이드라인 개발에 관한 연구 - 패스트 푸드 브랜드 맥도날드를 중심으로. **한국디자인트렌드학회**, 27(3), 79-88.

어광수 · 남태우(2020). 공공서비스 전달 플랫폼의 활성화 요건 : 사회서비스 전자바우처 사례연구. **한국디지털정책학회**, 18(7), 21-29.

엄재성 · 정지운 · 임병인(2021). 사회보장정보시스템의 복지급여 부정수급차단 원리와 개선방안. *Journal of Korean Economic Studies, 39*(4), 107-136.

오민지 · 이수영(2017). 행복의 결정요인에 관한 연구 : Alderfer의 E.R.G.이론을 중심으로. **한국행정논집**, 29(3), 489-508.

원석조(2020). **사회복지행정론**(제5판). 양서원.

______(2022). **사회복지행정론**(제6판). 양서원.

원혜연(2023). 인사관리 유연성과 정부 조직성과: 인사관리 유연성의 정의와 한국 중앙행정기관에의 적용. 서울대학교 대학원 박사학위논문.

유호현 · 김혜진 · 박정리 · 송창걸 · 이종호(2018). **실리콘밸리를 그리다**. 스마트북스.

이경은 · 최승원 · 박 훈(2022). 사회복지법인의 회계감사제도 개선을 위한 법적 소고-「상속세 및 증여세법」 개정에 따른 논의를 중심으로 -. **사회복지법제연구**, 13(1), 135-161.

이규선(2020). 사회복지예산의 변동 요인에 관한 연구. 공주대학교 대학원 박사학위논문.

이상훈(2022). 상황적 리더십이론에 대한 연구 : 집단역량과 사회정체성의 조절효과 검증. 전남대학교 대학원 박사학위논문.

이성남(2018). 정신건강간호사의 슈퍼비전 발달과정. 한양대학교 대학원 박사학위논문.

이인재 · 변재관(2010). 복지전달체계의 이론적 접근, 이태수 편. **사회복지전달체계의 개편과 민관협력**. 학지사.

이재춘(2013). 사회복지기관의 홍보방안 연구 : SNS를 중심으로. 서울기독교대학교 대학원 박사학위논문.

이 진(2011). 지방정부 사회복지전달체계 조직의 현황 및 문제점 분석 : 서울특별시 25개 자치구를 중심으로. **한국정책과학학회보**, 15(1), 123-149.

이현경(2021). 노인복지기관 시설장의 리더십 유형이 자기효능감 매개효과를 통한 조직유효성에 미치는 영향에 관한 연구 : 요양원과 주간보호센터 종사자들을 중심으로. 칼빈대학교 대학원 박사학위논문.

이홍기(2021). 조직문화 유형이 조직유효성에 미치는 영향 연구 : 사회복지직공무원의 갈등수준을 대상으로. 중부대학교 대학원 박사학위논문.

임정문 · 박선태 · 박지유 · 신미애 · 신용식 · 최용희(2021). **사회복지사 1급 대비 사회복지행정론**. 동문사.

임중철 · 김선웅(2021). **사회복지 프로그램 개발과 평가**. 공동체.

전기석 · 류만영 · 이만희(2019). 조직 구성원이 인식하는 카리스마적 리더십행동 및 특성에 관한 탐색연구. **리더십연구**, 10(2), 113-143.

정무성(2007). 2007년 사회복지시설 평가 방향과 과제. 월간 복지동향, 105, 21-23.

전해황 · 김종명 · 송낙길 · 송혜자 · 이영희 · 이장희 · 조추용 · 이지복(2021). 사회복지행정론. 양서원.

정무성 · 황정은(2020). 사회복지 마케팅. 신정출판사.

정영철(2011). 한국의 사회복지 정보화 현황과 발전방향. 보건복지포럼(Health and welfare policy forum, 176(2011), 56-70.

정주현(2022). 목표모호성이 공무원의 업무성과에 미치는 영향 - 능력발전 및 기회부여의 조절효과를 중심으로 -. 서울대학교 대학원 석사학위논문.

정택문 · 정강원(2020). 대학의 균형성과표와 성과주의 예산제도의 연계방안에 관한 연구. 기업경영리뷰, 11(2), 79-95.

차환규 · 이환수(2017). 경쟁가치모형에 따른 기업의 특허전략 유형화 연구. 디지털융복합연구, 15(8), 33-43.

최성재 · 남기민(2020). 사회복지행정론(개정3판). 나남.

최순영 · 조임곤 · 손성구 · 이상경(2014). 국고보조금 제도의 정비방안. 한국행정연구원 연구보고서.

최일진(2017). 지방자치단체 자체 사회복지비 지출의 결정요인 : 정치적 요인을 중심으로. 서울시립대학교 대학원 박사학위논문.

최종혁 · 김수완(2017). 공공복지전달체계에서의 복지기술 활용에 관한 연구 : 사회보장정보시스템(행복e음)에 대한 사회복지공무원 인식을 중심으로. 한국사회복지정책학회, 44(4), 188-222.

최칠성 · 전재현 · 오단이 · 전우일(2022). 사회복지행정론. 지식공동체.

하민정(2022). 사회복지사업법에 대한 진단과 법적 고찰 -민간사회복지 전달체계의 역할 및 기능 제고를 중심으로-. 사회복지법제연구, 13(3), 27-52.

한국복지행정학회(2014). 사회복지행정론. 양서원.

한국사회보장정보원 홈페이지. http://www.ssis.or.kr, 2023년 4월.

한국사회보장정보원(2023). 정보시스템과 포털운영.

한봉익(1976). X · Y 理論에 依한 學校長의 教師觀과 教師士氣와의 關係. 서울대학교 대학원 석사학위논문.

허희영(2021). 공직가치와 인적자원관리에 관한 연구. 과학기술대학교 대학원 박사학위논문.

홍봉수 · 조당호 · 임현진 · 오현숙 · 이순금 · 한성수(2022). 사회복지행정론(제2판). 공동체.

황성철 · 정무성 · 강철희 · 최재성(2021). 사회복지행정론(제4판). 정민사.

황옥화(2013). 노인의료복지시설 요양보호사가 인지하는 관리자의 리더십 · 직무만족 · 서비스 질의 관계구조 연구 : 상황적합 이론을 중심으로. 호남대학교 대학원 박사학위논문.

Ables, P., & Murphy, M. J.(1981). *Administration in the human services : a normative systems approach.* Englewood Cliffs, NJ : Prentice-Hall.

Akingbola, K.(2013). Context and nonprofit human resource management. *Administration & Society, 45*(8), 974-1004.

Andreasen, A. R.(2001). *Ethics in social marketing. Washington*, DC : Georgetown University Press.

Bailey, D., & Koney, K. M.(2000). *Strategic alliances among health and human services organizations : From affiliations to consolidations.* Sage Publications, Inc.

Barker, R. L.(1991). *Social work dictionary.* Silver Spring, MD : NASW Press.

Blau, P., & Scott, R.(1962). *Formal Organizations : a comparative approach.* New York : Chandler.

Conger, J. A., & Kanungo, R. N.(1988). The Empowerment Process : Integrating Theory and Practice. *The Academy of Management Review, 13*(3), 471-482.

Deal, T. E., & Kennedy, A. A.(1982). *Corporate cultures.* Reading Mass : Addison Wesley Publishing. Co.

Drucker, P.(1954). *The Practice of Management.* NY : Harper & Brothers.

Etzioni, A.(1964). *Modern Organizations.* Englewood Cliffs, NJ : Prentice-Hall.

Ehlers, W. H., et al.(1976). *Administration for the human services.* New York : Harper & Row.

Gilbert, N., & Specht, H.(1977). *Planning for social welfare.* Englewood Cliffs, NJ : Prentice-Hall.

Gilbert, N., & Terrell, P.(2021). *Dimensions of Social Welfare Policy*(8th ed.). Boston : Pearson.

Gutiérrez, L., GlenMaye, L., & DeLois, K.(1995). The Organizational Context of Empowerment Practice : Implications for Social Work Administration. *Social Work, 40*(2), 249-258.

Hasenfeld, Y.(1983). *Human service organizations.* Englewood Cliffs, NJ : Prentice-Hall.

Katz, D., & Kahn, R.(1966). *The Social Psychology of Organization.* New York : Wiley.

Kettner, R. W.(1980). Purchase of service contracting in human service. *Journal of Health and Human Resources Administration, 2*(3), 327-342.

Kimberly, J. R., & Quinn, R. E.(1984). *Managing organizational transitions.* Homewood : Richard D. Irwin.

Kivi, L. M.(2012). **비영리마케팅 : 비영리조직의 고효율, 저비용 마케팅전략**(*The nonprofit marketing guide : High-impact, low-cost ways to build support for your good cause*), (조성숙 역), 신정.(원전은 2010에 출판)

Kotler, P.(2005). *Marketing for hospitality and tourism.* NJ : Pantice Hall, Inc.

Lawrence, P. R., & Lorsch, J. W.(1967). *Organization and Environment : Managing Differentiation and Integration.* Boston : Harvard University Press.

Marshall, G.(1998). *Sociology.* Oxford : Oxford University Press.

McGregor, D.(1960). *The human side of enterprise.* New York : McGraw-Hill.

Maslow, A. H.(1943). A Theory of Human Motivation. *Psychological Review, 50*(4), 370-396.

Miller, D.(1983). The correlates of entrepreneurship in three types of firms. *Management science, 29*(7), 770-791.

Neugeboren, B.(1985). *Organization. Policy and Practice in the Human Services.* New York : Longman.

Pacanowsky, M. E., & O'Donnell-Trujillo, N.(1983). Organizational communication as cultural performance. *Communications Monographs, 50*(2), 126-147.

Patti, R. J.(1983). *Social welfare administration : managing social program in a development context.* NJ : Prentice-Hall.

Peters, T. J., & Waterman, R. H.(1982). *In Search of Excellence.* New York : Harper & Row.

Poertner, J., & Rapp, C. A.(2007). *Textbook of Social Administration : The Consumer-Centered Approach.* New York : Routledge.

Quinn, R. E.(1984). Applying the competing values approach to leadership : toward an integrative framework. *Leaders and Managers, 7*(1), 10-27.

____________(1988). *Beyond rational management.* SanFrancisco : Jossey-Bass Publiser.

Quinn, R. E., & Kimberly, J. R.(1984). *Paradox, planning and perseverance : Guidelines for managerial practice.* Homewood, IL : Dow Jones-Irwin.

Quinn, R. E., & McGrath, M.(1985). The transformation of organization culture : a competing values perspective. In Peter Forest, et al.(Eds.), *Organizational Culture*(pp. 315-333). CA : Sage.

Rapp, C. A, & Poster, J.(1992). Social work research and the quest for effective practice. *Social Work Research, 23*, 414.

Rapp, C. A., & Poertner, J.(1992). *Social administration : A client-centered approach.* NY : Longman.

Ridder, Hans-Gerd, Baluch, Alina McCandless, Piening, & Erk P.(2012). The whole is more than the sum of its parts? How HRM is configured in nonprotit organizations and why it matters. *Human Resource Management Review, 22*(1), 1-14.

Royse, D., Thyer, B., Padgett, D., & Logan, T. K.(2005). *Program evaluation : an introduction.* Belmont : Thomson Brooks/Cole.

Seibert, S. E., Silver, S. R., & Randolph, W. A.(2004), Taking Empowerment to the Next Level : A Multiple-Level Model of Empowerment, Performance, and Satisfaction. *The Academy of Management Journal, 47*(3), 332-349.

Senge, P. M.(1990). *The fifth discipline : the art and practice of the learning organization.* New York : Doubleday.

Skidmore, R. A.(1990). *Social work administration : dynamic management and human relationships*(2nd ed.). Englewood Cliffs, NJ : Prentice-Hall.

Smith, G.(1970). *Social work and the sociology of organization.* London : Routledge & Kegan Paul.

Spaulding, C.(1995). Motivation or Empowerment: What Is the Difference?. *Language Arts, 72*(7),

489-494.

Spreitzer, G. M.(1996). Social structural characteristics of psychological empowerment. *Academy of Management Journal, 39*, 483-504.

Stogdill, R. M.(1974). *Handbook of leadership.* The Free Press.

Swiss, J. E.(1992). Adapting Total Quality Management(TQM) to Government. *Public Administration Review, 52*(4), 356-362.

Taylor, F. W.(1911). *The principles of scientific management.* New York : Harper Bros.

Terry, G. R.(1960). *Principles of management*(3rd ed.). Homewood, III.: Richard D. Irwin Inc.

Thomas, K. W., & Velthouse, B. A.(1990). Cognitive elements of empowerment : An "interpretive" model of intrinsic task motivation. *Academy of Management Review, 15*, 666-681.

Thompson, J. D.(1967). *Organizations in Action.* New York : McGrew-Hill.

Weber, M.(1988). *Gesammelte Aufsätze zur Wissenschaftslehre.* 7. Aufl. Tübingen : Mohr.

York, R. O.(1982). *Human service planning : concepts, tools and methods.* Chapel Hill, NC : The University of North Carolina Press.

Zimmerman, M. A.(1995). Psychological Empowerment : Issues and Illustration. *American Journal of Community Psychology, 23*(5), 581-599.

찾아보기

인명

내용

저/자/소/개

■ **김안나**
독일 만하임(Mannheim)대학교 사회학 박사
현 대구가톨릭대학교 사회복지학과 교수

■ **노미향**
대구가톨릭대학교 사회복지학 박사
현 대구가톨릭대학교 사회복지학과 강사
성운대학교 겸임교수

■ **최승아**
연세대학교 사회복지학 박사
전 한국보건사회연구원 전문연구원
현 대구가톨릭대학교 사회통합연구소 선임연구위원

사회복지행정론

|공저자| 김안나 · 노미향 · 최승아

|1판 1쇄| 발행 2023년 9월 5일
|1판 2쇄| 발행 2024년 9월 10일

|발행인| 김동훈
|발행처| 공동체

|주소| 경기도 고양시 일산동구 호수로 358-39, 동문타워 1차 905호(백석동)
|전화| 031)814-3000(대표)
|팩스| 031)814-3100
|홈페이지| http://www.compub.co.kr
|전자우편| compub@naver.com
|출판등록| 2005년 10월 6일
|등록번호| 제396-2005-36호

|ISBN| 979-11-6725-430-6
정가 22,000원